ESSENER GESPRÄCHE

ZUM THEMA

STAAT UND KIRCHE

BAND 57

ESSENER GESPRÄCHE

zum Thema

Staat und Kirche (57)

Begründet von Joseph Krautscheidt und Heiner Marré

Herausgegeben von Arnd Uhle und Judith Wolf

Für die Zitierung der „Essener Gespräche zum Thema Staat und Kirche“ wird folgende Zitierweise empfohlen:

Autor, Titel, in: Essener Gespräche zum Thema Staat und Kirche (EssGespr.) mit entsprechender Bandzahl (Erscheinungsjahr), hrsg. von Arnd Uhle und Judith Wolf, Anfangsseitenzahl (konkrete Seitenzahl)

Printed in Germany

Gedruckt auf säurefreiem, alterungsbeständigem Papier 

ISSN 0720-891X

ISBN 978-3-402-10583-2

INHALTSVERZEICHNIS

VORWORT

Die Beiträge des vorliegenden Sammelbandes sind aus Vorträgen hervorgegangen, die am 14. und 15. März 2022 auf Einladung des Bischofs von Essen, Dr. *Franz-Josef Overbeck*, im Rahmen der „57. Essener Gespräche zum Thema Staat und Kirche“ in der Katholischen Akademie „Die Wolfsburg“ in Mülheim an der Ruhr gehalten worden sind.

Vielfältigen Dank für die umsichtige Unterstützung bei der redaktionellen Bearbeitung der nachfolgend veröffentlichen Abhandlungen schulden wir den Mitarbeitern des Leipziger Lehrstuhls für Öffentliches Recht, insbesondere für Staatsrecht, Verfassungstheorie und Allgemeine Staatslehre, namentlich Herrn Ass. iur. *Lorenz Lang*. Zudem danken wir dem Verlagsleiter des Aschendorff-Verlages, Herrn Dr. *Dirk Friedrich Paßmann*, für die wiederum hervorragende Zusammenarbeit und die umsichtige verlegerische Betreuung des Tagungsbandes.

Leipzig und Mülheim an der Ruhr, im Juni 2022

Arnd Uhle *Judith Wolf*

Bischof Dr. theol. Franz-Josef Overbeck

Eröffnung der Tagung

Der vorliegende Band dokumentiert die *57. Essener Gespräche zum Thema Staat und Kirche* in der Wolfsburg. Ich freue mich sehr über die große Zahl der Teilnehmerinnen und Teilnehmer. Unter ihnen sind erneut viele Nachwuchswissenschaftlerinnen und -wissenschaftler. In meinen Augen ist es ein schöner Erfolg, dass es nachhaltig gelingt, bei diesen ein großes Interesse für dieses wichtige Gesprächsforum zu wecken. In der Tat sind ihre Perspektiven bei den *Essener Gesprächen* gefragt und bereichern diese. Das schafft die Möglichkeit, mit unserer Tagungs- und Schriftenreihe neue Impulse für die Gespräche zwischen Staat, Gesellschaft und Kirche zu setzen.

Im Jahr 2020 waren die *55. Essener Gespräche* in der Katholischen Akademie Die Wolfsburg für viele der damaligen Teilnehmerinnen und Teilnehmer das letzte größere Tagungs- und Gesprächsformat vor dem coronabedingten ersten Lockdown. Danach rückten schnell die unterschiedlichen Herausforderungen des Umgangs mit einer globalen Pandemie in den Mittelpunkt der gesellschaftlichen Aufmerksamkeit. Da es im Frühjahr 2021 nicht möglich war, am gewohnten Tagungsformat festzuhalten, die interdisziplinären Beiträge aus dem Kreis der Essener Gespräche aber stets eine hohe qualitative Bereicherung auf dem jeweiligen Diskursfeld darstellen, wurde nach anderen Lösungen gesucht. Ich habe mich dann gemeinsam mit dem Tagungsleiter der Essener Gespräche, Herrn Prof. Dr. Arnd Uhle, der Akademiedirektorin der Katholischen Akademie Die Wolfsburg, Frau Dr. Judith Wolf, und den Mitgliedern des Beratungsgremiums dazu entschieden, die Fachbeiträge zu den *56. Essener Gesprächen zum Thema „Entgrenzte Autonomie? Die assistierte Selbsttötung nach der bundesverfassungsgerichtlichen Entscheidung vom 26. Februar 2020“* direkt in der Form des Tagungsbandes zusammenzustellen. Ich danke allen, die mit großem Engagement zum Gelingen dieses Bandes beigetragen haben.

So sehr ich mich freue, Sie heute alle wiederzusehen und mit Ihnen endlich wieder in der persönlichen Begegnung ins Gespräch zu kommen, erschüttert uns alle gerade das, was nur wenige hundert Kilometer von uns entfernt geschieht. Ein Krieg mitten in Europa, den wir vielleicht seit Monaten befürchtet haben, der uns aber dennoch unvorstellbar schien, ist Wirklichkeit geworden. Wie Sie wissen, bin ich auch Katholischer Militärbischof für die Deutsche Bundeswehr. Ich habe diesen Angriffskrieg mehrfach, u. a. auch in einer gemeinsamen Erklärung mit der jüdischen und evangelischen Militärseelsorge, auf das Schärfste verurteilt.

Unsere Gebete und Gedanken sind in diesen Tagen bei den Menschen in der Ukraine. Viele von ihnen machen von ihrem legitimen Recht auf Selbstverteidigung Gebrauch und kämpfen für den Erhalt ihrer Freiheit gegen militärisch überlegene Kräfte der Russischen Föderation. Ich danke allen, die auf unterschiedlichen Wegen für den Frieden in Europa und der Welt eintreten. Die europäische Friedensordnung war und ist ein großes Geschenk, das es zu bewahren gilt. Der Angriff stellt diese Friedensordnung einseitig massiv infrage. Jeder Versuch, die Herrschaft des Rechts durch die Herrschaft des militärisch Stärkeren zu ersetzen, führt zwangsläufig zu unsäglichem Leid.

Angesichts der schrecklichen Bilder und Geschichten, die uns aus den Kriegsgebieten in der Ukraine erreichen, sehen und spüren wir plötzlich in aller Deutlichkeit, was alles auf dem Spiel steht! Eine der größten und bedeutsamsten Errungenschaften des 20. Jahrhunderts, nämlich die verbindliche Festlegung aller UN-Mitglieder, ihre politischen Streitigkeiten friedlich zu lösen, zählte aus europäischer Sicht lange zu den verlässlichen Grundgewissheiten einer globalisierten und vernetzten Welt. Die Erschütterung dieses Fundaments unseres Zusammenlebens kommt uns nach Jahrzehnten des Friedens so unbegreiflich vor, dass zu dem ersten Entsetzen über den völkerrechtswidrigen Angriffskrieg bei vielen Menschen schnell auch Gefühle von Wut und Zorn hinzutreten. Das ist verständlich und legitim, denn hier wagt es ein Aggressor – an den Grenzen der Europäischen Union – Freiheit und Demokratie, Rechtsstaatlichkeit und Menschenrechte, Ehrlichkeit und wechselseitige Achtung, Frieden und Humanität ohne jede Zurückhaltung mit Füßen zu treten.

Und dennoch gilt, dass wir uns von diesen Gefühlen nicht leiten lassen sollten, sondern mit dieser weltgeschichtlichen Zäsur, die eine enorme Herausforderung für die Sicherheitsarchitektur Europas darstellt, verantwortlich umzugehen haben – besonnen und realistisch, mit nüchterner Ideologiekritik, mit dem nötigen Friedens- und Entscheidungswillen sowie mit einem klugen und gerechten Urteilsvermögen.

Mit Blick auf die ungeschönte und brutale Wirklichkeit des Krieges tritt die Tatsache ins öffentliche Bewusstsein, dass fundamentale Werte wie Selbstbestimmung, Freiheit und Gleichheit keine Selbstverständlichkeiten sind, sondern in einer wehrhaften Demokratie auch verteidigt werden müssen. Wir erleben, wie uns in Europa und in weiten Teilen der Welt auf einer sehr existentiellen Ebene das miteinander verbindet und eint, was für unser Leben in Freiheit unabdingbar und unverhandelbar ist. „Die Würde des Menschen ist unantastbar" – auf diesen ersten Worten des Grundgesetzes, in denen auch der Kerngehalt des christlichen Menschenbildes zum Ausdruck kommt, gründen alle Prinzipien und Werte, die unsere Gesellschaft ausmachen. Das ist es, was unsere demokratische Ordnung schützt – den zur Freiheit berufenen Menschen in seiner ganzen Verletzlichkeit.

Für unser Verhältnis von Staat und Kirche spielen die gerade beschriebenen Unabdingbarkeiten eine elementare Rolle. Wir sehen, welche Folgen es hat, wenn Kirche ihre prophetisch-kritische Distanz zum Staat verliert und sich ideologisch verstrickt. Religiöse Argumente werden genutzt, um ein autoritäres und repressives politisches System zu stützen. Diesem destruktiven Potential, das man im 21. Jahrhundert lange eher in anderen Religionen zu sehen bereit war, müssen wir in ökumenischer Verbundenheit begegnen.

Umso dankbarer bin ich, dass unser deutsches Staatskirchenrecht ein verfassungsrechtliches Angebot für die Freiheit ist. Auf dieser Grundlage dürfen und können wir heute gemeinsam über die Frage diskutieren, ob die Ablösung der Staatsleistungen eine Gefahr oder Chance für das Verhältnis von Staat und Kirche ist. Wie Sie wissen, treffen Kirchen und manche Bundesländer schon vereinzelt Absprachen über Änderungen und Ablösungen einzelner Staatsleistungen. Die Verfassung geht von einer Ablösung der Staatsleistungen aus, wobei für eine rechtssichere Ablösung der Staatsleistungen durch die Länder ein Grundsätzegesetz des Bundes Voraussetzung ist, das die Grundsätze der Ablösung durch die Länder regelt. Der abgelehnte Gesetzentwurf der Fraktionen FDP, DIE LINKE und BÜNDNIS 90/DIE GRÜNEN hat im vergangenen Jahr deutlich gemacht, dass es notwendig ist, dieses Thema grundlegend zu diskutieren und tragfähige Perspektiven aufzuzeigen. Die Kirche wird sich einer weitergehenden Lösung nicht verschließen, wenn und soweit diese ausgewogen ist.

Eine inhaltliche Einführung in die Tagung wird direkt im Anschluss an meine Worte der Tagungsleiter Prof. Dr. Uhle übernehmen. Mit Blick auf das Programm möchte ich vorher aber noch den Referentinnen und Referenten der diesjährigen Essener Gespräche meinen Dank dafür aussprechen, dass wir in den kommenden eineinhalb Tagen wieder eine thematische Auseinandersetzung auf höchstem Niveau erwarten dürfen. Wir werden Herrn Prof. Dr. Klaus Unterburger, Herrn Prof. Dr. Rainer Wernsman, Herrn Dr. Stefan Ruppert, Frau Kirsten Straus, Herrn Dr. Volker Knöppel, Herrn Prof. Dr. Stefan Mückl, Herrn Prof. Dr. Christian Waldhoff und Herrn Bundesminister a. D. Prof. Dr. Thomas de Maizière hören und alle Vorträge im Anschluss gemeinsam diskutieren.

Dieser Dank gilt auch den Mitgliedern des Beratungsgremiums für die Essener Gespräche, das den hohen wissenschaftlichen und interdisziplinären Anspruch unserer Tagung widerspiegelt. Sie alle haben wesentlich daran mitgewirkt, unser diesjähriges Thema so zu perspektivieren, dass möglichst viele Facetten angesprochen und hier in diesem Rahmen zur Diskussion gestellt werden können. Ich wünsche nun den 57. Essener Gesprächen einen guten Verlauf und übergebe an Prof. Dr. Uhle.

Prof. Dr. iur. Arnd Uhle

Einführung in die Tagung

Zu den in der Öffentlichkeit am intensivsten diskutierten Themenfeldern des Staatskirchenrechts zählen seit jeher jene Regelungen, die das sensible Feld der Kirchenfinanzen betreffen. Das liegt wesentlich daran, dass die kirchliche Finanzmacht vielfach als Widerspruch zum Ideal evangelischer Armut empfunden wird, aber auch daran, dass die Erzielung kirchlicher Einnahmen oftmals als intransparent wahrgenommen wird. Besonders kritisch hinterfragt werden kirchliche Finanzmittel dort, wo sie nicht von den Kirchenmitgliedern aufgebracht oder im Wege der kirchlichen Eigenfinanzierung erzielt werden, sondern Resultat staatlichen Leistungshandelns sind und aus den allgemeinen Steuereinnahmen stammen.[1] Zuvörderst gilt dies für die sog. Staatsleistungen, für wiederkehrende Leistungen des Staates an die Kirchen also, die ihren historischen Grund in überkommenen Rechtstiteln aus der Zeit vor dem Inkrafttreten der Weimarer Reichsverfassung haben und die historisch älteste Säule des bestehenden kirchlichen Finanzierungssystems bilden.[2]

Diese Staatsleistungen unterscheiden sich von sonstigen leistungsstaatlichen Zuwendungen an die Kirchen dadurch, dass sie anders als jene weder auf die Förderung karitativen oder sonstigen gemeinwohldienlichen Wirkens der Kirchen zielen noch auf einem Gegenwarts- und Zukunftsbezug gründen. Vielmehr fungieren sie als Kompensation für die Säkularisation kirchlichen Vermögens, mithin als Ausgleich für

[1] Zutreffend so *Sebastian Müller-Franken*, Die öffentliche Finanzierung der Religionsgemeinschaften in Deutschland – unter besonderer Berücksichtigung der Staatsleistungen, in: Arnd Uhle (Hrsg.), Kirchenfinanzen in der Diskussion, 2015, S. 43ff. (44f.).

[2] Eingehend dazu *Werner Weber*, Die Ablösung von Staatsleistungen an die Religionsgesellschaften, 1948; *Michael Droege*, Staatsleistungen an Religionsgemeinschaften im säkularen Kultur- und Sozialstaat, 2004; *Josef Isensee*, Staatsleistungen an die Kirchen und Religionsgemeinschaften, in: Joseph Listl/Dietrich Pirson (Hrsg.), HdbStKirchR, Bd. 1, 2. Aufl. 1994 (Vorauflage), § 35, S. 1009ff.; *Werner Heun*, Staatsleistungen an die Kirchen und andere Religionsgemeinschaften, in: Dietrich Pirson/Wolfgang Rüfner/Michael Germann/Stefan Muckel (Hrsg.), HdbStKirchR, Bd. 3, 3. Aufl. 2020, § 73, S. 3017ff. Siehe ferner *Stefan Mückl*, Kirchliche Organisation, in: Josef Isensee/Paul Kirchhof (Hrsg.), HStR VII, 3. Aufl. 2009, § 160 Rn. 49ff.; *Arnd Uhle*, Staatskirchenrecht, in: Klaus Stern/Helge Sodan/Markus Möstl (Hrsg.), Das Staatsrecht der Bundesrepublik im europäischen Staatenverbund, Bd. I, 2. Aufl. 2022, § 29 Rn. 83ff.; zusammenfassend auch *ders.*, in: Staatsleistungen – Staatlich, in: Heribert Hallermann/Thomas Meckel/Michael Droege/Heinrich de Wall (Hrsg.), Lexikon für Kirchen- und Religionsrecht, Bd. IV, 2021, S. 243ff.

dessen einseitige, aus weltlichen Gründen erfolgte Einziehung. Daher ist ihr Zweck der der Entschädigung und ihr Bezugspunkt der der Vergangenheit.[3] Sie gründen vor allem in den Säkularisationen, die insbesondere die Reformation, der Westfälische Friede, die Reformen Kaiser Josephs II. und der Reichsdeputationshauptschluss von 1803 nach sich zogen und durch die den Kirchen die Möglichkeit genommen wurde, ihren finanziellen Bedarf selbst zu decken.[4] Während die evangelischen Kirchen hierbei vor allem der landesherrliche Zugriff auf kirchliche Güter in den Territorialstaaten traf, erlitt die katholische Kirche Verluste vornehmlich aufgrund des Reichsdeputationshauptschlusses: Dieser stellte in seinem § 35 die Güter landsässiger Stifte, Abteien und Klöster sowohl zum Zwecke des Aufwandes für Gottesdienst, Unterricht und Wohlfahrtspflege als auch zur Erleichterung der Finanzen zur Disposition der Landesherrn, verpflichtete diese indes im Gegenzug, für die Ausstattung der Domkirchen und die Pensionen der aufgehobenen Geistlichkeit zu sorgen.[5]

Die Erbringung der so begründeten Staatsleistungen aus dem Staatshaushalt gestaltete sich in der Praxis schwierig und war nicht frei von Konflikten. Bereits in der 1. Hälfte des 19. Jahrhunderts zeigte sich in den deutschen Einzelstaaten[6] das Bemühen, sich von den Lasten einer aus öffentlichen Haushaltsmitteln erfolgenden Kirchenfinanzierung zu befreien und die Finanzierungslast – bei gleichzeitiger verwaltungsorganisatorischer und ggf. auch vollstreckungsrechtlicher Unterstützung

3 *Arnd Uhle*, Kirchenfinanzierung in Europa: Erscheinungsformen, Eignung, Zukunftsperspektiven, in: Wilhelm Rees/María Roca/Balázs Schanda (Hrsg.), Neuere Entwicklungen im Religionsrecht europäischer Staaten, 2013, S. 743 ff. (749 f.); *Müller-Franken*, Öffentliche Finanzierung (Fn. 1), S. 64; *Volker Knöppel*, Aktuelle Überlegungen zum Ablösegebot der Staatsleistungen nach Art. 140 GG i. V. m. Art. 138 Abs. 1 WRV, ZevKR 58 (2013), S. 188 ff. (190); *Mückl*, Kirchliche Organisation (Fn. 2), § 160 Rn. 49.

4 Stellvertretend dazu *Heinrich de Wall*, Die Fortwirkung der Säkularisation im heutigen Staatskirchenrecht, in: Essener Gespräche zum Thema Staat und Kirche 38 (2004), hrsg. von Heiner Marré/Dieter Schümmelfeder/Burkhard Kämper, S. 53 ff. (63 ff.); *Isensee*, Staatsleistungen (Fn. 2), § 35, 1009 ff. (S. 1010 ff.); *Heun*, Staatsleistungen (Fn. 2), § 73 Rn. 14 ff.

5 *Isensee*, Staatsleistungen (Fn. 2), § 35, S. 1009 ff. (1010 ff.); *Mückl*, Kirchliche Organisation (Fn. 2), §160 Rn. 50.

6 Dies betraf zunächst 1827 das Fürstentum Lippe, siehe hierzu *Stefan Mückl*, Kirchensteuer und Kirchenbeitrag, in: Stephan Haering/Wilhelm Rees/Heribert Schmitz, Handbuch des katholischen Kirchenrechts, 3. Aufl. 2015, § 102, S. 1532 ff. (1534); *Stephan Haering*, Modelle der Kirchenfinanzierung im Überblick, in: Arnd Uhle (Hrsg.), Kirchenfinanzen in der Diskussion, 2015, S. 11 ff. (19); *Matthias Pulte*, Kirchenrechtliche Vorgaben für Kirchenfinanzierung und kirchliche Vermögensverwaltung, in: Arnd Uhle (Hrsg.), Kirchenfinanzen in der Diskussion, 2015, S. 127 ff. (131).

durch den Staat – partiell auf die Kirchenglieder abzuwälzen.[7] Angesichts dieses Hintergrundes war die sich seinerzeit vollziehende Herausbildung der Kirchensteuer nicht etwa Ausweis einer Verflechtung von Staat und Kirche, sondern – was heute bisweilen in Vergessenheit zu geraten droht – geradezu umgekehrt Ausdruck des Willens, von einer Kirchenfinanzierung aus staatlichen Haushaltsmitteln Abstand zu nehmen.[8]

Nach dem Ende der Monarchie wurden die Staatsleistungen durch die Weimarer Reichsverfassung von 1919 zum Gegenstand verfassungsrechtlicher Regelung. Der sie regelnde und gem. Art. 140 GG bis heute fortgeltende Art. 138 Abs. 1 WRV steht im Dienst einer behutsamen Entflechtung der überkommenen Leistungsbeziehungen.[9] Er stellt klar, dass die Staatsleistungen – obgleich aus der Zeit vor Inkrafttreten der Weimarer Reichsverfassung stammend – mit der Verfassung in Einklang stehen, nimmt den Ländern die Möglichkeit, sich ihrer ohne Ablösung zu entledigen, sieht vor, dass die Staatsleistungen bis zur Ablösung beibehalten werden und verzichtet damit auf ein abruptes Abschütteln der historischen Pflichten.[10] Zugleich verpflichtet er den Gesetzgeber auf ihre Ablösung. Auf diese Weise verbindet er die Anerkennung der Legitimität der historisch entstandenen Verpflichtungen mit einem verbindlichen gesetzgeberischen Ablösungsauftrag.

Die Ablösung der Staatsleistungen meint hierbei nicht deren ersatzlosen Wegfall, sondern die Beendigung des bisherigen Leistungsverhältnisses unter gleichzeitiger Vornahme einer in ihrer Höhe noch zu bestimmenden Entschädigung.[11] Gerungen wird darum, ob verfassungsrechtlich hierbei eine dem Äquivalenzprinzip folgende Entschä-

[7] Dazu *Felix Hammer,* Rechtsfragen der Kirchensteuer, 2002, S. 30ff.; *Georg Fischer,* Finanzierung der kirchlichen Sendung, 2005, S. 180ff.; *Jens Petersen,* Kirchensteuer kompakt, 4. Aufl., 2020, S. 5ff.; *Axel Freiherr v. Campenhausen/Heinrich de Wall,* Staatskirchenrecht, 4. Aufl., 2006, S. 226ff.; *Mückl,* Kirchensteuer (Fn. 6), § 102, S. 1532ff. (1534).

[8] *Mückl,* Kirchliche Organisation (Fn. 2), § 160 Rn. 56.

[9] *Uhle,* Staatskichenrecht (Fn. 2), § 29 Rn. 84.

[10] Insofern erweist sich der Ablösungsvorbehalt zugleich als Bestandsgarantie der Staatsleistungen bis zu deren Ablösung, BVerwGE 87, 115 (132). Aus dem Schrifttum so auch *v. Campenhausen/de Wall,* StaatsKirchenrecht (Fn. 7), S. 285; *Peter Unruh* Religionsverfassungsrecht, 4. Aufl., 2018, Rn. 534; *Isensee,* Staatsleistungen (Fn. 2), § 35, S. 1009ff. (1048f.); *Heun,* Staatsleistungen (Fn. 2), § 73 Rn. 69.

[11] *Knöppel,* Aktuelle Überlegungen (Fn. 3), S. 194; *Diana zu Hohenlohe,* Ablösung der Staatsleistungen an die Kirchen: Der unerfüllte Verfassungsauftrag des Art. 138 Abs. 1 WRV i. V. m. Art. 140 GG, ZevKR 62 (2017), S 178ff. (187); *Peter Unruh,* in: Hermann von Mangoldt/Friedrich Klein/Christian Starck (Hrsg.), Grundgesetz-Kommentar, Bd. III, 7. Aufl. 2018, Art. 138 WRV Rn. 11; *Stefan Korioth,* in: Günter Dürig/Roman Herzog/Rupert Scholz (Hrsg.), Grundgesetz-Kommentar, Stand: 79. Erg.-Lfg. (Dezember 2016), Art. 138 WRV Rn. 12.

digung des vollen wirtschaftlichen Wertes der wiederkehrenden Leistungen – also eine wertgerechte Entschädigung – gefordert ist oder ob eine angemessene Kompensation für den Entfall der staatlichen Leistungen ausreicht.[12] Das Reichskonkordat spricht in Art. 18 Abs. 3 von einem „angemessenen Ausgleich für den Wegfall der bisherigen staatlichen Leistungen."

Gem. Art. 140 GG i.V.m. Art. 138 Abs. 1 WRV ist die Ablösung der Staatsleistungen zwar Sache der Landesgesetzgebung. Indes ist es den Ländern verwehrt, sie ohne ein vorheriges Tätigwerden des Bundes vorzunehmen, weil Art. 138 Abs. 1 Satz 2 WRV bestimmt, dass es zunächst dem Reich – unter der Geltung des Grundgesetzes: dem Bund – obliegt, die Grundsätze für die Ablösung aufzustellen.[13] Art. 18 Abs. 1 des Reichskonkordats, der aufgrund der Parität auf die evangelische Kirche entsprechend anzuwenden ist, bestimmt zudem, dass vor der Ausarbeitung dieser Grundsätze rechtzeitig ein freundschaftliches Einvernehmen mit dem Hl. Stuhl herbeizuführen ist.[14]

Nachdem ein solches Gesetz über die Ablösungsgrundsätze bislang bekanntlich – sei es wegen der damit verbundenen finanziellen und praktischen Schwierigkeiten, sei es wegen eines mangelnden politischen Willens zur Umsetzung des Ablösungsauftrags – weder erlassen noch über Jahrzehnte hinweg auch nur ernsthaft in Angriff genommen worden ist, ist seit einiger Zeit Bewegung in die Diskussion um eine Ablösung gekommen. Sinnfälliger Ausdruck dafür ist der Gesetzentwurf, den die Fraktionen von FDP, Die Linke und Bündnis90/Die Grünen aus der seinerzeitigen Opposition heraus in der vergangenen

12 Für die erstgenannte Position *Knöppel*, Aktuelle Überlegungen (Fn. 3), S. 197; *Thorsten Ingo Schmidt*, Ablösung von Staatsleistungen an die Kirchen, DÖV 2020, S. 624ff. (628); *Arnd Uhle*, Staatsleistungen – Staatlich (Fn. 2), S. 244; *v. Campenhausen/de Wall*, Staatskirchenrecht (Fn. 7), S. 286f.; *Michael Germann*, in: Volker Epping/Christian Hillgruber (Hrsg.), BeckOK Grundgesetz, Stand: 51. Edition (Mai 2022), Art. 140 Rn. 124 f.; *Karl-Hermann Kästner*, in: Wolfgang Kahl/Christian Waldhoff/Christian Walter (Hrsg.), Bonner Kommentar zum Grundgesetz, Stand: 145. Erg.-Lfg. (April 2010), Art. 140 Rn. 600; für die Statthaftigkeit einer – hinter dem vollen Wertersatz ggf. zurückbleibenden – angemessenen Entschädigung *Jochen Rozek*, Der unerfüllte Verfassungsauftrag – Die Ablösung der Staatsleistungen an die Kirchen, in: Thomas Holzner/Hannes Ludyga (Hrsg.), Entwicklungstendenzen des Staatskirchen- und Religionsverfassungsrechts, 2013, S. 421ff. (425); *Peter Unruh*, Ein Grundsätzegesetz zur Ablösung der Staatsleistungen, DÖV 2020, S. 953ff. (956); *Droege*, Staatsleistungen (Fn. 2), S. 208ff.

13 Zu dieser Regelung näher *Droege*, Staatsleistungen (Fn. 2), S. 238; *Heun*, Staatsleistungen (Fn. 2), § 73 Rn. 66.

14 Zur paritätsgebotenen Anwendung auch auf die evangelische Seite *Knöppel*, Aktuelle Überlegungen (Fn. 3), S. 194; *Uhle*, Staatsleistungen (Fn. 2), S. 244; *Bernd Jeand'Heur/Stefan Korioth*, Grundzüge des Staatskirchenrechts, 2000, Rn. 350; *Heun*, Staatsleistungen (Fn. 2), § 73 Rn. 67.

Legislaturperiode in den Bundestag eingebracht haben.[15] Dieser hat zwar letztlich keine parlamentarische Mehrheit gefunden, mit seinem Regelungsgehalt aber doch einer weiteren politischen Befassung den Weg gewiesen.[16] Dies belegt nicht zuletzt der nach der Bundestagswahl im vergangenen Herbst zwischen SPD, Bündnis90/Die Grünen und FDP geschlossene Koalitionsvertrag. Er benennt ausdrücklich das Vorhaben der Koalitionspartner, „in einem Grundsätzegesetz im Dialog mit den Ländern und den Kirchen einen fairen Rahmen für die Ablösung der Staatsleistungen" zu schaffen.[17] Aus heutiger Sicht erscheint es gerechtfertigt, die Verabschiedung eines solchen Gesetzes im Rahmen der neuen Legislaturperiode für möglich zu halten.

Dieser Umstand war Anlass, die 57. Essener Gespräche zum Thema Staat und Kirche der Frage „Ablösung der Staatsleistungen – Gefahr oder Chance für das Verhältnis von Staat und Kirche?" zu widmen und so zu der nun anhebenden politischen Diskussion sowie zur Meinungsbildung in Bund, Ländern und Kirchen beizutragen.

Zu diesem Zweck behandelte die Tagung zunächst in einem ersten Teil Grundsatzfragen der Staatsleistungen, namentlich deren Entstehung und Entwicklung, ebenso aber auch deren heutigen Status. Hieran schloss sich als zweiter Teil ein Ausblick auf die politischen Reformperspektiven und die mögliche Ausgestaltung eines Ablösungsgrundsätzegesetzes an. In seinem Zentrum stand eine nähere Vorstellung des bereits erwähnten Entwurfs des Grundsätzegesetzes aus der letzten Legislaturperiode sowie eine Erläuterung jener Erwägungen, die seinerzeit auch unter Einbeziehung alternativ denkbarer Regelungen zu seiner Formulierung führten. Behandelt wurden zudem die Perspektiven der Kirchen, um sowohl ihre Sicht auf die Bedeutung der bisherigen Staatsleistungen für die Kirchenfinanzierung als auch ihre Bewertung der näher rückenden Ablösung in die Diskussion zu integrieren. Der dritte und letzte Teil der Tagung weitete zum Abschluss den Blick in dreifacher Hinsicht: in rechtsvergleichender Hinsicht durch die Erörterung der Frage, in welchem Umfang den Kirchen auch in anderen Staaten Europas Staatsleistungen gewährt werden und ob bzw. wie die Frage ihrer Ablösung dort geregelt oder diskutiert wird, in sachlicher Hinsicht durch eine Einbeziehung der Zukunftsperspektiven der staatlichen Förderung von Religionsgemeinschaften außer-

[15] Siehe hierzu Entwurf eines Grundsätzegesetzes zur Ablösung der Staatsleistungen der Fraktionen FDP, DIE LINKE und BÜNDNIS 90/DIE GRÜNEN, BT-Drs. 19/19273; zu ihm etwa *Unruh*, Grundsätzegesetz (Fn. 12), S. 953ff.

[16] Zur parlamentarischen Beratung des Entwurfs siehe Plenarprotokolle des Deutschen Bundestages, 19. Wahlperiode, 227. Sitzung, S. 29003ff.

[17] Abrufbar unter: https://www.bundesregierung.de/resource/blob/974430/1990812/04221173eef9a-6720059cc353d759a2b/2021-12-10-koav2021-data.pdf?download=1 (S. 111 des PDFs; zuletzt aufgerufen am 15.4.2022).

halb der Staatsleistungen und in politisch-zeitgeschichtlicher Hinsicht durch die Erörterung, wie sich eine Ablösung der Staatsleistungen nach Lage der Dinge auf das Verhältnis von Staat und Kirche in Deutschland auswirken könnte.

Prof. Dr. theol. Klaus Unterburger

Entstehung und historische Entwicklung der Staatsleistungen in Deutschland

Seit über 100 Jahren besteht das verfassungsrechtliche Gebot, die Staatsleistungen an die Kirchen abzulösen. Grundlegend hierfür ist die Klärung, auf welche Leistungen des Staates die Kirchen einen Rechtsanspruch haben. Nur diese sind als Staatsleistungen i. e. S. zu bezeichnen.[1] Diese wurden von der Weimarer Reichsverfassung 1919 anerkannt[2] und zugleich, da nach deren Art. 137 (1) keine Staatskirchen mehr besteht, deren Ablösung geboten: In Art. 138 (1) heißt es: „Die auf Gesetz, Vertrag oder besonderen Rechtstiteln beruhenden Staatsleistungen an die Religionsgesellschaften werden durch die Landesgesetzgebung abgelöst. Die Grundsätze hierfür stellt das Reich auf." Besteht dieser Rechtsanspruch zurecht? Ist es ein strenger Entschädigungsanspruch oder handelt es sich teilweise um nur freiwillige Leistungen des Staates? Oder geht es darum, sich wandelnde kirchliche Bedürfnisse in dem

[1] *Arnd Uhle*, Staatsleistungen – Staatlich, in: Heribert Hallermann/Thomas Meckel/Michael Droege/Heinrich de Wall (Hrsg.), Lexikon für Kirchen- und Religionsrecht, Bd. IV, 2021, S. 243ff. (243); *Josef Isensee*, Staatsleistungen an die Kirchen und Religionsgemeinschaften, in: Joseph Listl/Dietrich Pirson (Hrsg.), HdbStKirchR, Bd. 1, 2. Aufl. 1994 (Vorauflage), § 35 S. 1009ff. (1009f.).

[2] Die Verfassung des Deutschen Reichs vom 11. August 1919, RGBl. Nr. 152 (1919), S. 1383ff. (1409).

Maße subsidiär zu unterstützen, insoweit die Kirchen selbst dazu nicht in der Lage sind? Da es um die reale Rechtsnatur von Ansprüchen geht, ist die Realität zu befragen; es handelt sich also um historische Fragen.

In Grundzügen soll darauf im Folgenden eine Antwort gegeben werden. Hierfür ist es unabdingbar, die Sozial- und Wirtschaftsstruktur der vormodernen Kirche zu verstehen; diese soll in einem ersten Abschnitt analysiert werden, bevor in Teil II die Vorgänge von 1802/03 dargelegt und bewertet werden. Kapitel III analysiert die Entwicklung dieser Ansprüche im 19. Jahrhundert, vor allem die Entstehung und den Ausbau der sog. Congrua. Regional werden vor allem vier Gebiete vergleichend in den Blick genommen: Preußen, Hannover, der Südwesten und Bayern. Ein vierter Abschnitt soll den Kulturkampf und die Rechtsauffassungen vor dem ersten Weltkrieg in den Blick nehmen, die den Hintergrund bei der Entstehung der Weimarer Reichsverfassung bilden.

I. Kirchliches Stiftungsvermögen vor 1800: Strukturen und Debatten

Aus den Bedrängnissen des Daseins, Krankheit, Tod und Schuld, erlöst und von der Angst um uns selbst befreit zu werden, ist der Sinngehalt der christlichen Religion. Diese Erlösung durch Gebet, die Feier des Messopfers und die Spendung der Sakramente zu vermitteln, war ihrem Selbstverständnis nach die Aufgabe der Kirche. Damit sie, der Klerus, aber auch Mönche und Nonnen, diesen Dienst am Heil der Welt tun konnten, mussten diese materiell dazu in der Lage sein. Im Mittelalter wurde deshalb für geistliche Zwecke materielles Vermögen gestiftet. Es war, um mit dem Soziologen und Religionsethnologen Marcel Mauss (1872–1950) zu sprechen, die Logik eines Tausches, die Logik von materieller Gabe und geistlicher Gegengabe, die hinter der Ausbildung von Klöstern und Stiften, Pfarreien und Benefizien, aber auch Spitälern und Hospizen, Predigtstellen, Schulen und Universitäten stand.[3] Nicht, als ob man an einen Automatismus geglaubt hätte: Durch die materielle Gabe konnte man sich den Himmel nicht verdienen. Dennoch waren die Heilmittel der Kirche wirkmächtig. Die kultische Reinheit von Mönchen, Nonnen und Priestern war Garant für einen gottwohlgefälligen Kult und für Hilfe im Jenseits, für sich selbst und die gesamte Familie. Die Totenmemoria über die begrenzte eigene Lebenszeit hinaus war der Motor dieser Stiftungstätigkeit, die das Kernelement einer Wirtschaftsgeschichte der Kirche seit dem Mittelalter

[3] *Marcel Mauss,* Die Gabe. Form und Funktion des Austausches in archaischen Gesellschaften, 3. Aufl. 1984; *Arnold Angenendt,* Geschichte der Religiosität im Mittelalter, 1987, S. 373ff.

bildete.[4] Fromme, kirchliche Zwecke waren dabei neben dem Gottesdienst auch Bildung und Caritas; beides war ja mit der Kirche eng verbunden und funktional noch nicht von der Religion ausdifferenziert.

Das wirtschaftliche Kernelement der Kirche in der Vormoderne war somit das *beneficium*, eine Grund- oder Vermögensmasse, die ein frommes Werk ermöglichte. Für den Besitzer dieses *beneficium* war die Zweckbestimmung damit geistliches *officium*. Den engen Zusammenhang zwischen beiden, *beneficium* und *officium*, betonte das kanonische Recht; es war aber auch stets das Ideal der Kirchenreformer.[5] In der Praxis konnte sich der grundsätzlich allgemein akzeptierte Zusammenhang lockern, etwa dann, wenn für das *officium* Vikare angestellt wurden oder wenn mehrere Benefizien kumuliert wurden. Umstritten war aber vor allem das Verhältnis von Stifter und Stiftung; blieb der Stifterfamilie de facto eine Art eigenkirchliches Verfügungs- und Bestimmungsrecht über das *beneficium*? Der einzelne Geistliche oder ein Kloster blieb dann in Abhängigkeit von den Stiftern; seit dem Frühmittelalter, besonders seit der Epoche der Kirchenreform im 11. Jahrhundert, suchten bischöfliche und päpstliche Reformer hiergegen ein episkopales bzw. papales Aufsichtsrecht durchzusetzen. Ihrer Meinung nach hatte das Temporale, das Benefizium, ganz im Dienst des Spirituale zu stehen; so komme der kirchlichen Hierarchie das Aufsichts- und Kontrollrecht zu. Die Stifterfamilien und ihre Erben – immer häufiger trat der frühe Territorialstaat in die Rechtsnachfolge von adeligen Stiftern – betonten hingegen das Gewohnheitsrecht. Das kanonische Patronatsrecht war ein Kompromiss: das Benefizium diente dem geistlichen Vollzug, doch hatten die Stifter Anspruch auf Auswahl der Geistlichen und Unterstützung in Notlagen, dazu Ehrenrechte, etwa ein bestimmtes Gestühl in der Kirche und das Recht auf Bestattung in derselben.[6]

Die Wirtschafts- und Sozialstruktur der Kirche war so jedenfalls regional-polyzentrisch; die einzelnen kirchlichen Ämter und Institutionen waren mit einer je eigenen Vermögensmasse verbunden, die ein bestimmtes *officium* finanzieren sollte. Eine zentrale Kontrolle und Aufsicht durch den Bischof gab es faktisch nicht. Besonders wichtig wurde dabei das Pfarrsystem, das sich seit dem Frühmittelalter allmählich aus-

[4] *Arnold Angenendt*, Offertorium. Das mittelalterliche Meßopfer, 2013, S. 250ff., 286ff.

[5] *Angenendt*, Offertorium (Fn. 4), S. 245ff.; *Peter Landau*, Beneficium, in: TRE 5 (1980), S. 577ff.

[6] *Peter Landau*, Ius Patronatus. Studien zur Entwicklung des Patronats im Dekretalenrecht und der Kanonistik des 12. und 13. Jahrhunderts, 1975.

bildete.[7] Für die Pfarreien wurde die territoriale Zuständigkeit für einen bestimmten Pfarrbezirk konstitutiv. Taufen, Trauungen und Beerdigungen, seit dem 13. Jahrhundert auch die Osterbeichte und Osterkommunion; dem korrespondierten weitere Einnahmequellen neben den Pfarrpfründen: das Recht auf den Zehnt von Erträgen innerhalb des Pfarrbezirks und auf Stolgebühren für die Verrichtung der Kasualien. Von besonderer Bedeutung war natürlich der Grundbesitz der Klöster, Stifte und Bischofskirchen. Dieser war in der Regel nicht eigenbewirtschaftet oder verpachtet, sondern in Grundherrschaften organisiert. Die Grunduntertanen hatten Abgaben und Arbeitsleistungen zu erbringen und waren an den Grund gebunden. Die geistlichen Grundherren übten Niedergerichtsrechte aus. Es bestand eine wechselseitige Verpflichtung zwischen Grundherr und Grunduntertan.[8]

Der frühmoderne Territorialstaat bildete sich seit dem Spätmittelalter aus. Um die Herrschaft über ein geschlossenes Territorium etablieren zu können, sammelte er Klostervogteien und Patronatsrechte, in dem er kleinere Herrschaftsträger, meist andere adelige Dynastien, ersetzte.[9] Obwohl der Stifterwille im Prinzip auf ewige Zeiten galt, kam es immer wieder zu Neuanpassungen. So wurden Pfarreien und Benefizien zur Fundierung von Universitäten herangezogen. In der Reformationszeit galten den Protestanten Klöster und Messstiftungen als religiöse Irrwege. Gefördert werden sollte hingegen die Pfarrseelsorge, die Caritas und das Schulwesen. So kam es zu Säkularisationen, die freilich das Kirchengut für kirchliche Zwecke nur zusammenfassten und umverteilten, es aber nicht entzogen.[10] *Piae causae* blieben Gottesdienst, Bildung und Armen- bzw. Krankenfürsorge. Obwohl diese protestantischen Reformationen eine radikale Neuausrichtung des Kirchenwesens bedeuteten, die Rechtsfigur, die angewandt wurde, war nicht völlig revolutionär. Vielmehr war es bereits eine spätmittelalterliche Praxis, das Kirchengut von ausgestorbenen Klöstern anderen frommen Zwe-

[7] *Nathalie Kruppa* (Hrsg.), Pfarreien im Mittelalter. Deutschland, Polen, Tschechien und Ungarn im Vergleich, 2008; *Enno Bünz*, Die mittelalterliche Pfarrei. Ausgewählte Studien zum 13.–16. Jahrhundert, 2017; *Erwin Gatz*, Entwicklung und Bedeutung der Pfarrei bis zur Reformation, in: ders. (Hrsg.), Geschichte des kirchlichen Lebens in den deutschsprachigen Ländern seit dem Ende des 18. Jahrhunderts, Bd. 1: Die Bistümer und ihre Pfarreien, 1991, S. 29ff.

[8] *Hartmut Harnisch*, Die Grundherrschaft. Forschungsgeschichte, Entwicklungszusammenhänge und Strukturelemente, in: Jahrbuch für Geschichte des Feudalismus 9 (1985), S. 89ff.

[9] *Klaus Unterburger*, Das bayerische Konkordat von 1583. Die Neuorientierung der päpstlichen Deutschlandpolitik nach dem Konzil von Trient und deren Bedeutung für das Verhältnis von weltlicher und geistlicher Gewalt, 2005, S. 100ff.

[10] *Hans Lehnert*, Kirchengut und Reformation. Eine kirchenrechtsgeschichtliche Untersuchung, 1935.

cken zuzuführen.[11] Im Prozess der katholischen Konfessionalisierung des 16. Jahrhunderts wurden in der Regel die Jesuitenkollegien mit dem Besitz ehemaliger Prälatenklöster fundiert. Weniger radikal als im protestantischen Deutschland kam es so auch im katholischen Bereich zu einer Anpassung an neue Bedürfnisse der Frömmigkeit.

In der Epoche der Aufklärung galt dann auch im katholischen Bereich die Pfarrseelsorge als die eigentlich erwünschte Form kirchlichen Wirkens, während Klöster und Ordenswesen nicht nur von außerhalb der Kirche massiv kritisiert wurden, besonders, wenn die monastischen Gemeinschaften nicht „nützlich" im Unterricht, der Caritas oder der Seelsorge tätig waren.[12] Säkularisationen und Neuwidmungen häuften sich, oft auch gestützt durch päpstliche Erlaubnis; im Josephinismus aber auch aus landesherrlicher Macht.[13] Der Landesherr beanspruchte das *dominium eminens* über die Benefizien; Umwidmungen wurden mit dem Begriff der *necessitas* gerechtfertigt. Dabei wandelte sich in der zweiten Hälfte des 18. Jahrhunderts die Begründung: Anstatt der historischen Herleitung, dem Gewohnheitsrecht aus der Stiftung, rekurrierte man immer häufiger auf das rationale Naturrecht, die Herrschaft über das Territorium. Die Ansprüche der Staaten auf Reform bzw. Umwidmung blieben dabei nicht unwidersprochen.[14] Die Bischöfe brachten in der Regel vergeblich ihr Aufsichtsrecht über die Diözesen dagegen in Stellung; da das Temporale dem geistlichen Amt dienen solle, seien sie bei einer Neuverwendung dieses Temporale zu fragen. Gerade päpstliche Konzessionen halfen freilich den Landesherrn oft, diesen Anspruch zu unterlaufen. Dies ist die Ausgangslage für jene Umwälzungen, die in der napoleonischen Epoche zu derartigen staatlichen Eingriffen in das Kirchenwesen führten, dass sie den Anspruch auf Staatsleistungen begründeten.

11 *Robert Stupperich*, Die Neuordnung der Kirchenfinanzen im Zeitalter der Reformation und ihre Voraussetzungen, in: Wolfgang Linnemann (Hrsg.), Die Finanzen der Kirche. Studien zu Struktur, Geschichte und Legitimation kirchlicher Ökonomie, 1989, S. 602 ff.

12 *Bonifaz Wöhrmüller*, Literarische Sturmzeichen vor der Säkularisation, SMGB 45 (1929), S. 12 ff.; *Anja Ostrowitzki*, Aufklärung, Josephinismus, Säkularisation, in: Erwin Gatz (Hrsg.), Geschichte des kirchlichen Lebens in den deutschsprachigen Ländern seit dem Ende des 18. Jahrhunderts, Bd. 7: Klöster und Ordensgemeinschaften, 2006, S. 111 ff.

13 *Winfried Müller*, Säkularisationen vor der Säkularisation von 1803. Zum Umgang mit dem Kirchengut im Alten Reich, in: Harm Klueting (Hrsg.), 200 Jahre Reichsdeputationshauptschluß. Säkularisation, Mediatisierung und Modernisierung zwischen Altem Reich und neuer Staatlichkeit, 2005, S. 67 ff.

14 *Georg Pfeilschifter*, Der Salzburger Kongreß und seine Auswirkung 1770–1777. Der Kampf des bayr. Episkopats gegen die staatskirchenrechtliche Aufklärung unter Kurfürst Max III. Joseph (1745–1777), Verhandlungen zu einem ersten bayr. Einheitskonkordat, 1929.

II. Säkularisationen als Rechtsgrund der Staatsleistungen

Aus dem vorherigen Abschnitt ist deutlich geworden, dass in der Vormoderne mit gestifteten kirchlichem Grundvermögen Pflichten zur Finanzierung geistlicher Zwecke verbunden waren, die der Grund der Stiftung waren. Eine solche Pflicht ist jeweils dann an den Staat übergegangen, wenn dieser kirchliches Stiftungsvermögen erworben hat, also durch Eigentumsübergang zugunsten des Staates. Der Höhepunkt dieser Säkularisationen war die napoleonische Epoche, im Reich namentlich die Jahre 1802 und 1803. Mit Christof Dipper lassen sich drei Formen von Säkularisation unterscheiden.[15]

a) Der kirchenreformatorische Typus enteignet für bestimmte Zwecke gestiftetes Kirchengut, um es anderen, als wertvoller erachteten kirchlichen Zwecken zukommen zu lassen. Dieses Modell wurde in der Regel bei der Einführung der Reformation in Städten und Territorien verfolgt; wie gesehen folgte ihm aber auch Kaiser Joseph II. Anfang der 1780er Jahren, als er etwa ein Drittel der Klöster säkularisierte und den Besitz in einem Religionsfonds für die Errichtung neuer Pfarreien, anderer erwünschter (neuer) kirchlicher Einrichtungen und für die Pensionen der ehemaligen Konventualen zusammenfasste. Im Reich hielt Hannover recht konsequent an diesem Modell fest.[16]
b) Der zweite Typ ist der domänenpolitische: Zwar wurden Gebäude und Mobiliar verkauft, der Grundbesitz aber in die Staatsdomänen inkorporiert. Ein erheblicher Teil der deutschen Staaten praktizierte dies so, etwa Württemberg, Baden, Hessen-Darmstadt und das Königreich Westfalen.[17]
c) Der dritte Typus ist der fiskalpolitische, bei dem es zum Verkauf auch der Immobilien (ohne die Wälder) kam. Er wurde etwa in Bayern, in den linksrheinischen Gebieten, im Herzogtum Berg und in Preußen (ab 1810) verfolgt.[18]

Bei der Analyse der Säkularisation von 1802/03 ist zunächst zwischen links- und rechtsrheinischem Gebiet zu differenzieren, da die Rechtsgrundlage dort jeweils eine andere gewesen ist. Links des Rheins wur-

[15] *Christof Dipper*, Probleme einer Wirtschafts- und Sozialgeschichte der Säkularisation in Deutschland (1803–1813), in: Armgard von Reden-Dohna (Hrsg.), Deutschland und Italien im Zeitalter Napoleons. Deutsch-Italienisches Historikertreffen in Mainz 29. Mai – 1. Juni 1975, 1979, S. 129 ff. (130 f.).

[16] *Georg Schnath*, Das Schicksal des Klosterguts in den früheren Welfenlanden und seine besondere Rechtsstellung im heutigen Land Niedersachsen, Blätter für deutsche Landesgeschichte 109 (1973), S. 265 ff.

[17] *Dipper*, Probleme (s. Fn. 15), S. 130 f.

[18] *Dipper*, Probleme (s. Fn. 15), S. 131.

den die Territorien zwischen 1794 und 1802 sukzessive in den französischen Staat einverleibt.[19] Damit galt das Napoleonische Konkordat, auch dessen Artikel 13, nach dem die Kirche auf Eigentumsrechte an in Frankreich enteigneten Kirchenbesitz – es war zu einer Totalsäkularisation während der Revolution gekommen und im Gegenzug zur staatlichen Besoldung der Geistlichen – verzichte. 1798 übertrug man dies auf die linksrheinischen (ehemaligen Reichs-)gebiete.[20] Zudem wurde am 11. Dezember 1797 in einem radikalen Schritt die Grundherrschaft und damit alle sog. Feudalabgaben aufgehoben.[21] Der Konsularbeschluss vom 9. Juni 1802 sanktionierte diesen Zustand. Es sollte nur noch vier Arten von kirchlichen Institutionen geben: Bistümer, Pfarreien, Domkapitel und Priesterseminare. Alle anderen waren aufgehoben; ihre Güter wurden in Domänen zusammengefasst, aus denen der Unterhalt der verbleibenden kirchlichen Einrichtungen und die Pensionen bestritten werden sollten.[22]

Rechts des Rheins war die Lage eine andere. Die Sonderfriedensschlüsse von Basel und Campo Formio, dann nach dem Zweiten Koalitionskrieg der Frieden von Lunéville, legten die Entschädigung der deutschen Fürsten aus dem Schoße des Reichs, vor allem also durch geistliche Territorien, als Ersatz für ihre linkrheinischen Verluste fest.[23] Alle wichtigeren Entscheidungen fielen de facto in Separatverhandlungen in Frankreich; juristisch wurden sie aber über das Modell legitimiert, dass der Kaiser geistlichen Amtsträgern Reichslehen entzieht und sie weltlichen Herrschern zukommen lässt. Deshalb wurde in Regensburg eine Reichsdeputation eingesetzt, die am 24. August 1802 erstmals zusammentrat und die de facto den Entschädigungsplan abzunicken hatte, den Charles-Maurice de Talleyrand-Périgords (1754–1838) Unterstaatssekretär Jacques Mathieu (1755–1825) für die franzö-

19 *Winfried Müller*, Die Säkularisation im links- und rechtsrheinischen Deutschland 1802/03, in: Erwin Gatz (Hrsg.), Geschichte des kirchlichen Lebens in den deutschsprachigen Ländern seit dem Ende des 18. Jahrhunderts, Bd. 6: Die Kirchenfinanzen, 2000, S. 49ff. (53ff.).

20 *Rudolf Lill*, Die Säkularisation und die Auswirkungen des napoleonischen Konkordats in Deutschland, in: Armgard von Reden-Dohna (Hrsg.), Deutschland und Italien im Zeitalter Napoleons. Deutsch-Italienisches Historikertreffen in Mainz 29. Mai – 1. Juni 1975, 1979, S. 91ff. (98f.).

21 *Michael Müller*, Säkularisation und Grundbesitz. Zur Sozialgeschichte des Saar-Mosel-Raumes 1794–1813, 1980, S. 75f.

22 Arrêté portant suppression des ordres monastiques et congrégations régulières dans les déparments de la Sarre, de la Roër, de Rhin-et-Moselle et du Mont_Tonnerre, 9. Juni 1802, abgedruckt in: Alexander von Daniels (Hrsg.), Handbuch der für die Königl. Preuß. Rheinprovinzen verkündigten Gesetze, Verordnungen und Regierungsbeschlüsse aus der Zeit der Fremdherrschaft, Bd. IV, Köln 1836, S. 391ff.

23 *Lill*, Säkularisation (Fn. 20), S. 96ff.

sisch-russische Deklaration vom 3. Juni entworfen hatte.[24] Ergebnis war der Reichsdeputationshauptschluss vom 25. Februar 1803.[25] Er beinhaltete folgende, für unsere Frage entscheidenden Bestimmungen:

a) Mit der Mediatisierung (Herrschaftssäkularisation) der Reichsbistümer und Reichsabteien ging nicht nur das *imperium*, sondern auch das *dominium* an die weltlichen Staaten über.[26] Domkirchen, Bischöfe, Domkapitel, bischöfliche Ordinariate und bischöfliche Bildungseinrichtungen verloren damit ihren Besitz. Da nach § 63 des RDHS aber die bisherige Religionsausübung jedes Landes geschützt werden sollte, war hier für Ersatz zu sorgen.[27]
b) Auf Drängen Bayerns[28] unter Montgelas wurde den Landesherrn in § 35 aber auch noch die Möglichkeit gewährt, zusätzlich die landsässigen Klöster aufzuheben: Der entsprechende Paragraph lautet im Wortlaut: „Alle Güter der fundierten Stifter, Abteyen und Klöster, in den alten sowohl als in den neuen Besitzungen, Katholischer sowohl als A. C. Verwandten, mittelbarer sowohl als unmittelbarer, deren Verwendung in den vorhergehenden Anordnungen nicht förmlich festgesetzt worden ist, werden der freien und vollen Disposition der respectiven Landesherrn, sowohl zum Behuf des Aufwandes für Gottesdienst, Unterrichts- und andere gemeinnützige Anstalten, als zur Erleichterung ihrer Finanzen überlassen, unter dem bestimmten Vorbehalte der festen und bleibenden Ausstattung der Domkirchen, welche werden beibehalten werden, und der Pensionen für die aufgehobene Geistlichkeit, nach den unter theils wirklich bemerkten, theils noch unverzüglich zu treffenden näheren Bestimmungen."[29]
c) Das Pfarrvermögen sollte aufgrund der Schutzklausel des § 63 hierbei geschont werden.[30] Damit blieben die Kirchenstiftungen bzw.

[24] *Uta Kröger-Löwenstein*, Rußland, Frankreich und das Reich 1801–1803. Zur Vorgeschichte der 3. Koalition, 1972, S. 109 ff.; *Adam Christian Gasparri*, Der Französisch-Russische Entschädigungsplan mit historischen, geographischen und statistischen Erläuterungen und einer Vergleichstafel, Regensburg 1802.

[25] Hauptschluß der außerordentlichen Reichsdeputation vom 25. Februar 1803, abgedruckt in: *Karl Zeumer* (Bearb.), Quellensammlung zur Geschichte der Deutschen Reichsverfassung in Mittelalter und Neuzeit, 2. Aufl. 1913, S. 509 ff.

[26] *Müller*, Säkularisation (Fn. 19), S. 65.

[27] „Die bisherige Religionsübung eines jeden Landes soll gegen Aufhebung und Kränkung aller Art geschützt seyn". Hauptschluß (Fn. 25), S. 524.

[28] *Walter Demel*, Bayern, der Reichsdeputationshauptschluß und die Säkularisation, in: Harm Klueting (Hrsg.), 200 Jahre Reichsdeputationshauptschluß. Säkularisation, Mediatisierung und Modernisierung zwischen Altem Reich und neuer Staatlichkeit, 2005, S. 115 ff.

[29] Hauptschluß (Fn. 25), S. 521.

[30] „... insbesondere jeder Religion der Besitz und ungestörte Genuß ihres eigenthümlichen Kirchenguts, auch Schulfonds nach der Vorschrift des Westphälischen Friedens ungestört verbleiben", Hauptschluß (Fn. 25), S. 524 f.

Kirchenfabriken vor Ort im Prinzip bestehen. Freilich waren viele Pfarreien in geistliche Institutionen inkorporiert, die aufgehoben waren, vor allem in Klöster. Wurde deren Besitz vom Staat übernommen, dann auch deren Pfarreien. Sollten sie erhalten bleiben, mussten sie versorgt, also entweder vom Staat dotiert oder aus dem staatlichen Vermögen unterhalten werden (Pfarrer; Pfarrhöfe; Seelsorgstätigkeit; Pfarrkirche mit Baulast). In Bayern mussten so etwa rund 1200 Pfarreien neu organisiert werden.

Damit ergeben sich aber vier wesentliche Unterschiede zwischen der links- und der rechtsrheinischen Rechtslage:

1. Mit der Neueinteilung des von Frankreich annektierten Gebiets kam es nicht nur zu einer radikaleren Verschiebung von Bistumsgrenzen und Bistumsneugründungen; die Bischöfe wurden auch nach dem Konkordat von 1801 von Napoleon ernannt und besoldet[31], während rechts des Rheins die Lage unklar blieb und immer mehr Bischofsstühle vakant wurden.
2. Die Klöster wurden von Frankreich konsequent und schnell fiskalpolitisch säkularisiert[32]; rechts des Rheins gab es unterschiedliche Modelle und Geschwindigkeiten: eilig hatte man es in den süddeutschen Staaten, in Bayern zudem ebenfalls nach dem fiskalpolitischen Modell, während man andernorts entsprechend dem Spielraum, den § 35 RDHS bot, gemäßigter vorging.
3. Das Pfarrvermögen wurde nur links des Rheins säkularisiert. Dies wurde schließlich 1803 gestoppt. Dennoch bürgerte sich links des Rheins früh die staatliche Pfarrerbesoldung ein, was wiederum zur Folge hatte, dass der Staat die Zahl der Pfarrsitze geringhalten wollte und daneben nur ergänzende und sehr schlecht dotierte Sukkursalpfarreien entstanden.[33]
4. Schließlich blieb rechts des Rheins die Grundherrschaft mit ihrer Trennung von Eigentums- und Nutzungsrechten bestimmend; dies hatte zur Folge, dass dort sehr viel weniger Grundbesitz veräußert wurde. Die Staaten profitierten hingegen von den Abgaben der

[31] Convention entre le Gouvernment français et sa Sainteté Pie VII, 15. Juli 1801, abgedruckt in: *Lothar Schöppe* (Bearb.), Konkordate seit 1800. Originaltext und deutsche Übersetzung der geltenden Konkordate (Dokumente 35), 1964, S. 93ff. (§ 5, S. 94).

[32] *Müller*, Säkularisation (Fn. 19), S. 59f., 71f.

[33] *Müller*, Säkularisation (Fn. 19), S. 72f.; *Erwin Gatz*, Die französische Pfarregulierung, in: ders. (Hrsg.), Geschichte des kirchlichen Lebens in den deutschsprachigen Ländern seit dem Ende des 18. Jahrhunderts, Bd. 1: Die Bistümer und ihre Pfarreien, 1991, S. 65ff.

Grunduntertanen und hatten zunächst wenig Interesse an einer Ablösung.[34]

Aus all dem wird deutlich, dass man die Säkularisation nach dem Reichsdeputationshauptschluss nicht einfach als Verlustgeschichte sehen darf; es wurde Eigentum umgeschichtet, das mit Rechten und Pflichten verbunden war unter der Maßgabe, dass das Kirchenwesen erhalten bleiben sollte. Die Staaten sind jedenfalls links und rechts des Rheins seither verpflichtet, als Ersatz für den Profit aus Eigentumserwerb oder Leistungen der Grunduntertanen, das kirchliche *officium*, das durch diese fundiert war, zu finanzieren.

III. Weiterentwicklung im 19. Jahrhundert: Das Congrua-System

Im 19. Jahrhundert kam es nicht nur zu einer Konsolidierung der kirchlichen Verhältnisse, sondern auch zu einer bislang analogielosen Modernisierung, gerade was die Demographie und sozial- und wirtschaftsgeschichtliche Prozesse anging. Bevölkerungswachstum, Technisierung der Landwirtschaft, zunehmende Mobilität, Urbanisierung und Industrialisierung sind hier wichtige Stichworte.[35] All diese Prozesse betrafen auch die Kirchen und die seelsorglichen Strukturen, die angepasst werden mussten und deren Finanzierung durch gesellschaftliche und gesetzliche Veränderungen einschneidende Modifikationen erfuhr. Diese Prozesse liefen in den einzelnen Ländern und Regionen unterschiedlich ab; es lassen sich aber einige grundlegende Entwicklungsstränge herausarbeiten, die hier in einer Synthese kurz dargestellt werden sollen.

1. Regelungen in den Konkordaten und staatlichen Verordnungen zu Beginn des 19. Jahrhunderts

Bekanntlich misslang der Versuch einer Neuordnung der kirchlichen Verhältnisse auf Reichsebene an den Interessen der Staaten des Deutschen Bundes, aber auch des Hl. Stuhl. Das erste Länderkonkordat wurde 1817 mit Bayern geschlossen. Es regelte in den Artikeln IV bis VI detailliert die Gehälter, die der Staat den Bischöfen, Generalvikaren, Domkapitularen und anderen aus Fonds, die zu gründen seien, zu zahlen habe; ebenso in jeder Diözese ein Klerikalseminar und für die

[34] *Müller*, Säkularisation (Fn. 19), S. 74ff.

[35] *Josef Ehmer*, Bevölkerungsgeschichte und Historische Demographie 1800–2010, 2. Aufl. 2013; *Jochen Oltmer*, Migration vom 19. bis zum 21. Jahrhundert, 3. Aufl. 2016.

Versorgung von Geistlichen im Ruhestand eine Emeritenanstalt.[36] Die Dotation, die vor allem der Nuntius energisch forderte, wurde in den nächsten Jahren intensiv verhandelt, scheiterte dann aber; so blieb es bei den staatlichen Gehältern und Dienstwohnungen.[37] Ähnliche Regelungen finden sich in den Vereinbarungen mit anderen Ländern, auch wenn diese keine formellen Konkordate waren. Auch die preußische Säkularisation von 1810 war mit der königlichen Erschließung[38] verbunden, dass der Staat für die Dotierung von Bischof, Ordinariat, Pfarreien, Schulen und milden Stiftungen sorgen werde, eine Regelung, die ab 1815 auf den wieder preußischen Westen ausgedehnt wurde. Die Zirkumskriptionsbulle *De salute animarum* legte in ihren Artikeln 41–58 exakte Summen fest. Sie wurde zugleich als Staatsgesetz veröffentlicht.[39] Auch hier erfolgte die Dotation, die für 1833 angesetzt war, nicht.[40] Ähnlich die Lage in Hannover, wo anfangs Hildesheim das Bistum Osnabrück mit versorgte, und in der oberrheinischen Kirchenprovinz. In den folgenden Jahrzehnten wurde mehrmals um die Frage gerungen, inwieweit die Summen angepasst werden mussten.[41] In Preußen erfolgte zwischen 1849 und 1897 fast keine Anpassung; dann folgte aber eine erhebliche Steigerung und weitgehende Angleichung an die Beamtenbesoldung, sowie eine Ausdehnung auf Weihbischöfe und Domvikare.[42]

36 Übereinkunft zwischen Bayern und dem Hl. Stuhl, 5. Juni 1817, abgedruckt in: Ernst Rudolf Huber/Wolfgang Huber (Hrsg.), Staat und Kirche im 19. und 20. Jahrhundert. Dokumente zur Geschichte des deutschen Staatskirchenrechts, Bd. I, 1973, S. 170ff. (172ff.).

37 *Beda Bastgen*, Bayern und der Heilige Stuhl in der ersten Hälfte des 19. Jahrhunderts, Bd. I, 1940, S. 376ff., 515ff.

38 „§ 4. Wir werden für hinreichende Belohnung der obersten geistlichen Behörden und mit dem Rathe derselben für reichliche Dotierung der Pfarreien, Schulen, milden Stiftungen und selbst derjenigen Klöster sorgen, welche sich mit der Erziehung der Jugend und der Krankenpflege beschäftigen und welche durch obige Vorschriften entweder an ihren bisherigen Einnahmen leiden oder deren durchaus neue Fundirung nöthig erscheinen dürfte.“ Edikt über die Einziehung sämtlicher geistlicher Güter in der Monarchie, 30. Oktober 1810, abgedruckt in: Huber/Huber, Staat und Kirche im 19. und 20. Jahrhundert (Fn. 36), Bd. I, S. 58.

39 Zirkumskriptionsbulle De salute animarum, 16. Juli 1821, abgedruckt in: Huber/Huber, Staat und Kirche im 19. und 20. Jahrhundert (Fn. 36), Bd. I, S. 204ff. (216ff.).

40 *Hans-Georg Aschoff*, Staatsleistungen an die Katholische Kirche in Preußen, Hannover, Sachsen sowie den Mittel- und Kleinstaaten, in: Erwin Gatz (Hrsg.), Geschichte des kirchlichen Lebens in den deutschsprachigen Ländern seit dem Ende des 18. Jahrhunderts, Bd. 6: Die Kirchenfinanzen, 2000, S. 163ff. (166).

41 *Aschoff*, Staatsleistungen (Fn. 40), S. 180f.

42 *Aschoff*, Staatsleistungen (Fn. 40), S. 170ff.

2. Ablösung der Grundlasten und Umstellung der Pfarrerbesoldung

In die Pfarrerbesoldung geht der größere Teil der Staatsleistungen. Diese hat einen mehrfachen Ursprung. In linksrheinischen Gebieten ergab sich dies in der Regel aus der Rechtsnachfolge des französischen Staates.[43] Zahlreiche Pfarreien waren überdies in Klöster oder andere geistliche Institutionen inkorporiert, deren Eigentum mit seinen Pflichten, hier vor allem die Garantie der Pfarrseelsorge, an den Staat überging. Dies betraf gerade in Bayern und in Württemberg einen erheblichen Prozentsatz der Pfarreien.[44] Hinzu kam die Ablöse der Grundherrschaft im Umfeld der 1848er Revolution. Die Staaten änderten hier nicht nur grundlegend die Eigentumsstruktur; die Pfarreien verloren dabei zahlreiche Ansprüche auf Abgaben. Auch in der Folge führten staatliche Eingriffe zu Schmälerungen, etwa wenn in Württemberg 1865 das Komplexlastengesetz es Adeligen ermöglichte, gegen eine Einmalzahlung an die Staatskasse von jährlichen Unterhaltszahlungen befreit zu werden.[45] All diese Gründe trugen mit dazu bei, dass die Pfarrbenefizien als Unterhaltsgrundlage für die Geistlichen, die Kirche, das Pfarrhaus und den Gottesdienst nicht mehr hinreichten. Die Staaten begannen mit der Zahlung von *Congrua*. In Württemberg begann man damit 1831, in dem man auf den von Österreich ererbten kirchlichen Interkalarfonds zurückgriff. Hier setzte ein Umstellungsprozess ein, der am Ende des Jahrhunderts die Pfarrerbesoldung weitgehend der Beamtenbesoldung angeglichen hatte, einschließlich von Pensionsansprüchen.[46] Ein Nebeneffekt dieser Entwicklung muss angesprochen werden: Indem die dezentrale Vermögensmasse der Pfarreien im Vergleich zu den Zuschüssen von Staat und Kirchenleitung an Gewicht verlor, kamen die Pfarrer in immer stärkere Abhängigkeit von den Ordinariaten. Die zunehmende Zentralisierung und Bürokratisierung der Bistumsstruk-

[43] *Erwin Gatz*, Sonderentwicklungen im Geltungsbereich des französischen Rechtes, in: ders., (Hrsg.), Geschichte des kirchlichen Lebens in den deutschsprachigen Ländern seit dem Ende des 18. Jahrhunderts, Bd. 6: Die Kirchenfinanzen, 2000, S. 196 ff.

[44] *Winfried Müller*, Staatsleistungen an die Kirche in Bayern, in: Erwin Gatz (Hrsg.), Geschichte des kirchlichen Lebens in den deutschsprachigen Ländern seit dem Ende des 18. Jahrhunderts, Bd. 6: Die Kirchenfinanzen, 2000, S. 108 ff. (115); *Matthias Erzberger*, Die Säkularisation in Württemberg von 1802 bis 1810. Ihr Verlauf und ihre Nachwirkungen, 1902.

[45] *Gregor Richter*, Staatsleistungen an die katholische Kirche in Baden-Württemberg unter Berücksichtigung der Entwicklung in Baden, Württemberg und Hohenzollern, in: Erwin Gatz (Hrsg.), Geschichte des kirchlichen Lebens in den deutschsprachigen Ländern seit dem Ende des 18. Jahrhunderts, Bd. 6: Die Kirchenfinanzen, 2000, S. 127 ff. (141).

[46] *Richter*, Staatsleistungen (Fn. 45), S. 141 f.

turen in der katholischen Kirche begünstigte diesen Prozess.[47] Doch auch für den Staat war es im Laufe der Zeit einfacher, an eine Oberbehörde Gesamtsummen zu überweisen, als jeweils die einzelnen Ortsgemeinden zu ermächtigen. Hierin ist eine der Wurzeln eines allmählich einsetzenden Entfremdungsprozesses zu den „Amtskirchen" zu sehen.

3. Modernisierung der Seelsorgsstrukturen und Pfarreineugründungen

Urbanisierung und wachsende Mobilität verlangten aber auch die Neugründung von Pfarreien und Kirchen. Dies lag oft auch in staatlichem Interesse, etwa zur seelsorglichen Betreuung von Militärangehörigen und Staatsbeamten.[48] Zudem hatten die Staaten das Kirchengut ja in Fonds zusammengefasst oder sogar inkameriert; so waren die Einzelverpflichtungen gleichsam zusammengefasst zu einem Gesamtzweck, die Seelsorge im Land zu gewährleisten, die im Laufe der Zeit selbst aber neue Schwerpunkte annahm. Auch wenn die Staaten vielfach keine strenge Rechtsverpflichtung sahen, zahlten sie auch hierfür *Congrua*.[49]

Dazu gewährten die Staaten seit Ende des Jahrhunderts aber auch die Erhebung von Kirchensteuern[50]; in Württemberg zunächst 1887 eine Ortskirchensteuer. Ab 1924 durfte dann eine Landeskirchensteuer

[47] *Klaus Unterburger*, Die bischöfliche Vollmacht im Mittelalter und in der Neuzeit, in: Sabine Demel/Klaus Lüdicke (Hrsg.), Zwischen Vollmacht und Ohnmacht. Die Hirtengewalt des Diözesanbischofs und ihre Grenzen, 2015, S. 65ff.

[48] *Erwin Gatz/Herbert Schmitz*, Tendenzen der Pfarreientwicklung von der Mitte des 19. Jahrhunderts bis zum Ersten Weltkrieg, in: Erwin Gatz (Hrsg.), Geschichte des kirchlichen Lebens in den deutschsprachigen Ländern seit dem Ende des 18. Jahrhunderts, Bd. 1: Die Bistümer und ihre Pfarreien, 1991, S. 89ff.; *Erwin Gatz*, Die Pfarrseelsorge vor den Herausforderungen der Großstadt und der Industriegesellschaft, in: ders. (Hrsg.), Geschichte des kirchlichen Lebens in den deutschsprachigen Ländern seit dem Ende des 18. Jahrhunderts, Bd. 1: Die Bistümer und ihre Pfarreien, 1991, S. 105ff.

[49] *Hans-Peter Hübner*, Pfarrer in der Sozialversicherung. Die Inanspruchnahme der gesetzlichen Rentenversicherung für die Alters- und Hinterbliebebenversorgung von evangelischen Pfarrern, Kirchenbeamten und Diakonen, 1992, S. 21ff.; *Oliver Janz*, Von der Pfründe zum Pfarrgehalt. Zur Entwicklung der Pfarrerbesoldung im späten 19. und frühen 20. Jahrhundert, in: Wolfgang Linnemann (Hrsg.), Die Finanzen der Kirche. Studien zu Struktur, Geschichte und Legitimation kirchlicher Ökonomie, 1989, S. 682ff.

[50] *Wolfgang Huber*, Die Kirchensteuer als „wirtschaftliches Grundrecht". Zur Entwicklung des kirchlichen Finanzsystems in Deutschland zwischen 1803 und 1933, in: Wolfgang Linnemann (Hrsg.), Die Finanzen der Kirche. Studien zu Struktur, Geschichte und Legitimation kirchlicher Ökonomie, 1989, S. 130ff.; *Stephan Haering*, Entstehung und Entwicklung der Kirchensteuer und des Kirchenbeitrags, in: Ludger Müller/Wilhelm Rees/Martin Krutzler (Hrsg.), Vermögen der Kirche – Vermögende Kirche? Beiträge zur Kirchenfinanzierung und kirchlichen Vermögensverwaltung, 2015, S. 71ff.

erhoben werden, die die staatlichen *Congrua* auf 80% begrenzen sollten. Das restliche Fünftel sollte aus dieser Steuer beglichen werden.[51]

IV. Zwischen Kulturkampf und Weimarer Verfassung: Deutungen und Debatten

Der grundsätzliche Anspruch der Kirchen auf die Staatsleistungen war bereits im 19. Jahrhundert unbestreitbar. Über die genaue Höhe und die Art der Verpflichtung von Teilsträngen kam es aber durchaus zu Kontroversen. In Württemberg sind die Landtagsdebatten ab 1856 etwa zu den Fragekomplexen ausgewertet worden zu den Fragen, ob staatliche Leistungen eine Pflicht oder freiwillig seien oder nach welchem System und in welcher Höhe die Pfarrerbesoldung erfolgen müsse. Die theoretischen Positionen divergierten oft.[52] Umstritten war aber auch, ob jede Form von Eigentumsübertrag von Pfarrkirchen an den Staat auch die staatliche Baulast begründe. So ist es nicht verwunderlich, dass die Kulturkampfgesetzgebungen mittels einer Kürzung der Staatsleistungen versuchten, die Kirche zu disziplinieren. In Bayern lehnte das Ministerium Lutz in dieser Zeit etwa eine staatliche Baulast an Pfarrkirchen kategorisch ab.[53] In Baden band 1876 das „Gesetz zur Aufbesserung gering besoldeter Kirchendiener“ diese *Congrua*-Zahlung an die Bereitschaft des Freiburger Ordinariats, die Kirchendiener schriftlich zur Befolgung der staatlichen Gesetze anzuhalten, was man dort aber ablehnte. Ab 1882 wurden dann neue (wieder befristete) *Congrua* gewährt.[54]

Die schärfste Ausprägung hatte diese Politik aber in Preußen, wo das sog. Brotkorbgesetz vom 22. April 1875, alle Staatsleistungen strich, so lange die Bischöfe und die übrigen Geistlichen nicht in einem Revers die staatlichen Kulturkampfgesetze, v. a. die Maigesetze von 1873, schriftlich anerkannten.[55] Es wurde am 14. Juli 1880 wieder aufgehoben.[56] Obwohl sich seither die Staatsleistungen faktisch wieder zur Zufriedenheit der Kirchen entwickelten, blieb die Verpflichtung des Staates in Bezug auf die Pfarrseelsorge doch weiter umstritten. In Bayern standen sich etwa

51 *Richter*, Staatsleistungen (Fn. 45), S. 142f.

52 *Richter*, Staatsleistungen (Fn. 45), S. 142.

53 *Müller*, Staatsleistungen an die Kirche in Bayern (Fn. 44), S. 125f.

54 *Richter*, Staatsleistungen (Fn. 45), S. 155f.

55 Gesetz betreffend die Einstellung der Leistungen aus Staatsmitteln für die römisch-katholischen Bistümer und Geistlichen, 22. April 1875, abgedruckt in: Huber/Huber, Staat und Kirche im 19. und 20. Jahrhundert (Fn. 36), Bd. IV, 1988, S. 656ff.

56 Gesetz betreffend Abänderung der kirchenpolitischen Gesetze, 14. Juli 1880, abgedruckt in: Huber/Huber, Staat und Kirche im 19. und 20. Jahrhundert (Fn. 36), Bd. IV, 1988, S. 818ff.

nach 1918 die Positionen des Würzburger Juristen Christian Meurer (1856–1935) und des Freisinger Kirchenrechtlers und BVP-Politikers Anton Scharnagl (1877–1955, ab 1930 Weihbischof) gegenüber.[57] Ein Streitpunkt war die Auslegung des § 35 des RDHS. Nach Scharnagl leite sich aus der Übernahme des Klosterbesitzes die grundsätzliche Pflicht des Staates ab, für die Seelsorgsgeistlichen zu sorgen.

Die Revolution zum Kriegsende 1918 stand unter dem Schlagwort „Trennung von Staat und Kirche". Die Kürzung oder gar Einstellungen der Staatszuschüsse forderte im November 1918 Alfred Dieterich, ein enger Mitarbeiter des USPD-Kultusministers Adolph Hoffmann (1858–1930) in einer Denkschrift.[58] Auch das Steuererhebungsrecht der Kirchen sollte aufgehoben werden. Gerade die kirchenpolitischen Maßnahmen oder Absichtserklärungen der Räteregierungen wirkten aber auf das bürgerliche Lager mobilisierend.[59] Der preußische Oberkirchenrat veröffentlichte – Adolph Hoffmann hatte immerhin am 3. Januar bereits die Regierung verlassen – vier wirtschaftliche Grundrechte der Kirche: a) Anerkennung als öffentlich-rechtliches Gemeinwesen; b) Eigentumsrecht; c) Steuererhebungsrecht und d) Recht auf die Staatsleistungen, die sich auf legitime Rechtstitel stützten.[60] Schon vor den Wahlen zur Nationalversammlung am 19. Januar 1919 war unter Staatssekretär Hugo Preuß (1860–1925) ein erster Grundentwurf einer neuen Reichsverfassung erarbeitet worden, der die Glaubens- und Gewissensfreiheit betonte.[61] Dies behielten die Folgeentwürfe bei. In den Verhandlungen des Verfassungsausschusses der Nationalversammlung setzten Vertreter der bürgerlichen Fraktionen um den Juristen Wilhelm Kahl (1849–1932) verfassungsmäßige Gewährleistungen für die Kirche durch; der Entwurf des Verfassungsausschusses für die Reichsverfassung vom 3. April beinhaltete somit schon die vier wirt-

57 *Müller*, Staatsleistungen an die Kirche in Bayern (Fn. 44), S. 117ff., 123f.

58 Denkschrift von Alfred Dieterich für das preußische Kultusministerium über die Trennung von Kirche und Staat, November 1918, in: Huber/Huber, Staat und Kirche im 19. und 20. Jahrhundert (Fn. 36), Bd. IV, 1988, S. 8ff.

59 *Heinz Hürten*, Die Kirchen in der Novemberrevolution. Eine Untersuchung zur Geschichte der Deutschen Revolution 1918/19, 1984.

60 Eingabe des Oberkirchenrats der altpreußischen Landeskirche an die Nationalversammlung in Weimar (Auszug), 22. Februar 1919, abgedruckt in: Huber/Huber, Staat und Kirche im 19. und 20. Jahrhundert (Fn. 36), Bd. IV, 1988, S. 112ff. (113).

61 Entwurf des Allgemeinen Teils der künftigen Reichsverfassung („Preußscher Entwurf") (Auszug), 20. Januar 1919, abgedruckt in: Huber/Huber, Staat und Kirche im 19. und 20. Jahrhundert (Fn. 36), Bd. IV, 1988, S. 108. Vgl. zum Ganzen auch: *Karl Israel*, Reich – Staat – Kirche, 1926.

schaftlichen Grundrechte.[62] Auch die SPD war von der Idee einer radikalen Trennung von Kirche und Staat abgerückt und für das Recht auf Kirchensteuern eingetreten (v.a. um die Kirchen nicht vom Großkapital abhängig zu machen).[63] Die Weimarer Reichsverfassung vom 11. August 1919 knüpfte als tragfähiger Verfassungskompromiss an diese Linie dann nahtlos an. Für die Verpflichtung auf Staatsleistungen hatten sich vor allem Kahl von der DVP und der Zentrumsabgeordnete Alfred Gröber (1854–1919) stark gemacht. DDP (Friedrich Naumann, 1860–1919) und SPD (Johannes Meersfeld, 1871–1956) setzten dann aber durch, dass aus der Ablösemöglichkeit eine Ablösepflicht wurde.[64] So entstand der Art. 138 (1) der WRV, der noch heute gültig, aber nicht umgesetzt ist.

V. Fazit

Das 19. Jahrhundert war durch eine modernisierende funktionale Differenzierung geprägt; deren Logik folgte bereits die staatliche Mediatisierung von geistlichen Herrschaften und die Säkularisierung von Kirchenbesitz. Deren Logik folgte die von der Kirche erhobene Forderung nach Dotation und dadurch ermöglichter kirchlicher Selbstbestimmung. Deren Logik folgte schließlich auch die verfassungsrechtliche Verschärfung der Ablösemöglichkeit durch eine Ablösepflicht. Funktionale Differenzierung von Religion und Politik ist das kontingente, keineswegs selbstverständliche Produkt eines west- und mitteleuropäischen Sonderwegs, der sich freilich weit über Europa hinaus verbreitet hat. Ob eine scharfe Trennlinie beiden Bereichen gut tut, ist eine andere Frage. Die Ausdifferenzierung ist jedenfalls ebenso auf kirchliche wie auf staatliche Initiative zurückzuführen.

[62] Entwurf des Verfassungsausschusses für die Reichsverfassung, 3. April 1919, abgedruckt in: Huber/Huber, Staat und Kirche im 19. und 20. Jahrhundert (Fn. 36), Bd. IV, 1988, S. 126f.

[63] Verhandlung über die Glaubensfreiheit im Verfassungsausschuß der Weimarer Nationalversammlung, 1.–3. April 1919, abgedruckt in: Huber/Huber, Staat und Kirche im 19. und 20. Jahrhundert (Fn. 36), Bd. IV, 1988, S. 119ff.

[64] *Jörg-Detlef Kühne,* Die Entstehung der Weimarer Reichsverfassung. Grundlagen und anfängliche Geltung, 2018, S. 538.

Leitsätze
zum Vortrag von Prof. Dr. theol. Klaus Unterburger:

„Entstehung und historische Entwicklung der Staatsleistungen in Deutschland"

1. Kirchliches Vermögen in der Vormoderne war in der Regel Stiftungsvermögen für kirchliche Zwecke. Als solches diente es bestimmten seelsorgerlichen bzw. kirchlichen Aufgaben, war somit mit Lasten verbunden. Damit verknüpft war der Umstand, dass jedes geistliche Amt, vor allem auch jede Pfarrei, im Prinzip mit einer eigenen Vermögensmasse verbunden war, auch wenn größere Institutionen die Eigentümer zahlreicher solcher Besitzungen zur Finanzierung verschiedener geistlicher Aufgaben waren. Die Ausbildung des frühneuzeitlichen Territorialstaates gründete auch auf der Kontrolle über den kirchlichen Besitz in einem Territorium. Dieser konnte, etwa wenn die ursprüngliche Zweckbestimmung nicht mehr möglich war, für andere geistliche Zwecke (Gottesdienst, Schule, Caritas) umgewidmet oder auch einer anderen Ordensgemeinschaft übergeben werden. Mit der Einführung der Reformation kam es in den protestantischen Territorien etwa zu einer grundlegenden Neustrukturierung, die freilich die geistliche Zweckbestimmung und die auf dem kirchlichen Vermögen lasteten Aufgaben anerkannte.
2. Säkularisationen bedeuteten somit zwar den Übergang des Eigentums an kirchlichem Vermögen an weltliche Träger, die aber damit auch die Aufgaben, die dieses Vermögen zu leisten hatte, übernahmen. Dies gilt auch noch für die Säkularisation durch den Reichsdeputationshauptschluss von 1803, die ausdrücklich festlegte, dass das jeweilige Kirchenwesen unangetastet bleiben müsse. Die Pfarrseelsorge und das Pfarrvermögen sollten ganz schadlos bleiben. Freilich gab es bei der Durchführung unterschiedliche Modelle, je nachdem, ob das eingezogene Vermögen anderen geistlichen Institutionen oder staatlichen Fonds zur Finanzierung geistlicher Aufgaben oder aber in den allgemeinen Staatshaushalt einfloss. In letzterem Fall mussten die geistlichen Aufgaben aber direkt daraus finanziert werden. In den katholischen Gebieten strukturierte der Staat aber massiv durch die Aufhebung der Klöster und die Enteignung der bischöflichen und domkapitelschen Institutionen um. Bischöfe, Domkapitel und Priesterausbildung mussten deshalb neu fundiert werden, doch auch manche Pfarreien wurden in Mitleidenschaft gezogen, da sie in andere geistliche Institutionen inkorporiert waren und mit diesen enteignet wurden. In protestantischen Gebie-

ten widmete der Staat mitunter kirchliche Fonds um und entzog sie kirchlichen Zwecken. Jedenfalls waren die damit verbundenen Lasten und Aufgaben dann aber vom Staat anderweitig zu übernehmen, der vielfach in das kirchliche Leben eingriff und zwischen wertvollen und wertlosen geistlichen Tätigkeiten unterschied.

3. Mit den sich wandelnden kirchlichen und seelsorglichen Bedürfnissen im 19. Jahrhundert wandelten sich auch die Staatsleistungen. Mit diesen hatte dieser, so lange er den Kirchen nicht wieder ein eigenes Vermögen zur Verfügung stellte, die kirchlichen Aufgaben zu finanzieren, die mit dem von ihm eingezogenen Vermögen verbunden waren. Neben den diözesanen Institutionen waren dies immer mehr auch ein Teil der Pfarrgehälter, v. a. nachdem die Grundlasten 1848 aufgehoben worden waren. Mit der Bevölkerungsentwicklung mussten auch neue Seelsorgsstellen und Pfarreien errichtet und die Alters- und Krankenversorgung der Geistlichen neu aufgebaut werden. Inwieweit der Staat solche neuen Leistungen (Congrua) freiwillig übernahm oder dazu verpflichtet war, blieb im 19. Jahrhundert umstritten. Perioden, in denen der Staat viele Zahlungsverpflichtungen verweigerte und solche, in denen er diese übernahm, wechselten sich ab. Um die Staatsleistungen etwas abzusenken, wurden den Kirchen am Jahrhundertende gestattet, Steuern zu erheben.
4. Nach der Revolution von 1918/19 beruhte die Weimarer Reichsverfassung auf einem Kompromiss. Einerseits wurde die Trennung von Staat und Kirche festgelegt, andererseits blieben die Kirchen Körperschaften öffentlichen Rechts mit garantiertem Eigentum und Steuererhebungsrecht. Die Staatsleistungen wurden vom Staat anerkannt, mussten aber abgelöst werden. Aus der Geschichte ist klar, dass die Kirchen auf beides einen Rechtsanspruch haben, der nicht von politischen Mehrheiten oder kirchlichem Wohlverhalten abhängig sein kann, auch wenn dies der nationalsozialistische Staat in der Zwischenzeit nicht anerkennen wollte. Im katholischen Bereich ist es in den letzten 100 Jahren auch über die Finanzen zu einer zentralistischen Umverteilung von Macht zugunsten der bischöflichen Ordinariate gekommen, an der die Staaten nicht völlig unschuldig sind.

Prof. Dr. iur. Rainer Wernsmann

Status quo der Staatsleistungen

I. Ausgangslage

Art. 138 Abs. 1 der Weimarer Reichsverfassung (WRV), der durch Art. 140 in das Grundgesetz inkorporiert wurde und damit vollgültiges Verfassungsrecht darstellt[1], bestimmt: „Die auf Gesetz, Vertrag oder besonderen Rechtstiteln beruhenden Staatsleistungen an die Religionsgesellschaften werden durch die Landesgesetzgebung abgelöst. Die Grundsätze hierfür stellt das Reich auf.“ Abweichende landesverfassungsrechtliche Bestimmungen werden durch das Grundgesetz dero-

[1] BVerfGE 19, 206 (219); *Stefan Muckel*, in: Wolfram Höfling/Karl Heinrich Friauf (Hrsg.), Berliner Kommentar zum Grundgesetz, Stand: 33. Erg.-Lfg. (Juli 2011), Art. 140 Rn. 22.

giert: Soweit danach die Ablösung nicht obligatorisch sein soll[2] oder gar die Beibehaltung der Staatsleistungen vorgesehen ist[3], kommt Art. 31 GG zum Tragen. Art. 138 Abs. 1 WRV geht allen landesverfassungsrechtlichen Direktiven mit abweichenden Regelungsgehalten vor.[4]

Dieser eindeutig formulierte Verfassungsauftrag zur Ablösung der Staatsleistungen ist auch mehr als einhundert Jahre nach Inkrafttreten der WRV immer noch nicht umgesetzt. Derzeit fließen jährliche Zahlungen in Höhe von ca. 548 Millionen Euro aus den Landeshaushalten an die Kirchen.[5] Im Koalitionsvertrag zwischen SPD, Bündnis 90/Die Grünen und FDP wird nun (erneut) die Schaffung eines Grundsätzegesetzes des Bundes angestrebt, um „im Dialog mit den Ländern und den Kirchen einen fairen Rahmen für die Ablösung der Staatsleistungen"[6] zu schaffen. Die Bedeutung der von Art. 138 WRV umfassten Staatsleistungen für die Finanzen der Kirchen ist – insgesamt betrachtet – stark zurückgegangen: Diese tragen nur noch mit etwa 2 % zum Haushalt der Kirchen bei, wobei es allerdings regional im Vergleich sehr große Unterschiede gibt. Aus diesem Grund wird der Diskussion um die Ablösung teils sogar nur Symbolcharakter zuerkannt.[7] Jedenfalls wird die verfassungsrechtlich gewährleistete Finanzierung der Kirchen über die Kirchensteuer (Art. 137 Abs. 6 WRV i. V. m. Art. 140 GG) durch die Diskussion um die Ablösung der Staatsleistungen (Art. 138 WRV i. V. m. Art. 140 GG) nicht in Frage gestellt.[8] Sie unterfällt nicht dem Begriff der Staatsleistungen und ist in einem eigenen Artikel außerhalb des Art. 138 WRV geregelt.[9]

Historisch betrachtet stellen die von Art. 138 WRV erfassten Staatsleistungen an die Kirchen im Wesentlichen Privilegien für die christlichen

2 So etwa Art. 21 Landesverfassung Nordrhein-Westfalen.

3 Beispielsweise Art. 145 Abs. 1 Bayerische Verfassung.

4 *Thorsten Ingo Schmidt*, Ablösung von Staatsleistungen an die Kirchen, DÖV 2020, S. 624ff. (625) mit einem Überblick über die einzelnen landesverfassungsrechtlichen Bestimmungen.

5 BT-Drs. 19/19273, S. 1.

6 Mehr Fortschritt wagen – Bündnis für Freiheit, Gerechtigkeit und Nachhaltigkeit, Koalitionsvertrag zwischen SPD, Bündnis 90/Die Grünen und FDP, S. 111.

7 *Sebastian Müller-Franken*, Die öffentliche Finanzierung der Religionsgemeinschaften in Deutschland, in: Arnd Uhle (Hrsg.), Kirchenfinanzen in der Diskussion, 2015, S. ff. 43 (67); umfassend zur Finanzierung der Kirchen in Europa *Arnd Uhle*, Kirchenfinanzierung in Europa: Erscheinungsformen, Eignung, Zukunftsperspektiven, in: Wilhelm Rees/Maria Roca/Balazs Schanda (Hrsg.), Neuere Entwicklungen im Religionsrecht europäischer Staaten, 2013, S. 743ff.; *ders.*, Kirchenfinanzierung, in: Görres-Gesellschaft (Hrsg.), Staatslexikon, Bd. 3, 8. Aufl. 2019.

8 Zutreffend *Müller-Franken*, Finanzierung (Fn. 7), S. 59.

9 *Christian Waldhoff*, in diesem Band, S. 134, sieht die Kirchensteuer und die Ablösung der Staatsleistungen zutreffend gleichgerichtet im Hinblick auf das Ziel der Gewährleistung der Unabhängigkeit der Kirchen vom Staat.

Großkirchen dar; sie sind verfassungsrechtlich bis zu ihrer Ablösung aufgrund der verfassungsrechtlich geforderten Gesetze abgesichert. Da Art. 138 WRV eine lex specialis ist (ebenso wie Art. 139 WRV explizit nur den in der christlichen Tradition wurzelnden Sonntag als Tag der Arbeitsruhe und der seelischen Erhebung besonders schützt, was ebenfalls keine Diskriminierung anderer Religionsgemeinschaften darstellt[10]), die historisch an die Folgen der Säkularisation anknüpft, gerät der unmittelbar durch die Verfassung begrenzte Adressatenkreis der Staatsleistungen von vornherein nicht in Konflikt mit etwaigen Gleichbehandlungsansprüchen verschiedener Religionsgemeinschaften.[11]

Entschließt sich der Staat künftig, Subventionen und Zuschüsse zur Förderung der Grundrechtsausübung – außerhalb der bisherigen Staatsleistungen – freiwillig zur Verfügung zu stellen, was ohne weiteres zulässig wäre,[12] müsste er freilich aus Gründen der staatlichen Nichtidentifikation Neutralitäts- und Gleichbehandlungsgebote beachten.

II. Rechtliche Fragestellungen

Zur Betrachtung des Status quo der Staatsleistungen ist im Folgenden zunächst das Objekt der Ablösung zu bestimmen, nämlich die „auf Gesetz, Vertrag oder besonderen Rechtstiteln beruhenden Staatsleistungen" (III.). Sodann sind das Verhältnis zwischen Ablösungsauftrag und Bestandsgarantie (IV.) sowie Inhalt und Modus des Ablösungsauftrages zu beleuchten (V.).

III. Ablösungsobjekt

1. Begriff der Staatsleistungen

a) Historischer Hintergrund der Regelung in Art. 138 Abs. 1 WRV

Eine Interpretation des Verfassungsbegriffes der Staatsleistungen ist nur bei Betrachtung des historischen Hintergrundes der Vorschrift und des

[10] Vgl. BVerfGE 125, 39 (80ff., 84).

[11] Ebenso einen Neutralitätsverstoß verneinend *Waldhoff* (Fn. 9), S. 131.

[12] Vgl. *Rainer Wernsmann*, Verhaltenslenkung in einem rationalen Steuersystem, 2005, S. 366ff. m.w.N. – Aus Art. 138 WRV folgt keine allgemeine „Subventionssperre" hinsichtlich der Förderung der Grundrechtsausübung; zutreffend *Arnd Uhle*, Staatsleistungen – Staatlich, in: Heribert Hallermann/Thomas Meckel/Michael Droege/Heinrich de Wall (Hrsg.), Lexikon für Kirchen- und Religionsrecht, Bd. IV, 2021, S. 243ff. (245); *Waldhoff* (Fn. 9), S. 137 ff.

systematischen Konnexes mit dem Ablösungsgebot möglich.[13] Zweck des Art. 138 Abs. 1 WRV ist es nicht, jegliche Zuwendungen des Staates an die Kirchen zu untersagen.[14] Mit der Festschreibung des Ablösungsimperatives wollte die Weimarer Nationalversammlung (nach kontroverser Debatte[15]) vielmehr die für notwendig befundene Trennung zwischen Staat und Kirche auch für den vermögensrechtlichen Bereich, der im Kaiserreich von einer engen finanziellen Verflechtung der beiden Akteure geprägt war[16], realisieren.[17] Das Ablösungspostulat des Art. 138 Abs. 1 WRV steht also in engem Zusammenhang mit dem allgemeinen Trennungsgebot des Art. 137 Abs. 1 WRV[18] (nun i.V.m. Art. 140 GG); man kann es als dessen Konkretisierung begreifen.[19]

Staatsleistungen an die Kirchen finden ihren historischen Ursprung in der Säkularisation von Kirchenvermögen[20]: Im Zuge geschichtlicher Prozesse und Ereignisse wie der Reformation[21], dem Westfälischen Frieden oder dem Reichsdeputationshauptschluss hatte sich der Staat kirchliches Gut und Territorium angeeignet und als Ausgleich die finanzielle Ausstattung der Kirchen garantiert.[22] Mithilfe der Staatsleistungen soll-

13 *Peter Unruh*, in: Hermann von Mangoldt/Friedrich Klein/Christian Starck (Hrsg.), Grundgesetz. Kommentar, Bd. 3, 7. Aufl. 2018, Art. 138 WRV Rn. 4; *Diana zu Hohenlohe*, Ablösung der Staatsleistungen an die Kirchen: Der unerfüllte Verfassungsauftrag des Art. 138 Abs. 1 WRV i.V.m. Art. 140 GG, ZevKR 62 (2017), S. 178ff. (180).

14 *Martin Morlok*, in: Horst Dreier (Hrsg.), Grundgesetz-Kommentar, Bd. III, 3. Aufl. 2018, Art. 138 WRV Rn. 13; *Waldhoff* (Fn. 9), S. 138f.

15 So setzten sich die Abgeordneten der SPD etwa für die entschädigungslose Einstellung der Staatsleistungen ein, während insbesondere Zentrumspolitiker eine Garantie der überkommenen Staatsleistungen anstrebten, vgl. *Karl-Hermann Kästner*, in: Wolfgang Kahl/Christian Waldhoff/Christian Walter (Hrsg.), Bonner Kommentar zum Grundgesetz, Stand: 145. Erg.-Lfg. (April 2010), Art. 140 Rn. 11ff. und *Muckel*, in: Höfling/Friauf (Fn. 1), Art. 138 WRV Rn. 2.

16 Vgl. BVerfG, NVwZ 2001, S. 318.

17 Vgl. dazu *Michael Droege*, Staatsleistungen an Religionsgemeinschaften im säkularen Kultur- und Sozialstaat, 2004, S. 178f. m.w.N.

18 *Unruh*, in: v. Mangoldt/Klein/Starck (Fn. 13), Art. 138 WRV Rn. 3.

19 *Morlok*, in: Dreier (Fn. 14), Art. 138 WRV Rn. 13 bezeichnet die Regelung als „Teilgehalt" der institutionellen Trennung des Art. 137 Abs. 1 WRV.

20 *Morlok*, in: Dreier (Fn. 14), Art. 138 WRV Rn. 2.

21 Kritisch dazu *Christian Sailer*, Die staatliche Finanzierung der Kirchen und das Grundgesetz, ZRP 2001, S. 80ff. (83).

22 Vgl. *Werner Heun*, Staatsleistungen an die Kirchen und andere Religionsgemeinschaften, in: Dietrich Pirson/Wolfgang Rüfner/Michael Germann/Stefan Muckel (Hrsg.), HdbStKirchR, Bd. 3, 3. Aufl. 2020, § 73 Rn. 14ff.; *Stefan Korioth*, in: Günter Dürig/Roman Herzog/Rupert Scholz (Hrsg.), Grundgesetz-Kommentar, Stand: 79. Erg.-Lfg. (Dezember 2016), Art. 138 WRV Rn. 4; *Josef Isensee*, Staatsleistungen an die Kirchen und Religionsgemeinschaften, in: Joseph Listl/Dietrich Pirson (Hrsg.), HdbStKirchR, Bd. 1, 2. Aufl. 1994 (Vorauflage), § 35, S. 1009ff. (1010f.).

ten die laufenden Kosten der von den Enteignungen betroffenen Religionsgemeinschaften gedeckt werden.[23]

b) Folgerungen für die Definition der Staatsleistungen

Ausgehend von der Entstehungsgeschichte sind drei Merkmale für die Qualifizierung einer Zuwendung (erfasst werden sowohl Geld- als auch Naturalleistungen[24]) als Staatsleistung im Sinne von Art. 138 WRV kennzeichnend[25]:

- Der Leistung muss ein *Vermögenswert* zukommen.[26]
- Es muss sich um *auf Dauer angelegte, wiederkehrende Leistungen*[27] handeln, da ansonsten nicht eine Ablösung, sondern nur eine Erfüllung der Leistungspflicht in Betracht kommt.
- Es muss ein *historischer Konnex* der Leistungsverpflichtung mit dem 1919 vorgefundenen, also präkonstitutionellen finanziellen Beziehungsgeflecht zwischen Staat und Kirchen bestehen. Richtigerweise ist der Anwendungsbereich der Norm nur im Hinblick auf Ausgleichsleistungen für erlittene Säkularisationsverluste als eröffnet anzusehen.[28] Dafür spricht insbesondere der systematische Zusammenhang mit der Pflicht zur Ablösung, begriffen als Aufhebung des Leistungsgrundes gegen *Entschädigung*.[29]

Vom Ablösungsauftrag des Art. 138 WRV (und damit auch von der Entschädigungspflicht im Falle der Aufhebung) sind insbesondere Subventionen und sonstige Zuwendungen im Bereich der gemeinsamen Angelegenheiten von Staat und Kirche nicht erfasst.[30] Schließlich sind diese „nicht retrospektiv und kausal, sondern zukunftsgerichtet und final

23 BVerwG, NVwZ 1996, S. 787; *Hans Jarass*, in: Hans Jarass/Bodo Pieroth (Hrsg.), Grundgesetz-Kommentar, 16. Aufl. 2020, Art. 138 WRV Rn. 1.

24 *Isensee*, Staatsleistungen (Fn. 22), S. 1009; *Morlok*, in: Dreier (Fn. 14), Art. 138 WRV Rn. 15.

25 So und zum Folgenden *Unruh*, in: v. Mangoldt/Klein/Starck (Fn. 13), Art. 138 WRV Rn. 4; *ders.*, Ein Grundsätzegesetz zur Ablösung der Staatsleistungen, DÖV 2020, S. 953ff. (954); *zu Hohenlohe*, Ablösung (Fn. 13), S. 181.

26 So beispielsweise auch *Kästner*, in: Kahl/Waldhoff/Walter (Fn. 15), Art. 140 Rn. 577.

27 Auch z. B. *Heun*, Staatsleistungen an die Kirchen (Fn. 22), § 73 Rn. 31; *Korioth*, in: Dürig/Herzog/Scholz (Fn. 22), Art. 138 WRV Rn. 5.

28 So auch BVerwG, NVwZ 1996, S. 786; *Kästner*, in: Kahl/Waldhoff/Walter (Fn. 15), Art. 140 Rn. 571; *Unruh*, in: v. Mangoldt/Klein/Starck (Fn. 13), Art. 138 WRV Rn. 4; *Uhle*, in: Hallermann/Meckel/Droege/de Wall (Fn. 12), S. 243; anders BVerfG, NVwZ 2001, S. 318; explizit verneinend *Muckel*, in: Höfling/Friauf (Fn. 1), Art. 138 WRV Rn. 1; *Isensee*, Staatsleistungen (Fn. 22), S. 1012; *zu Hohenlohe*, Ablösung (Fn. 13), S. 180f.

29 Vgl. zur Definition der Ablösung nur *zu Hohenlohe*, Ablösung (Fn. 13), S. 187.

30 *Kästner*, in: Kahl/Waldhoff/Walter (Fn. 15), Art. 140 Rn. 580f.; *Korioth*, in: Dürig/Herzog/Scholz (Fn. 22), Art. 138 WRV Rn. 6.

begründet."[31] Sie werden nicht aus Gründen des Ausgleichs gewährt, weshalb ihnen der historische Konnex fehlt.[32]

Neben positiven Leistungen unterfallen auch Abgabenbefreiungen („negative Staatsleistungen") dem Ablösungsgebot.[33] Auch diese sind Teil des finanziellen Beziehungsgeflechts zwischen Staat und Kirchen, dessen Entstrickung Art. 138 Abs. 1 WRV beabsichtigt. Es kann dabei keinen Unterschied machen, ob den Kirchen finanzielle Vorteile zur Bestreitung ihres Unterhalts im Wege aktiver Hingabe von Mitteln oder mittels abgabenrechtlicher Befreiungstatbestände gewährt werden.[34] Aus Gründen des fehlenden historischen Legitimationszusammenhangs hat das BVerfG es aber etwa verneint, die gesetzlich normierte Gerichtsgebührenfreiheit für die Kirchen als Staatsleistungen im Sinne des Ablösungspostulats einzuordnen.[35] Nicht vom Tatbestand des Art. 138 Abs. 1 WRV erfasst ist auch die steuerliche Abzugsfähigkeit von Spenden und der Kirchensteuer (§§ 10b, 10 Abs. 1 Nr. 4 EStG), da die Kirchen hierdurch eine nur eine mittelbare Begünstigung erfahren.[36]

2. Auf Gesetz, Vertrag oder besonderen Rechtstiteln beruhend

Nach Art. 138 Abs. 1 S. 1 WRV müssen die Staatsleistungen *auf Gesetz, Vertrag oder besonderen Rechtstiteln* beruhen. Erfasst werden nur Rechtstitel, die bereits vor der Verabschiedung der Weimarer Verfassung im Jahre 1919 begründet worden waren.[37] Gesetz in diesem Sinne ist „jede materielle, allgemein verbindliche Rechtsnorm, gleich welcher normenhierarchischen Stufe [...] bzw. welcher staatsrechtlichen Ordnung."[38] Auch Gewohnheitsrecht unterfällt nach herrschender

[31] *Unruh*, in: v. Mangoldt/Klein/Starck (Fn. 13), Art. 138 WRV Rn. 4.

[32] *Kästner*, in: Kahl/Waldhoff/Walter (Fn. 15), Art. 140 Rn. 580; *Volker Knöppel*, Aktuelle Überlegungen zum Ablösegebot der Staatsleistungen nach Art. 140 GG i.V.m. Art. 138 Abs. 1 WRV, ZevKR 58 (2013), S. 188ff. (190). Kritisch zu dieser scharfen Abgrenzung zwischen Staatsleistungen und Subventionen *Heun*, Staatsleistungen an die Kirchen (Fn. 22), § 73 Rn. 32.

[33] Eine Kompensation für Säkularisationsverluste bei schon vor 1919 bestehenden Steuerbefreiungen (m.E. zu weitgehend) vermutend *Waldhoff* (Fn. 9), S. 131.

[34] Ähnlich *Schmidt*, Ablösung (Fn. 4), S. 625.

[35] BVerfGE 19, 1 (13ff.).

[36] *Morlok*, in: Dreier (Fn. 14), Art. 138 WRV Rn. 17; *Dirk Ehlers*, in: Michael Sachs, Grundgesetz-Kommentar, 9. Aufl. 2021, Art. 138 WRV Rn. 3; a.A. *Heun*, Staatsleistungen an die Kirchen (Fn. 22), § 73 Rn. 29. Vgl. dazu auch *Wernsmann*, Verhaltenslenkung (Fn. 12), S. 135 Fn. 642.

[37] *Ute Mager*, in: Ingo von Münch/Philip Kunig (Hrsg.), Grundgesetz-Kommentar, Bd. 2, 7. Aufl. 2021, Art. 140 Rn. 81.

[38] So *Droege*, Staatsleistungen (Fn. 17), S. 202, der als „Prototypen" gesetzlicher Rechtstitel im vorliegenden Zusammenhang die einzelstaatlichen Pfarrerbesoldungs- und Versorgungsgesetze ausmacht.

Ansicht dem Begriff des Gesetzes.[39] Nicht erfasst wird hingegen der Haushaltsplan, da dieser mangels rechtlicher Außenwirkung (vgl. § 3 Abs. 2 HGrG) kein Gesetz im materiellen Sinne darstellt.[40] Unter das Tatbestandsmerkmal der besonderen Rechtstitel[41] sind alle denkbaren außergesetzlichen Rechtstitel zu fassen, also beispielsweise richterliche Entscheidungen, Privilegien, landesherrliche Erlasse, Dekrete und Anerkenntnisse.[42] Schließlich sind auch durch Vertragsschluss begründete staatliche Zuwendungen vom Gebot der Ablösung nach Art. 138 Abs. 1 WRV erfasst.[43] Das bloße Herkommen im Sinne einer stetigen Leistungspraxis bildet dagegen keine taugliche Rechtsgrundlage.[44] Ein Teil des Schrifttums geht allerdings – ohne nähere Begründung – davon aus, dass über einen längeren Zeitraum gewährte Zuwendungen des Staates zu einer Beweislastumkehr („in dubio pro ecclesia“[45]) oder einem Anscheinstatbestand[46] führten, der Staat als Leistungserbringer also den Beweis für das Nichtvorliegen eines der Zahlung zugrunde liegenden Rechtstitels erbringen muss. Es ist jedoch nicht ersichtlich, auf welcher dogmatischen Grundlage eine Abweichung von allgemeinen Beweislastregeln hier zu begründen wäre.[47]

Gelegentlich wird in diesem Zusammenhang aufgrund des zunehmenden Bedeutungsverlustes und Mitgliederschwundes der Kirchen in der Gesamtbevölkerung ein Erlöschen der Leistungsgründe unter dem Blickpunkt der clausula rebus sic stantibus angenommen (Wegfall der Geschäftsgrundlage).[48] Art. 138 Abs. 1 WRV schließt zwar nach überzeugender Ansicht das Entfallen einzelner Leistungsgründe aufgrund

39 *Unruh*, in: v. Mangoldt/Klein/Starck (Fn. 13), Art. 138 WRV Rn. 7; *Isensee*, Staatsleistungen (Fn. 22), S. 1027; *Morlok*, in: Dreier (Fn. 14), Art. 138 WRV Rn. 16.

40 *Heun*, Staatsleistungen an die Kirchen (Fn. 22), § 73 Rn. 45.

41 Freilich handelt es sich beim Vertrag auch um einen besonderen Rechtstitel, vgl. *Isensee*, Staatsleistungen (Fn. 22), S. 1029.

42 *Unruh*, in: v. Mangoldt/Klein/Starck (Fn. 13), Art. 138 WRV Rn. 7; *Axel von Campenhausen/Heinrich de Wall*, Staatskirchenrecht, 4. Aufl. 2006, S. 284.

43 Verträge über Staatsleistungen wurden insbesondere mit der katholischen Kirche geschlossen, während die historisch begründeten staatlichen Dotationen an die evangelischen Kirchen vorwiegend auf den weiteren „besonderen Rechtstiteln“ beruhen, vgl. *Droege*, Staatsleistungen (Fn. 17), S. 205.

44 *Kästner*, in: Kahl/Waldhoff/Walter (Fn. 15), Art. 140 Rn. 591; *Schmidt*, Ablösung (Fn. 4), S. 626.

45 *Isensee*, Staatsleistungen (Fn. 22), S. 1028.

46 *Schmidt*, Ablösung (Fn. 4), S. 626.

47 Zweifelnd *Unruh*, in: v. Mangoldt/Klein/Starck (Fn. 13), Art. 138 WRV Rn. 7; ebenfalls „in dubio pro ecclesia“ ablehnend *zu Hohenlohe*, Ablösung (Fn. 13), S. 185; *Gerhard Czermak*, Die Ablösung der historischen Staatsleistungen an die Kirchen, DÖV 2004, S. 110 ff. (111).

48 So insb. *Sailer*, Staatliche Finanzierung (Fn. 21), S. 83.

allgemeiner Erlöschensregeln nicht von vornherein aus.[49] Die (pauschale) Annahme eines Erlöschens der Leistungsgründe für die Staatsleistungen wegen eines Wegfalls der Geschäftsgrundlage übersieht aber den historischen Legitimationszusammenhang der Staatsleistungen mit den Säkularisationsakten und vermag daher nicht zu überzeugen.[50]

3. Träger der Staatsleistungen

Art. 138 Abs. 1 S. 1 WRV erfasst in erster Linie[51] Staatsleistungen der Länder. Anderenfalls ergäbe der vorgeschriebene Modus der Ablösung durch *Landes*gesetzgebung keinen Sinn. Sofern vom Verfassungsgeber des Jahres 1919 vorgefundene Staatsleistungen durch zwischenzeitliche Kompetenzverschiebung unter der Ordnung des Grundgesetzes in die Trägerschaft des Bundes übergegangen sind (das kommt insbesondere in Betracht im Hinblick auf Steuerbefreiungen als negative Staatsleistungen, sofern die Gesetzgebungskompetenz für ehemalige Landessteuern nach 1919 auf den Bund übergegangen ist[52]), vermag dies an der staatlichen Ablösungspflicht nichts zu ändern.[53] Die Ablösung kann in einem solchen Fall nicht durch einen Akt der Landesgesetzgebung erfolgen, sondern muss (und kann ausschließlich) vom Bund selbst realisiert werden. Insoweit hat dieser konsequenterweise auch selbst die Ablösungsentschädigung zu entrichten.

Zweifelhaft ist, ob auch Leistungen der Kommunen (insb. die gemeindlichen Baulastverpflichtungen[54]) an die Religionsgemeinschaften dem Tatbestand des Art. 138 Abs. 1 WRV unterfallen können[55]: Zu Zeiten der Weimarer Republik bestand Einigkeit darüber, dass diese nicht von der Ablösungsdirektive erfasst werden, da man die Gemeinden nicht als Trä-

49 *Muckel*, in: Höfling/Friauf (Fn. 1), Art. 138 WRV Rn. 24; a. A. *Isensee*, Staatsleistungen (Fn. 22), S. 1046 ff.

50 *Unruh*, Grundsätzegesetz (Fn. 25), S. 959.

51 Enger („nur auf der Ebene der Länder") *Christian Walter/Kathrin Tremml*: Eigentlich schon lange quitt: Warum nach über 100 Jahren kein voller Ausgleich für die Ablösung der Staatsleistungen geleistet werden muss, VerfBlog, 2022/3/21, https://verfassungsblog.de/eigentlich-schon-lange-quitt/, DOI: 10.17176/20220322-001313-0.

52 *Kästner*, in: Kahl/Waldhoff/Walter (Fn. 15), Art. 140 Rn. 592.

53 *Isensee*, Staatsleistungen (Fn. 22), S. 1030; *Ehlers*, in: Sachs (Fn. 36), Art. 140 Rn. 3; *Muckel*, in: Höfling/Friauf (Fn. 1), Art. 138 WRV Rn. 12; *zu Hohenlohe*, Ablösung (Fn. 13), S. 185.

54 Vgl. *Knöppel*, Aktuelle Überlegungen (Fn. 32), S. 189.

55 Für eine Einbeziehung heute *Isensee*, Staatsleistungen (Fn. 22), S. 1032; *zu Hohenlohe*, Ablösung (Fn. 13), S. 186; *Unruh*, in: v. Mangoldt/Klein/Starck (Fn. 13), Art. 138 WRV Rn. 10; *Muckel*, in: Höfling/Friauf (Fn. 1), Art. 138 WRV Rn. 14; a. A. BVerwGE 28, 179 (183); *Droege*, Staatsleistungen (Fn. 17), S. 183 ff.; *Heun*, Staatsleistungen an die Kirchen (Fn. 22), § 73 Rn. 50; *Ehlers*, in: Sachs (Fn. 36), Art. 138 WRV Rn. 3; *Jarass*, in: Jarass/Pieroth (Fn. 23), Art. 138 WRV Rn. 1; *Knöppel*, Aktuelle Überlegungen (Fn. 32), S. 189.

ger staatlicher Gewalt ansah.[56] Für eine „Akzentverschiebung“[57] spricht nun in systematischer Hinsicht, dass das GG die Gemeinden staatsorganisationsrechtlich – wie bereits die systematische Stellung des Art. 28 Abs. 2 GG zeigt – der Landesverwaltung zuordnet[58]; sie üben selbst Staatsgewalt aus.[59] Auch der Zweck der mit der Ablösungsdirektive verfolgten Entflechtung der zwischen Staat und Religionsgemeinschaften bestehenden finanziellen Beziehungen streitet für eine Erfassung gemeindlicher Leistungen. [60] Problematisch ist indes, dass – nach richtiger Auffassung – als Staatsleistungen nur solche Zuwendungen anzusehen sind, die ihren Ursprung in der Säkularisation von Kirchenvermögen finden. Die Enteignungen im Zuge des Säkularisationsprozesses erfolgten allerdings durch die Länder und nicht die Kommunen (sofern Letzteren nicht ausnahmsweise selbst Staatsqualität zukam).[61] Dieser spezifische historische Hintergrund spricht entscheidend gegen eine Erfassung kommunaler Leistungen.

IV. Ablösungsauftrag und Bestandsgarantie

In Art. 138 Abs. 1 WRV ist nach herrschender Ansicht nicht nur ein an den Landesgesetzgeber gerichteter Ablösungsauftrag normiert, sondern zugleich (implizit) eine Bestandsgarantie für eben jene Staatsleistungen, solange die Ablösung noch nicht erfolgt ist.[62] Was auf den ers-

56 So RGZ 113, 349 (397); *Gerhard Anschütz*, Die Verfassung des Deutschen Reichs vom 11. August 1919, 14. Aufl. 1933, S. 653; *Ernst Rudolf Huber*, Die Garantie der kirchlichen Vermögensrechte in der Weimarer Verfassung, 1927, S. 62; vgl. im Übrigen im Hinblick auf die rechtswissenschaftliche Literatur die Nachweise bei *Droege*, Staatsleistungen (Fn. 17), S. 184 Anm. 491.

57 Näher zu solchen „Akzentverschiebungen“ infolge der Inkorporation in das GG *Peter M. Huber*, Das Staatskirchenrecht – Übergangsordnung oder Zukunftskonzept?, in: Eberhard Eichenhofer (Hrsg.), 80 Jahre Weimarer Reichsverfassung – Was ist geblieben?, 1999, S. 121 ff.

58 *Henning Tappe/Rainer Wernsmann*, Öffentliches Finanzrecht, 2. Aufl. 2019, Rn. 910.

59 Vgl. nur BVerfGE 73, 118 (191).

60 Ebenfalls mit dem Trennungsgedanken für die Einbeziehung argumentierend *Isensee*, Staatsleistungen (Fn. 22), S. 1032; *zu Hohenlohe*, Ablösung (Fn. 13), S. 186; *Unruh*, in: v. Mangoldt/Klein/Starck (Fn. 13), Art. 138 WRV Rn. 10; *Morlok*, in: Dreier (Fn. 14), Art. 138 WRV Rn. 18.

61 Darauf hinweisend *Heun*, Staatsleistungen an die Kirchen (Fn. 22), § 73 Rn. 50.

62 Vgl. nur BVerwG, NVwZ 1996, S. 786; *Isensee*, Staatsleistungen (Fn. 22), S. 1015 ff.; *Kästner*, in: Kahl/Waldhoff/Walter (Fn. 15), Art. 140 Rn. 574 f.; *Morlok*, in: Dreier (Fn. 14), Art. 138 WRV Rn. 13; *Michael Germann*, in: Volker Epping/Christian Hillgruber (Hrsg.), BeckOK Grundgesetz, Stand: 49. Edition (November 2021), Art. 140 Rn. 123; *Bernd Jeand'Heur/Stefan Korioth*, Grundzüge des Staatskirchenrechts, 2000, S. 239; *Schmidt*, Ablösung (Fn. 4), S. 626; *Uhle*, in: Hallermann/Meckel/Droege/de Wall (Fn. 12), S. 243 f.

ten Blick fast schon paradox[63] erscheint, erklärt sich dadurch, dass der Modus der Ablösung von der Verfassung vorgeschrieben ist (Ablösungsvorbehalt[64]). Demnach ist es den Ländern nicht möglich, die Staatsleistungen schlicht einzustellen, ohne die von der Verfassung geforderte Ablösung durchzuführen.[65] Zudem können sie (jedenfalls nach h.M.) die Ablösung nicht selbst initiieren, sondern der Bund muss zuvor in einem von Art. 138 Abs. 1 S. 2 WRV vorgesehenen Gesetz über deren Grundsätze entscheiden, also die Rahmenbedingungen für den eigentlichen, durch die Länderparlamente auszuführenden, Ablösungsakt festlegen.[66] Die Norm enthält also genau genommen zwei verschiedene Aufträge, formuliert gegenüber zwei verschiedenen Adressaten.

In seiner indikativischen Formulierung[67] statuiert Art. 138 Abs. 1 WRV nicht einen unverbindlichen Programmsatz, sondern eine Pflicht zur Ablösung. Damit ist die Erfüllung dieses Auftrages nicht abhängig von politischen Opportunitätserwägungen[68], sondern verfassungsrechtlich zwingend geboten. Dass die Vorschrift keine Sanktion bei Nichtumsetzung vorsieht[69], nimmt dem Ablösungsgebot nicht seinen imperativen Charakter.[70] Auch die auflösend bedingt von Art. 138 Abs. 1 WRV gewährte Bestandsgarantie der Staatsleistungen vermag die verfassungsrechtliche Pflicht zur Ablösung nicht zu relativieren.

[63] *Morlok*, in: Dreier (Fn. 14), Art. 138 WRV Rn. 13; *Isensee*, Staatsleistungen (Fn. 22), S. 1015 („zwiespältige Verfassungsentscheidung"); *Walter/Tremml*, Eigentlich schon lange quitt (Fn. 51) („paradoxer Effekt").

[64] *Germann*, in: Epping/Hillgruber (Fn. 62), Art. 140 Rn. 123.

[65] Art. 173 WRV bestimmte noch explizit: „Bis zum Erlaß eines Reichsgesetzes gemäß Artikel 138 bleiben die bisherigen auf Gesetz, Vertrag oder besonderen Rechtstiteln beruhenden Staatsleistungen an die Religionsgesellschaften bestehen." Da sich dies aber schon implizit aus Art. 138 Abs. 1 WRV ergibt, lassen sich aus der Nichtübernahme von Art. 173 in das GG keine weiteren Rückschlüsse ziehen, vgl. etwa *Unruh*, in: v. Mangoldt/Klein/Starck (Fn. 13), Art. 138 WRV Rn. 17.

[66] Vgl. nur BVerwG, NVwZ 1996, S. 786.

[67] *Schmidt*, Ablösung (Fn. 4), S. 626 weist darauf hin, dass das Grundgesetz Formulierungen im Indikativ gerade dann beinhalte, wenn eine Regelung als besonders wichtig erachtet wird. Vgl. z.B. Art 1 Abs. 1 und Art. 13 Abs. 1 GG.

[68] So auch *zu Hohenlohe*, Ablösung (Fn. 13), S. 194. Die Abhängigkeit von politischen Opportunitätserwägungen bejahend aber *Korioth*, in: Dürig/Herzog/Scholz (Fn. 22), Art. 138 WRV Rn. 11; *Kästner*, in: Kahl/Waldhoff/Walter (Fn. 15), Art. 140 Rn. 604; *Muckel*, in: Höfling/Friauf (Fn. 1), Art. 138 WRV Rn. 21 („faktisch im politischen Ermessen").

[69] So begründet *Korioth*, in: Dürig/Herzog/Scholz (Fn. 22), Art. 138 WRV Rn. 11 die Abhängigkeit der Erfüllung von Gesichtspunkten der politischen Opportunität.

[70] *Zu Hohenlohe*, Ablösung (Fn. 13), S. 194f.

V. Inhalt und Modus des Ablösungsauftrages

1. Erfordernis eines Grundsätzegesetzes nach Art. 138 Abs. 1 S. 2 WRV

Wortlaut sowie Sinn und Zweck des Art. 138 Abs. 1 S. 2 WRV verlangen ein der Ablösung durch die Länder *zeitlich vorgehendes* Grundsätzegesetz des Bundes. Die Normierung von Grundsätzen muss der Ablösung als einmaligem Akt zeitlich vorgehen.[71] Nur ein vorheriger Erlass kann dem Zweck des Art. 138 Abs. 1 S. 2 WRV, welcher nach überzeugender Ansicht in der Sicherung der Einheitlichkeit und Neutralität der landesgesetzlichen Ablösungsakte zu sehen ist, Rechnung tragen.[72] Da der Bund traditionellerweise nicht selbst Träger der abzulösenden Staatsleistungen war, sollte er nach der gesetzlichen Konzeption der verfassungsgebenden Gewalt die Rolle des neutralen Mittlers („ehrlicher Makler"[73]) zwischen Ländern und Kirchen einnehmen.[74] Teilweise wurde aus der jahrzehntelangen, verfassungswidrigen Untätigkeit des Bundesgesetzgebers geschlossen, dass die Länder nunmehr berechtigt wären, ohne vorherigen Erlass eines Grundsätzegesetzes durch den Bund auf eigene Initiative hin die Ablösung vorzunehmen.[75] Dies übersieht, dass es sich bei Art. 138 Abs. 1 S. 2 WRV (noch immer) um vollgültiges Verfassungsrecht handelt.[76]

Umstritten ist, ob ein Aufheben des Leistungsgrundes der Staatsleistungen im Wege vertraglicher Vereinbarung zwischen dem jeweiligen Land und den Religionsgemeinschaften vor Erlass eines Grundsatzgesetzes zulässig wäre.[77] Zwar bestünde in diesem Fall keine Gefahr, dass die Kirchen von den Ländern durch Festlegung einer zu gerin-

[71] *Droege*, Staatsleistungen (Fn. 17), S. 235; *zu Hohenlohe*, Ablösung (Fn. 13), S. 192.

[72] *Unruh*, in: v. Mangoldt/Klein/Starck (Fn. 13), Art. 138 WRV Rn. 14.

[73] *Droege*, Staatsleistungen (Fn. 17), S. 238.

[74] *Zu Hohenlohe*, Ablösung (Fn. 13), S. 192; *Isensee*, Staatsleistungen (Fn. 22), S. 1039f.; *Korioth*, in: Dürig/Herzog/Scholz (Fn. 22), Art. 138 WRV Rn. 10.

[75] *Czermak*, Die Ablösung (Fn. 47), S. 113.

[76] So auch *Jochen Rozek*, Der unerfüllte Verfassungsauftrag – Die Ablösung der Staatsleistungen an die Kirchen, in: Thomas Holzner/Hannes Ludyga (Hrsg.), Entwicklungstendenzen des Staatskirchen- und Religionsverfassungsrechts, S. 421ff. (428).

[77] Bejahend *Ehlers*, in: Sachs (Fn. 36), Art. 138 WRV Rn. 4; *zu Hohenlohe*, Ablösung (Fn. 13), S. 193f.; a. A. *Droege*, Staatsleistungen (Fn. 17), S. 243; *Rozek*, in: Holzner/Ludyga (Fn. 76), S. 429. Das Land Hessen hat beispielsweise Baulastverpflichtungen gegenüber den Kirchen durch vertragliche Regelung gegen Entschädigung aufgehoben, vgl. *Knöppel*, Aktuelle Überlegungen (Fn. 32), S. 195f. Vgl. dazu auch etwa Art. 21 LV NW, wonach die Staatsleistungen explizit nur durch Vereinbarung abgelöst werden können; insoweit geht die bundesverfassungsrechtliche Regelung gemäß Art. 31 GG vor.

gen Entschädigung unangemessen benachteiligt würden, weshalb man an der Notwendigkeit eines neutralen Mittlers in Form des Bundesgesetzgebers zweifeln könnte.[78] Dagegen spricht aber, dass bei einem solchen Vorgehen die von Art. 138 Abs. 1 S. 2 WRV intendierte Einheitlichkeit des Ablösungsverfahrens nicht gewährleistet wäre. Dies spricht entscheidend gegen einen dispositiven Charakter der Norm. Zudem bestimmt die Vorschrift ausdrücklich, dass die Ablösung den Legislativorganen von Bund und Ländern vorbehalten ist. Der einvernehmlichen Novation der Staatsleistungen (z.B. der Bündelung mehrerer Dotationen zu einer Gesamtleistung[79]), die bereits Gegenstand einiger Staatskirchenverträge waren[80], steht Art. 138 Abs. 1 WRV indes nicht entgegen.[81]

2. Begriff und Höhe der Ablösung

a) Äquivalenzprinzip oder angemessene Entschädigung?

Nach allgemeiner Meinung bedeutet Ablösung im Sinne des Art. 138 Abs. 1 WRV die einseitige Aufhebung des Leistungsgrundes gegen Entschädigung.[82] Uneinigkeit besteht hingegen über die Frage nach dem Umfang der zu leistenden Abfindung. Teile der Literatur begreifen das Rechtsinstitut der Ablösung als wirtschaftlich neutralen Vorgang im Sinne eines bloßen Austauschs der Rechtsgrundlage[83], als Leistung an Erfüllungs statt in Abgrenzung zum Schadensersatz.[84] Demzufolge muss die zu bewirkende Entschädigungsleistung ihrer Höhe nach dem ökonomischen Wert der Staatsleistung im Zeitpunkt der Aufhebung entsprechen; sie bedeutet demnach vollen Ersatz (sog. Äquivalenzprinzip). Vertreter dieser Ansicht argumentieren u.a. damit, dass in der Weimarer Nationalversammlung Konsens darüber bestanden habe, dass die Kirchen durch die Ablösung keinen Schaden erleiden sollten.[85]

Indes lässt sich aus der Entstehungsgeschichte der Norm kein solches Argument für die Geltung des Äquivalenzprinzips ableiten.[86] In

[78] Vgl. *zu Hohenlohe*, Ablösung (Fn. 13), S. 193f.

[79] Vgl. *Germann*, in: Epping/Hillgruber (Fn. 62), Art. 140 Rn. 126.

[80] Siehe dazu *Knöppel*, Aktuelle Überlegungen (Fn. 32), S. 191f.

[81] *Germann*, in: Epping/Hillgruber (Fn. 62), Art. 140 Rn. 126; *Droege*, Staatsleistungen (Fn. 17), S. 243f.

[82] *Anschütz*, Verfassung (Fn. 56), S. 651; *Droege*, Staatsleistungen (Fn. 17), S. 207; *zu Hohenlohe*, Ablösung (Fn. 13), S. 187; *Jeand'Heur/Korioth*, Staatskirchenrecht (Fn. 62), S. 240; *Weber*, Die Ablösung der Staatsleistungen an die Religionsgesellschaften, 1948, S. 38; *Unruh*, Grundsätzegesetz (Fn. 25), S. 956.

[83] *Isensee*, Staatsleistungen (Fn. 22), S. 1035.

[84] So schon *Huber*, Garantie kirchlicher Vermögensrechte (Fn. 56), S. 60.

[85] *Isensee*, Staatsleistungen (Fn. 22), S. 1035 Anm. 106.

[86] Überzeugend *Unruh*, in: v. Mangoldt/Klein/Starck (Fn. 13), Art. 138 WRV Rn. 12; *zu Hohenlohe*, Ablösung (Fn. 13), S. 188.

den Beratungen der Weimarer Nationalversammlung kam lediglich der Wille zum Ausdruck, im Wege einer gerechten Ablösung den Erhalt der finanziellen „Lebensfähigkeit" der Kirchen zu gewährleisten.[87] Zudem spricht gegen die These von der Ablösung als Leistung an Erfüllungs statt der historische Hintergrund des Terminus selbst: Die juristische Lehre des 19. Jahrhunderts belegte die Liquidation überkommener und als nicht mehr zeitgemäß betrachteter Rechte im Zusammenhang mit der Bauernbefreiung und der Durchsetzung der Gewerbefreiheit mit dem Begriff der Ablösung.[88] Mit dem Ziel der Entfeudalisierung der Gesellschaft hatte erstmals das preußische Oktoberedikt des Jahres 1807 am Grundbesitz bestehende Reallasten der ehemaligen Grundherren zum Objekt der Ablösung durch die Einzelstaaten gemacht.[89] Zur Berechnung der zu leistenden Ablösungssumme wurde der Wert der Reallast mit einem gesetzlichen Ablösungsfaktor belegt, der allerdings je nach politischer Gesamtlage im jeweiligen Einzelstaat erheblich divergierte.[90] Insgesamt ging der Ablösungsvorgang mit Verlusten für die adligen Grundeigentümer i.H.v. 10–20% einher[91], bedeutete also gerade nicht vollen Wertersatz für die von der Ablösung Betroffenen.[92]

Plausibler erscheint es daher, gerade auch mit Blick auf die strukturelle Ähnlichkeit des von Art. 138 Abs. 1 WRV geforderten Ablösungsvorgangs mit der Sozialisierung von Eigentum nach Art. 15 GG eine angemessene Entschädigung der Kirchen unter gerechter Abwägung der Interessen der Allgemeinheit und der Beteiligten im Sinne von Art. 14 Abs. 3 S. 3 GG zu fordern (vgl. Art. 15 S. 2 GG).[93] Gemein ist

87 So der Ausspruch des Abgeordneten Naumann, abgedruckt in *Carl Israël*, Geschichte des Reichskirchenrechts, 1922, S. 33. Vgl. dazu des Weiteren *Droege*, Staatsleistungen (Fn. 17), S. 218f.

88 Ausführlich dazu *Droege*, Staatsleistungen (Fn. 17), S. 211ff.; anknüpfend daran *Heun*, Staatsleistungen an die Kirchen (Fn. 22), § 73 Rn. 59; *zu Hohenlohe*, Ablösung (Fn. 13), S. 188.

89 *Droege*, Staatsleistungen (Fn. 17), S. 212.

90 *Droege*, Staatsleistungen (Fn. 17), S. 213. Meist handelte es sich um den Faktor 18 oder 25.

91 *Droege*, Staatsleistungen (Fn. 17), S. 214.

92 *Zu Hohenlohe*, Ablösung (Fn. 13), S. 188.

93 *Droege*, Staatsleistungen (Fn. 17), S. 219f.; *Ehlers*, in: Sachs (Fn. 36), Art. 138 WRV Rn. 4; *Rozek*, in: Holzner/Ludyga (Fn. 76), S. 425; *Unruh*, Grundsätzegesetz (Fn. 25), S. 956; *zu Hohenlohe*, Ablösung (Fn. 13), S. 188f.; *Jarass*, in: Jarass/Pieroth (Fn. 23), Art. 138 WRV Rn. 1; *Walter/Tremml*, Eigentlich schon lange quitt (Fn. 51) unter Verweis auf Art. 18 Abs. 3 des Konkordats mit dem Heiligen Stuhl aus dem Jahr 1929; a.A. *Germann*, in: Epping/Hillgruber (Fn. 62), Art. 140 Rn. 124.1 mit dem Argument, dass für Staatsleistungen eine Sozialbindung wie beim Eigentum nicht vorgesehen sei und daher eine Abwägung mit Gemeinwohlinteressen nicht in Betracht komme. Eine vermittelnde Position nimmt *Heun*, Staatsleistungen an die Kirchen (Fn. 22), § 73 Rn. 60 ein,

beiden Konstellationen, dass aufgrund der Entwicklung gesellschaftlicher Gesamtumstände (hier die Notwendigkeit der vermögensrechtlichen Entflechtung von Staat und Kirchen; dort die vom politischen Entscheidungsträger empfundene Sozialisierungsbedürftigkeit aufgrund der wirtschaftlichen Gesamtlage) ein Rechtsverhältnis gegen Entschädigungsleistung aufgehoben wird.[94] Art. 138 Abs. 1 WRV verpflichtete schon vor über 100 Jahren zur Beendigung der Dauerleistung und der mit der als vorübergehend konzipierten Weitergewährung verbundene Zweck, Vermögensverluste im Zusammenhang mit der Säkularisierung auszugleichen, ist längst (über-)erfüllt.[95]

b) Angemessene Entschädigung und konkrete Berechnung

Im Rahmen einer Entschädigung ist der eingetretene Rechts- und Vermögensverlust als solcher Objekt der Kompensation.[96] Der Wortlaut des Art. 14 Abs. 3 S. 3 GG, auf den Art. 15 S. 2 GG verweist, legt den Enteignungsgesetzgeber (im vorliegenden Fall: den Ablösungsgesetzgeber) lediglich auf das Gebot gerechter Abwägung zwischen den Interessen der Allgemeinheit und der Beteiligten (hier: der Kirchen) fest. Dies bedeutet einerseits, dass die Entschädigung nicht notwendigerweise zu einer umfassenden Schadensbeseitigung im Sinne der Hingabe eines Äquivalents für das Entzogene (Entschädigung nach Verkehrswert) führen muss.[97] Andererseits verbietet das Abwägungspostulat auch eine bloß nominelle Entschädigung.[98] Nach der Judikatur des BVerfG wird dem Gesetzgeber durch die Vorschrift ermöglicht bzw. unter Umständen sogar zwingend aufgetragen, „auf situationsbedingte Besonderheiten des Sachverhalts und die Zeitumstände Rücksicht zu nehmen […] und damit zu einer im Zeitpunkt der Enteignung gerechten Entscheidung zu kommen."[99] Fraglich ist in diesem Zusammenhang insbesondere, ob und inwieweit der Bund im Rahmen der Grundsatzgesetzgebung auch berücksichtigen darf, dass die Länder über viele Jahrzehnte

der zwar einen eigenen Gestaltungsspielraum des Ablösungsgesetzgebers annimmt, jedoch mit Blick auf die Bestandsgarantie diesen Gestaltungsspielraum für geringer hält als in den Fällen von Art. 15, 14 Abs. 3 GG.

94 Vgl. *Droege*, Staatsleistungen (Fn. 17), S. 216.

95 *Walter/Tremml*, Eigentlich schon lange quitt (Fn. 51).

96 Vgl. *Hans-Georg Dederer*, in: Wolfgang Kahl/Christian Waldhoff/Christian Walter (Hrsg.), Bonner Kommentar zum Grundgesetz, Stand: 188. Erg.-Lfg. (Dezember 2017), Art. 14 Rn. 666, 668.

97 BVerfGE 24, 367 (421); BVerfGE 46, 268 (285); *Hans-Jürgen Papier/Foroud Shirvani*, in: Günter Dürig/Roman Herzog/Rupert Scholz (Hrsg.), Grundgesetz-Kommentar, 95. Erg.-Lfg. (Juli 2021), Art. 14 Rn. 700.

98 *Papier/Shirvani*, in: Dürig/Herzog/Scholz (Fn. 97), Art. 14 Rn. 700; *Dederer*, in: Kahl/Waldhoff/Walter (Fn. 96), Art. 14 Rn. 700.

99 BVerfGE 24, 367 (421).

hinweg unter Missachtung des Regelungsziels des Art. 138 Abs. 1 WRV weiterhin Staatsleistungen an die Kirchen erbracht haben.

Der Gesetzgeber muss die Ablösungssumme so festlegen, dass „der Wert einer grundsätzlich unbefristeten Leistungspflicht in einem begrenzten Zeitraum und (damit) auch in begrenzter Höhe veranschlagt“[100] wird. Denn jedenfalls diese Begrenzung in zeitlicher Hinsicht ist teleologisch notwendig. Es liefe dem Zweck der Entflechtung der Finanzbeziehungen zwischen Staat und Religionsgemeinschaften fundamental zuwider, wenn die Ablösungsentschädigung im Modus einer „ewigen“ staatlichen Rente geleistet werden könnte.[101] Einer etwaigen Überforderung der Landeshaushalte mit Blick auf die zu leistende Entschädigung kann dadurch vorgebeugt werden, dass den Ländern die Möglichkeit eingeräumt wird, die zu erbringende Entschädigung durch Ratenzahlungen (für einen begrenzten Zeitraum) zu tilgen.[102] Auf diese Weise wird die notwendige Praktikabilität der Verwirklichung des Verfassungsauftrages[103] gewährleistet und zugleich die dauerhafte vermögensrechtliche Trennung zwischen Staat und Kirche realisierbar gemacht.

Hinsichtlich der Berechnung der Höhe der Ablösungsleistungen werden verschiedene Ansätze vertreten. Zumeist wird als Ausgangspunkt der Berechnung der Wert der aktuellen jährlich zu leistenden Zahlungen als Ausgangsgröße genommen und mit einem Multiplikator belegt. Als anzulegender Kapitalisierungsfaktor wird bzw. wurde beispielsweise die Größe 25[104], 10[105] oder 40[106] vorgeschlagen. Hintergrund dieser Vorschläge ist die Absicht, den Kirchen einen Kapitalstock zur

[100] *Morlok*, in: Dreier (Fn. 14), Art. 138 WRV Rn. 24.

[101] So auch *Rozek*, in: Holzner/Ludyga (Fn. 76), S. 426; *Unruh*, in: v. Mangoldt/Klein/Starck (Fn. 13), Art. 138 WRV Rn. 13 mit der plastischen Formulierung des „Etikettenschwindels“; *Morlok*, in: Dreier (Fn. 14), Art. 138 WRV Rn. 24; *Alexander Hollerbach*, Der verfassungsrechtliche Schutz kirchlicher Organisation, in: Josef Isensee/Paul Kirchhof (Hrsg.), HStR VI, 1. Aufl. 1989 (Vorauflage), § 139 Rn. 59; *zu Hohenlohe*, Ablösung (Fn. 13), S. 189; a. A. *Isensee*, Staatsleistungen (Fn. 22), S. 1036 f.; *Weber*, Ablösung (Fn. 82), S. 41 ff.

[102] *Unruh*, in: v. Mangoldt/Klein/Starck (Fn. 13), Art. 138 WRV Rn. 13.

[103] Mit Praktikabilitätserwägungen rechtfertigt *Isensee*, Staatsleistungen (Fn. 22), S. 1037 seine Auffassung, wonach eine „ewige“ Rentenzahlung dem Ablösungsauftrag des Art. 138 Abs. 1 WRV entspreche.

[104] *Unruh*, in: Hans Michael Heinig/Hendrik Munsonius (Hrsg.), 100 Begriffe aus dem Staatskirchenrecht, 2012, S. 258; *Germann*, in: Epping/Hillgruber (Fn. 62), Art. 140 Rn. 124.3; *Muckel*, in: Höfling/Friauf (Fn. 1), Art. 138 WRV Rn. 16. Der Faktor 25 bildet den Reziprokwert eines Zinssatzes von 4 %.

[105] So in § 2 Abs. 2 des Gesetzentwurfes der Fraktion Die Linke aus dem Jahre 2012, BT-Drs. 17/8791. Kritisch hierzu *Knöppel*, Aktuelle Überlegungen (Fn. 32), S. 199; *zu Hohenlohe*, Ablösung (Fn. 13), S. 190 Anm. 81.

[106] *Josef Schmitt*, Die Ablösung der Staatsleistungen an die Religionsgesellschaften, 1921, S. 112.

Verfügung zu stellen, aus dessen Zinserträgen sie die bisherigen Leistungen der Länder substituieren können.[107]

Angesichts der beschriebenen Unwägbarkeiten und Schwierigkeiten bei der Festlegung der Höhe der Entschädigungsleistung bei der Umrechnung einer prinzipiell unbegrenzten Leistungspflicht in einen einmaligen Ablösungsbetrag besteht ein weiter Gestaltungsspielraum des Gesetzgebers.

3. Weitere Vorgaben für ein Grundsätzegesetz des Bundes

Der Wortlaut des Art. 138 Abs. 1 S. 2 WRV, wonach der Bund die „Grundsätze" der Ablösung aufzustellen hat, spricht ebenso für die Gewährung eines eigenen gesetzgeberischen Spielraums der Länder gerade bei den substanziellen Fragen der Ablösung[108] wie die Tatsache, dass durch die Ablösung (jedenfalls in erster Linie) die Landeshaushalte belastet werden. Andererseits muss die von Art. 138 Abs. 1 S. 2 WRV in den Blick genommene Einheitlichkeit der Ablösung und die Funktion des Bundes als „ehrlicher Makler" gewährleistet bleiben, was einen gewissen Grad an „inhaltlicher Dichte" der bundesgesetzlichen Regelung erforderlich macht.[109]

Ob die konkrete Festlegung eines Kapitalisierungsfaktors zur Berechnung der Höhe der Entschädigungsleistungen mit dem Gedanken der Grundsatzgesetzgebung vereinbar ist, erscheint damit zumindest fraglich.[110] Den verfassungsrechtlichen Vorgaben dürfte am besten die Festsetzung eines (allerdings nicht zu weit gefassten) Rahmens (Korridors) in Bezug auf die zulässige Höhe der zu leistenden Abfindung entsprechen, der den Ländern bei dem eigentlichen Ablösungsakt durch Landesgesetz einen gewissen Umsetzungsspielraum belässt.

VI. Ausblick

Dass ausweislich des Koalitionsvertrags nunmehr die seit mehr als 100 Jahren bestehende verfassungsrechtliche Verpflichtung zur Ablösung der Staatsleistungen durch ein Grundsätzegesetz des Bundes in Angriff genommen werden soll, ist zu begrüßen. Eine weitere Entflechtung der finanziellen Beziehungen zwischen Staat und Kirche erscheint sowohl

107 *Knöppel*, Aktuelle Überlegungen (Fn. 32), S. 198; *Morlok*, in: Dreier (Fn. 14), Art. 138 WRV Rn. 24.

108 Vgl. *Heinrich Amadeus Wolff*, Die Struktur des Grundsätzegesetzes zur Ablösung der Staatsleistungen an die Religionsgesellschaften, in: Brenner, Michael (Hrsg.), Der Staat des Grundgesetzes – Kontinuität und Wandel: Festschrift für Peter Badura zum siebzigsten Geburtstag, 2004, S. 839 ff. (852).

109 *Wolff*, Struktur (Fn. 108), S. 852.

110 Verneinend *Unruh*, Grundsätzegesetz (Fn. 25), S. 957.

aus Sicht des Staates als auch aus Sicht der Kirchen wünschenswert, zumal die Staatsleistungen für die Finanzierung der Kirchen insgesamt betrachtet keine besonders große Rolle mehr spielen. Ob angesichts der nach Abschluss des Koalitionsvertrags sichtbar gewordenen großen Herausforderungen an die staatlichen Haushalte eine Ablösung gelingt und ob dieser aus Sicht vornehmlich der Länderhaushalte gewaltige finanzielle Kraftakt leistbar erscheint, bleibt abzuwarten.

Leitsätze
zum Vortrag von Prof. Dr. iur. Rainer Wernsmann:

„Status quo der Staatsleistungen"

I. Objekt der Ablösung

1. Zu den Staatsleistungen im Sinne des Art. 138 Abs. 1 WRV i.V.m. Art. 140 GG rechnen sämtliche vermögenswerten, wiederkehrenden staatlichen Zuwendungen, die zum Zeitpunkt des Erlasses der Weimarer Reichsverfassung am 11. August 1919 auf Gesetz, Vertrag oder besonderen Rechtstiteln beruhten und als Ausgleichsleistungen für erlittene Säkularisationsverluste der Kirchen anzusehen sind.
2. Erfasst können demnach auch den Religionsgemeinschaften zukommende staatliche Abgabenbefreiungen („negative Staatsleistungen") sein, nicht hingegen kommunale Leistungen.

II. Ablösungsauftrag und Bestandsgarantie

3. Art. 138 Abs. 1 WRV verpflichtet zur Ablösung. Die Erfüllung des Verfassungsauftrages ist nicht abhängig von politischen Opportunitätserwägungen, sondern verfassungsrechtlich zwingend geboten.
4. Die perpetuierende Wirkung, die Art. 138 Abs. 1 WRV rechtstatsächlich entfaltet hat, widerspricht den klar formulierten Verfassungsaufträgen der Verfassungsgeber von 1919 und 1949.
5. Die bisherige, seit über 100 Jahren andauernde Untätigkeit des Reichs- bzw. Bundesgesetzgebers im Hinblick auf den Erlass eines Grundsätzegesetzes (vgl. Art. 138 Abs. 1 S. 2 WRV) verstößt gegen die WRV bzw. seit 1949 gegen das GG.

III. Inhalt und Modus des Ablösungsauftrages

6. Der Erlass des Grundsätzegesetzes muss dem eigentlichen Ablösungsakt durch die Landesgesetzgebung (Art. 138 Abs. 1 S. 1 WRV) zeitlich zwingend vorausgehen.
7. Die Höhe der im Rahmen der Ablösung zu bewirkenden „Entschädigung" muss nach allgemeinen Regeln nicht dem ökonomischen Wert der Staatsleistungen im Zeitpunkt der Aufhebung („voller Wertersatz") entsprechen, sondern hat sich am Gebot gerechter

Abwägung (vgl. Maßstab des Art. 14 Abs. 3 S. 3 GG, Art. 15 S. 2 GG) zu orientieren.

8. Bei der Festlegung der Höhe der von den Ländern zu leistenden Ablösungsabfindung kommt dem Gesetzgeber ein weiter Gestaltungsspielraum zu. Dabei darf dieser auch berücksichtigen, dass über mehr als 100 Jahre hinweg weiterhin Staatsleistungen in erheblichem Umfang zugeflossen sind.
9. Der Bundesgesetzgeber darf und muss im Grundsätzegesetz einen Rahmen für die Höhe der aus den Landeshaushalten zu leistenden Ablösungsentschädigung vorgeben; dabei muss den Ländern aber ein gewisser Umsetzungsspielraum – insbesondere zur Festlegung des konkret anzuwendenden Kapitalisierungsfaktors – verbleiben.

Dr. iur. habil. Stefan Ruppert

Politische Reformperspektiven für die Ablösung der Staatsleistungen

Der Entwurf eines Grundsätzegesetzes aus der 19. Wahlperiode des Deutschen Bundestages

I. Einleitung

Der Auftrag zur Ablösung der Staatsleistungen nach Art. 138 Abs. 1 S. 2 WRV als über Art. 140 GG geltendes Verfassungsrecht ist seit mehr als

100 Jahren unerfüllt. Weder aus staatlicher noch aus kirchlicher Sicht ist diese nicht sanktionierte Verfassungswidrigkeit in Permanenz dauerhaft tragfähig. Für den Gesetzgeber ist dies eindeutig: Nimmt er die Verfassung ernst, so darf er sich dem Verfassungsauftrag zum Wohle des Grundgesetzes nicht dauerhaft entziehen oder er muss sie in Richtung der dauerhaften Legitimierung der Staatsleistungen ändern. Für Letzteres gäbe es zum einen keine parlamentarische Mehrheit und zum anderen wäre eine solche historisch bedingte Sonderstellung der christlichen Kirchen im weltanschaulich neutralen Staat kaum zu rechtfertigen. Dies bedeutet nicht, dass eine Religionsfinanzierung prinzipiell nicht möglich oder sinnvoll sein kann.[1]

Für die Kirchen ist die Lagebeurteilung sicherlich weniger eindeutig. Taktisch spricht einiges für eine zügige Ablösung, weil die Konditionen in einem gewissen Rahmen seitens des Gesetzgebers variabel festzulegen sind und mit nachlassendem Rückhalt der Kirchen in der deutschen Politik eher nicht besser werden dürften. Die Staatsleistungen sind zudem Gegenstand regelmäßiger öffentlicher Kritik. Ihre Berechtigung wird seitens der öffentlichen Meinung in Zweifel gezogen und sie dürften das Ansehen der Kirchen schwächen.[2] Inwiefern schließlich das eigene kirchliche Selbstverständnis eine Unabhängigkeit von staatlicher Finanzierung verlangt, ist eine Frage, die die Kirchen für sich beantworten müssen.[3]

Eine faire Ablösung der Staatsleistungen, so die hier vertretene These, vollzieht nicht nur den Regelungsauftrag des geltenden Religionsverfassungsrechts, sie stärkt es auch.[4] Da mag es paradox erscheinen, dass die Forderungen nach einer rigiden Ablösung bislang häufig

[1] Vgl. etwa *Christian Waldhoff*, Staatsleistungen an die Kirchen – Gerechtfertigtes Institut oder überholtes Relikt?, in: Karlies Abmeier/Petra Bahr/Thomas Volk (Hrsg.), Monitor Religion und Politik, 2015, S. 81 ff.; in diesem Sinne auch *Ansgar Hense*, Eine Frage von untergeordneter Bedeutung. Was sich hinter den Staatsleistungen an die Kirchen verbirgt, in: Herder Korrespondenz Bd. 64 (2010), S. 562 ff. (565 f.).

[2] Vgl. etwa aus jüngster Zeit aus dem Meer entsprechender Forderungen *Ullrich Fichtner*, Missbrauchsskandale, verkrustete Strukturen: Der Staat muss sich endlich lossagen von der katholischen Kirche, in: Der Spiegel vom 11.02.2022.

[3] Innerkirchlich, insbesondere in der katholischen Kirche, wurde diese Debatte vor allem durch die Rede von *Papst Benedikt XVI.* vom 25. September 2011 im Konzerthaus Freiburg entfacht. Die Rede und Beiträge zu ihrer Einordnung finden sich in: *Jürgen Erbacher*, Entweltlichung der Kirche? Die Freiburger Rede des Papstes, 2012.

[4] In diesem Sinne, wenn auch mit einer stärkeren Weiterentwicklung des bestehenden Rechts argumentiert auch *Rudolf Steinberg*, Vom Staatskirchenrecht zu einem zeitgemäßen Religionsrecht. Religion in einer multireligiösen Gesellschaft, 2021.

von eher laizistisch gesinnten politischen Kräften ausgingen.[5] Das permanente Erhalten eines der Verfassung nicht gemäßen Zustandes hat nämlich Gründe. Beruhte es früher auf einem stillen und überzeugten Einverständnis der großen Volksparteien, so führen heute eher die Größe der kurz- bis mittelfristigen finanziellen Belastung und die Komplexität der Materie zur Nichtumsetzung des Verfassungsauftrages.

In einem ersten Teil soll vorliegend aus der politischen Perspektive des 21. Jahrhunderts näher auf diese Gründe eingegangen werden. In einem zweiten Teil soll das Zustandekommen des Entwurfs eines Grundsätzegesetzes in der 19. Legislaturperiode[6] behandelt werden. Es gilt seinen materiellen Gehalt zu beleuchten und zu erläutern. Am Ende soll eine Einschätzung stehen, wie es mit der Ablösung der Staatsleistungen in der laufenden Legislaturperiode weitergehen könnte.

Die juristische Literatur zum Thema ist reich,[7] sie stammt zumeist aus der Feder von Autoren, die einer der beiden großen Kirchen in Deutschland in der ein oder anderen Form verbunden sind.[8] Dagegen sind kirchenkritische bis kirchenfeindliche Position in der deutschen Staatsrechtslehre eher selten zu finden, entsprechende Stimmen ertönen eher aus einer publizistischen oder journalistischen Ecke.[9] Der vorliegende Text setzt sich mit der vorhandenen juristischen Diskussion durchaus auseinander, er soll aber zu allererst einen Einblick in

[5] So haben sich in der Allianz „Bündnis altrechtliche Staatsleistungen abschaffen" (BaSta) Säkulare Grüne, säkulare Sozis, Die Humanisten, die Jungen Liberalen, die linksjugend, die Jugendorganisation der Linkspartei sowie die Humanisten zusammengefunden. Auf der Homepage staatsleistungen-beenden.de wird die aktuelle Diskussion begleitet und kommentiert. Gefordert wird der Verzicht der katholischen und evangelischen Kirche auf die Staatsleistungen und eine umgehende Beendigung der Staatsleistungen, vgl. Erklärung 19.12.2018 unter https://staatsleistungen-beenden.de/buendnis/buendniserklaerung/ (zuletzt aufgerufen am 15.4.2022).

[6] Entwurf eines Grundsätzegesetzes zur Ablösung der Staatsleistungen der Fraktionen FDP, DIE LINKE und BÜNDNIS 90/DIE GRÜNEN, BT-Drs. 19/19273.

[7] Grundlegend ist die Darstellung bei *Michael Droege*, Staatsleistungen an Religionsgemeinschaften im säkularen Kultur- und Sozialstaat, 2004; nach wie vor sehr instruktiv *Josef Isensee*, Staatsleistungen an die Kirchen und Religionsgemeinschaften, in: Joseph Listl/Dietrich Pirson (Hrsg.), HdbStKirchR, Bd. 1, 2. Aufl. 1994 (Vorauflage), § 35 S. 1009ff.; hilfreich für die Erarbeitung des Grundsätzegesetzes zudem *Henning Wachter*, Die Staatsleistungen an die Kirchen – Historische Perspektiven und aktuelle Herausforderungen, in: Rüdiger Althaus/Jochen Schmidt (Hrsg.), Staat und Religion: Aspekte einer sensiblen Verhältnisbestimmung, 2019, S. 250ff.; *Jens Reisgies*, „Die Grundsätze hierfür stellt das Reich auf" – Zum Grundsätzegesetz gem. Art. 140 GG i. V. m. Art. 138 Abs.1 S. 2 WRV, in: ZevKR Bd. 58 (2013), S. 280ff.

[8] Vgl. die diesbezügliche Analyse zur Staatsrechtslehre in der Bonner Republik von *Michael Stolleis*, Geschichte des öffentlichen Rechts in Deutschland, Bd. 4 1990 – 1945, S. 337 ff, insbesondere, S. 340ff.

[9] Vgl. etwa *Carsten Frerk*, Violettbuch Kirchenfinanzierung, 2010, S. 65ff.

den religionspolitischen[10] Maschinenraum des Deutschen Bundestages geben und zu einem besseren Verständnis dieses Politikfeldes beitragen. Es wird zu zeigen sein, welche vom üblichen Schema der Entstehung solcher Gesetzentwürfe abweichende Verfahrensweise erst zu der Entstehung dieses Entwurfes und seiner vergleichsweise positiven Würdigungen durch die einbringende Opposition und Vertreter der Regierungsfraktionen in der Debatte des Deutschen Bundestages geführt haben.[11] Auch auf die Art und Weise des Zustandekommens einzelner Regelungen wird eingegangen.

Geschildert werden diese Ereignisse und Debatten aus der Perspektive eines ehemaligen Bundestagsabgeordneten, religionspolitischen Sprechers und parlamentarischen Geschäftsführers der FDP-Bundestagsfraktion. Für das Zustandekommen des Gesetzentwurfs war es erforderlich, vom eigenen politischen Standpunkt regelmäßig zu abstrahieren und sich offen und kompromissfähig gegenüber den Anliegen anderer Fraktionen und auch der beiden großen Kirchen zu verhalten und doch sind die nachfolgenden Schilderungen bei aller Bemühung um Objektivität sicherlich bisweilen subjektiv eingefärbt.

II. Warum werden die Staatsleistungen seit mehr als 100 Jahren nicht abgelöst?

1. (Behauptete) Komplexität und Undankbarkeit des Regelungsgegenstandes

Das Ziel der Ablösung der Staatsleistungen findet sich durchaus immer wieder in parteipolitischen Programmen[12] und Namensartikeln in

[10] Der Begriff der Religionspolitik scheint in der Vergangenheit eher gemieden worden zu sein. Realpolitisch wird dieses weite Themenfeld aber in einer sich verändernden Gesellschaft mit nachlassenden kirchlichen Bindungen aber eindeutig relevanter, vgl. hierzu die Beiträge in: Daniel Gerster/Viola van Melis/Ulrich Willems (Hrsg.), Religionspolitik heute: Problemfelder und Perspektiven in Deutschland, 2018.

[11] Der Deutsche Bundestag debattierte den Gesetzentwurf in seiner 227. Sitzung vom 06.05.2021. Auch die Redner der damaligen die Regierung tragenden Fraktionen *Philipp Amthor* (CDU) und *Lars Castellucci* (SPD) fanden würdigende Worte für den Entwurf. So sagte etwa Amthor: „Insoweit möchte ich ohne Pointe und ehrlich anerkennend auch Worte an die Kollegen von Grünen, FDP und Linken richten. ... Sie haben die durchaus etwas erlahmte Diskussion konstruktiv wiederbelebt und wertvolle Hinweise gegeben.“ Vgl. Plenarprotokolle des Deutschen Bundestages, 19. Wahlperiode, 227. Sitzung S. 29003–29010, (29003).

[12] Entsprechende Forderungen finden sich in den Parteiprogrammen von AfD, Bündnis 90/Die Grünen, FDP und Die Linke in den Bundestagswahlprogrammen zur Bundestagswahl 2021, vgl. hierzu etwa die Analyse bei katholisch.de,

Tageszeitungen.[13] Auch entwickelten einzelne Fraktionen vereinzelt parlamentarische und eher deklaratorische Initiativen[14] zur Ablösung der Staatsleistungen. Dies geschah aber regelmäßig aus der Rolle einer Oppositionsfraktion[15] und bisher nie aus einer die jeweilige Regierung tragenden Fraktion. Die Fraktionen der Union und der SPD haben bisher keinerlei diesbezügliche parlamentarische Initiative ergriffen. Stimmen aus der SPD haben aus der Opposition heraus immer wieder starke Sympathie für eine zügige und nicht unbedingt großzügige Ablösung erkennen lassen.[16]

Die Hürden zu einer ernsthaften Befassung mit dem Gegenstand sind hoch. Das liegt zum einen in der Komplexität der Materie begründet. Der lange Zeitraum der Entstehung[17] der Staatsleistungen in einem immer wieder neu geordneten föderalen Staat führt zu einer enormen Unübersichtlichkeit oder um es mit den Worten des Kirchenrechtlers Johannes Heckel zu sagen: „Untersuchungen über die finanziellen Beziehungen zwischen dem modernen Staat und der Kirche gehören zu den ermüdendsten Aufgaben der neuesten kirchlichen Rechtsgeschichte."[18] Zum anderen erfordert das Vorhaben die Bereitschaft dem hohen kommunikativen Aufwand, der zur Begründung und erfolgreichen Durchsetzung des Vorhabens erforderlich ist, Genüge zu tun.

Die Wahlprogramme zur Bundestagswahl 2021, abrufbar unter https://www.katholisch.de/dossier/117-die-wahlprogramme-zur-bundestagswahl-2021.

13 Vgl. etwa *Wolfgang Kubicki* (FDP), Den Verfassungsauftrag endlich erfüllen, in Tagesspiegel Causa vom 22. September 2016, abrufbar unter https://causa.tagesspiegel.de/gesellschaft/muss-das-staatskirchenrecht-ueberdacht-werden/den-verfassungsauftrag-endlich-erfuellen.html (zuletzt aufgerufen am 15.4.2022).

14 Handwerklich genügt der Entwurf eines Gesetzes über die Grundsätze der Ablösung der Staatsleistungen an Religionsgesellschaften der Fraktion der AfD den Anforderungen an ein Gesetz nicht. Es geht ihm eher um die Dokumentation eines politischen Willens, vgl. BT-Drs. 19/19649.

15 Entwurf eines Gesetzes über die Grundsätze zur Ablösung der Staatsleistungen an Religionsgesellschaften (Staatsleistungsablösegesetz – StAblG) der Fraktion DIE LINKE in der 17. Wahlperiode des Deutschen Bundestages, BT-Drs. 17/8791.

16 So wandte etwa der Abgeordnete *Dieter Wiefelspütz* in einem parlamentarischen Zwischenruf gegen den Redner der Linken *Raju Sharma* bei dessen Forderung nach Ablösung zum zehnfachen Satz ein: „Sie waren großzügig! Sie verschenken Geld!", Im Ergebnis plädierte er aber für ein Einleitung eines Diskussionsprozesses, Plenarprotokolle des Deutschen Bundestages, 17. Wahlperiode, 225. Sitzung S. 28006, 28007–28008. Der SPD-Abgeordnete *Rolf Schwanitz* sah an gleicher Stelle jedwede Zahlung kritisch. Die entgegengesetzte, kirchenfreundliche Position mit einer Ablösung zum 18–25fachen Satz vertrat in der Debatte *Kerstin Griese*, Plenarprotokolle des Deutschen Bundestages, 17. Wahlperiode, 225. Sitzung S. 28010–28011.

17 Vgl. hierzu den Beitrag von *Klaus Unterburger* in diesem Band.

18 Zitiert nach *Droege*, Staatsleistungen (Fn. 7), S. 19.

Bundestagsabgeordnete können sich im Laufe einer Legislaturperiode nach der subjektiven Erfahrung des Verfassers je nach Einfluss und Vorkenntnissen zwei bis vier ernsthaften Gesetzesvorhaben widmen, die sie maßgeblich selbst gestalten, aktiv parlamentarisch begleiten und beeinflussen. Bei der Ablösung der Staatsleistungen handelt es sich aber im Vergleich zu normalen Gesetzen um ein ungleich größeres Vorhaben. Ein erfolgreiches Aufgreifen des Ablösungsthemas limitiert diesen Spielraum stark, weil der kommunikative Aufwand in die Fraktionen, die Kirchen und die Wissenschaft hoch ist. Auch dauert es, bis die komplizierte Materie einigermaßen durchdrungen und die politischen Klippen identifiziert sind.

Wer sich dem Gegenstand der Ablösung der Staatsleistungen nähern will, dem raten Fraktionskollegen und erfahrene Innenpolitiker von einer Befassung mit der Thematik ab. Zu komplex sei die Materie, zu vielschichtig, im wahrsten Sinne des Wortes.[19] Die Ablösung sei zwar verfassungsrechtlich geboten, rühre aber an etablierte, friedensstiftende und im Kern bei aller Neutralität des Staates sinnvolle Arrangements zwischen dem Staat und den beiden christlichen Kirchen. Wahlen gewinne man damit ohnehin nicht, nach wie vor sei es untunlich, sich durch das Ergreifen einer entsprechenden Initiative als kirchenfeindlich zu zeigen. Es gebe deutlich wichtigere politische Themen, regelmäßig werden in größeren Debatten in den Fraktionen fälschlich Kirchensteuer und Staatsleistungen als identisch betrachtet. Zudem fehle es an einer Sanktion gegen die fortwährende Inaktivität. Diese Gründe können faktisch wirkmächtig sein, überzeugend sind sie nicht. In jüngerer Zeit bildete ein Gesetzentwurf der Fraktion Die Linke in der 17. Legislaturperiode einen Ausgangspunkt für die Debatten um die Ablösung der Staatsleistungen.[20] Darin war eine Ablösung mit dem 10-fachen des jährlichen Satzes vorgesehen. In der damaligen Koalition von CDU/CSU und FDP war die Ablösung politisch nicht denkbar und schon gar nicht zu den von den Linken vorgesehenen Konditionen.[21] Die prinzipiellen Gründe gegen eine Ablösung waren aber schon damals eindeutig

[19] Deshalb legt die Fraktion die Fraktion Die Linke in der 18. Legislaturperiode einen Antrag zur Errichtung einer Kommission beim Bundesministerium der Finanzen zur Evaluierung der Staatsleistungen seit 1803 vor, Vgl. BT-Drs. 18/11428.

[20] BT-Drs. 17/8791.

[21] Die Beratung im Bundestag fand zeitgleich zu einem Dankgottesdienst aus Anlass des Rücktritts von *Papst Benedikt XVI.* statt, was die Redner von Union und Bündnis 90/Die Grünen dazu veranlasste, ihre Reden lediglich zu Protokoll zu geben, vgl. Plenarprotokolle des Deutschen Bundestages, 17. Wahlperiode, 225. Sitzung S. 28010.

weniger überzeugend als die Kritik an den Konditionen und der handwerklichen Qualität des Gesetzentwurfs.[22]

Keineswegs führt die Ablösung der Staatsleistungen zu einer Schwächung des geltenden Religionsverfassungsrechts – im Gegenteil. Nach der hier vertretenen These stärkt und vollendet es die geltende rechtliche und organisatorische Trennung von Staat und Kirche bei gleichzeitiger Kooperation. Das Potenzial zur Diskreditierung des bestehenden und ohne die Ablösung insofern unvollendeten Verfassungsrechts kann im politischen Raum kaum überschätzt werden. Die sich an den Staatsleistungen entzündende alljährliche Kritik ist geeignet das geltende Religionsverfassungsrecht in Gänze in Frage zu stellen, so die hier vertretene politische These. Dies liegt an der spezifischen Mischung von in weiten Teilen nicht mehr als zeitgemäß empfundenen hohen Zahlungen und der Nichtumsetzung des Verfassungsauftrags. Letzterer beruht auf einem breiten politischen Konsens in der Weimarer Nationalversammlung.[23] Auch wenn er seit seiner Entstehung den Charakter eines „dilatorischen Formelkompromisses"[24] hat, so wird die Zahl der Abgeordneten des Parlaments, die ihn ernst nehmen wollen nach der Wahrnehmung des Verfassers rasant höher.

2. Religionspolitik im deutschen Bundestag und in den Parteien

Thematisch ist die parlamentarische Religionspolitik im Innenausschuss angesiedelt.[25] Regelmäßig werden dabei aber Thematiken anderer Politikbereiche tangiert. Entsprechend gehören die religionspolitischen Sprecher zumeist als ordentliches oder mindestens stellvertretendes Mitglied dem Innenausschuss des Deutschen Bundestages an. Bedeutsam für die inhaltliche Positionierung der religionspolitischen Sprecher sind die zu ihrer Benennung führenden Auswahlprozesse in den jeweiligen Fraktionen. Lediglich in der Unionsfraktion gibt es keine internen Debatten zwischen Befürwortern einer weitergehenden Trennung von Staat und Kirchen und solchen, die den Status quo des Staatskirchenrechts verteidigen. An die Stelle eines gewissen konfessionellen Spannungsverhältnisses ist dort eine mehr oder weniger wohlwollende

[22] Dies gilt nicht zuletzt für den etwas hinhaltenden und koalitionären Zwängen geschuldeten Redebeitrag des Autors, vgl. *Stefan Ruppert*, in: Plenarprotokolle des Deutschen Bundestages, 17. Wahlperiode, 225. Sitzung S. 28008–28010.

[23] Vgl. hierzu *Ludwig Richter*, Kirche und Schule in den Beratungen der Weimarer Nationalversammlung, 1996.

[24] *Carl Schmitt*, Verfassungslehre, 4. Auflage, 1928, S. 32ff.

[25] Die Zuständigkeit des Innenausschusses folgt insoweit der Zuständigkeit des Bundesministeriums des Inneren und für Heimat. Dass die Themenübersicht des Ministeriums diese Zuständigkeit nicht mehr explizit aufführt, sondern unter Heimat&Integration subsumiert mag ein Beleg für die gesunkene Bedeutung des Themas sein, vgl. hierzu https://www.bmi.bund.de/DE/themen/themen-node.html (zuletzt aufgerufen am 15.4.2022).

Gleichgültigkeit getreten. Auffällig ist aber, dass gerade in der Unionsfraktion die kirchliche Bindung in weiten Teilen immer stärker zum lediglich habituellen Bekenntnis wird. Die Entfremdung zwischen Mitgliedern der CDU/CSU-Fraktion und den Positionen der beiden großen Kirchen in Fragen etwa der Flüchtlingspolitik[26] aber auch in medizinethischen Debatten zur Organspende[27] ist mit Händen zu greifen. Dies manifestiert sich auch in der Teilnahme an den Eröffnungsgottesdiensten oder den kirchlichen Veranstaltungen bei denen andere Fraktionen in der Relation zu ihrer Größe häufig deutlich besser vertreten sind als die Unionsfraktion. Gleichwohl ist die Religionspolitik der Unionsfraktion nach wie vor von einem breiten Einvernehmen mit den beiden großen christlichen Kirchen bestimmt.[28]

Etwas anders stellt sich die Situation in den anderen Fraktionen dar. Auch wenn sich die Konflikte der siebziger Jahre insbesondere in der FDP zwischen überzeugten und bisweilen aggressiv auftretenden Laizisten und Befürwortern des geltenden Religionsverfassungsrechts anläss-

[26] Sowohl der damalige Ratsvorsitzende der Evangelischen Kirche in Deutschland Heinrich Bedford-Strohm als auch der damalige Vorsitzende der Deutschen Bischofskonferenz übten insbesondere an der CSU und deren Innenminister Horst Seehofer deutliche Kritik an der Flüchtlingspolitik, vgl. hierzu Süddeutsche Zeitung online, Bedford-Strohm kritisiert CSU für Flüchtlingspolitik, https://www.sueddeutsche.de/politik/csu-fluechtlingspolitik-kritik-evangelische-kirche-1.4062781 sowie ebendort Kardinal Marx attackiert Seehofer und Söder https://www.sueddeutsche.de/bayern/kardinal-marx-csu-kritik-1.4060703 (jeweils zuletzt aufgerufen am 15.4.2022). Dies hat zu erheblichen Verstimmungen in der Unionsfraktion geführt wie der Autor aus zahlreichen Gesprächen weiß.

[27] Beide große Kirchen wandten sich gegen die Widerspruchslösung des Bundesgesundheitsministers Jens Spahn, vgl. hierzu etwa Kirchen warnen vor der Widerspruchslösung, in: Frankfurter Allgemeine Zeitung vom 13. Januar 2020 https://www.faz.net/aktuell/politik/inland/reform-der-organspende-kirchen-warnen-vor-der-Widerspruchslösunge-1657901818.html (zuletzt aufgerufen am 15.4.2022). Die deutliche Mehrheit der Unionsabgeordneten folgte der Position der Kirchen anders als etwa die Abgeordneten von Linken, Bündnis 90/Die Grünen und FDP, wenn auch teilweise aus anderen Gründen nicht, vgl. hierzu die Übersicht der Namentlichen Abstimmung vom 16. Januar 2020 unter https://www.bundestag.de/parlament/plenum/abstimmung/abstimmung?id=656 (zuletzt aufgerufen am 15.4.2022).

[28] Vgl. etwa den Beitrag von *Johannes Singhammer*, Vom richtigen Verhältnis zwischen Politik und Kirche. Ein christsozialer Diskussionsbeitrag, in: Daniel Gerster/Viola van Melis/Ulrich Willems (Hrsg.), Religionspolitik heute: Problemfelder und Perspektiven in Deutschland, 2018, S. 392 ff.; eBd. auch *Thomas Sternberg*, Das bewährte religionspolitische Modell subsidiär weiterentwickeln. Anmerkungen eines CDU-Politikers und engagierten Katholiken, S. 397 ff.

lich der Debatten zum „Kirchenpapier – Freie Kirche im Freien Staat“[29] seither deutlich entschärft haben,[30] so besteht eine gewissen programmatische Spannung zwischen beiden Gruppen bis in die Gegenwart fort. Ähnliches gilt für Bündnis 90/Die Grünen mit einer regelmäßig geringen Kirchenbindung der Fraktionsmitglieder und die Fraktion die Linke, bei der die Befürworter einer stärkeren Trennung von Kirchen und Staat eindeutig in der Mehrheit und tonangebend sind. In der SPD-Fraktion ist die Furcht, man könne mit einer kirchenkritisch erscheinenden Politik eine empfindliche Flanke öffnen, besonders ausgeprägt. Die breite Verwurzelung in protestantischen Milieus ist nach meiner Wahrnehmung einem erstarkenden strikt laizistischen Flügel teilweise gewichen.[31] Bei SPD, Grünen und Liberalen liegt das Amt der religionspolitischen Sprecherin oder des religionspolitischen Sprechers nicht zuletzt durch einen sanften Dirigismus der jeweiligen Fraktionsführung traditionell meist in der Hand eines kirchlich verwurzelten Fraktionsmitglieds. Selbst die Fraktionsführung der Linken achtete in der jüngsten Vergangenheit aktiv darauf, den Eindruck eines religionskritischen Eifers zu vermeiden. Das dürfte nicht zuletzt daran liegen, dass sie in vielen inhaltlichen Fragen durchaus eine politische Nähe zu den Kirchen, insbesondere zur evangelischen Kirche verspürt. In all diesen Fraktionen mit Ausnahme der Unionsfraktion herrscht häufig eine Art Stillhalteabkommen zwischen Laizisten und Befürwortern des geltenden Religionsverfassungsrechts. Dieses bricht regelmäßig bei anderen religionspolitischen Themen wie der Beschneidung oder dem Schächten auf, man will es allgemein auch deshalb nicht stärker belasten. Ein Sonderfall ist die AfD-Fraktion, die einerseits einige kirchlich verwurzelte Mitglieder in ihren Reihen hat und sich in politischen Debatten immer wieder auf ein eigenes christliches Leitbild beruft, zu den beiden christlichen Kirchen in Deutschland aber ein kritisches bis institutionsfeindliches Verhalten zeigt.[32] Formal affirmativem Habitus

[29] Es handelt sich um einen Beschluss des 25. Bundesparteitages der FDP in Hamburg 1974, Ausgabe St. Augustin 1991. Vgl. hierzu *Tabea M. Esch*, „Freie Kirche im Freien Staat“. Das Kirchenpapier der FDP im kirchenpolitischen Kontext der Jahre 1966 bis 1974, 2011.

[30] Der FDP-Bundesvorstand beschloss am 10.12.2007 die deutlich auf die Kirchen zugehenden Liberalen Leitlinien zum Verhältnis von Staat, Kirchen und Religionsgemeinschaften.

[31] Diese Aussagen beruhen auf der kritischen Wahrnehmung des Verfassers. Die konfessionellen Angaben im *Kürschner* sind jedoch meist was die Kirchenzugehörigkeit angeht wenig verwertbar, weil einige Abgeordnete keine Angaben zu ihrer Konfessions- und Kirchenzugehörigkeit machen.

[32] Vgl. hierzu etwa *Thomas Klatt*, Die AfD und das Christentum, Beitrag im Archiv des Deutschlandfunks, zu lesen unter https://www.deutschlandfunk.de/religion-in-der-politik-die-afd-und-das-christentum-100.html (zuletzt aufgerufen am 15.4.2022).

zu einem abstrakt bleibenden deutsch-kulturellen Christentum stehen scharf-kritische Äußerungen insbesondere an den Beiträgen der Kirchen in konkreten politischen Fragen gegenüber.[33] Diese institutionellen Gegebenheiten galt und gilt es zu berücksichtigen, wenn man sich der Formulierung eines Grundsätzegesetzes zur Ablösung der Staatsleistungen nähern möchte. Strikt laizistische, auf eine Trennung von Staat und Kirche und die Degradierung des Religiösen zur Privatsache ausgehende Auffassungen finden sich in Abstufungen in der SPD, der FDP und bei Bündnis 90/Die Grünen, bei den Fraktionen von Linken und AfD sind sie eindeutig in der Mehrheit.[34] Die Trennlinie zwischen den fraktionsinternen Gruppierungen verläuft aber bei den Staatsleistungen nicht entlang der Befürworter oder Gegner einer Ablösung, es geht lediglich um deren Modalitäten, insbesondere den Ablösungsfaktor der jährlichen Zahlungen.

Alle internen Debatten zur Ablösung der letzten Legislaturperiode zwischen FDP, Bündnis 90/Die Grünen und den Linken waren aber jenseits der politisch-kommunikativen „Gefahren" von einem breiten Konsens der Richtigkeit einer Ablösung der Staatsleistungen geprägt. Prinzipielle Einwände wurden nicht oder kaum mehr erhoben, allenfalls macht man eine andere politische Prioritätensetzung geltend. Es handelte sich um ein Zweckbündnis, das zum Ziel hatte, das Anliegen auf ein breiteres Fundament jenseits der ansonsten großen politischen Differenzen zu stellen. Zwei, gegebenenfalls drei Fraktionen waren zu diesem Zeitpunkt aussichtsreiche potentielle Koalitionspartner für die kommende Legislaturperiode. Es bestand Einigkeit, dass der Gesetzentwurf explizit der Vorbereitung der dann anstehenden Koalitionsverhandlungen dienen sollte.

3. Das Grundsätzegesetz und die föderale Komplexität

Ein wesentlicher Grund für das Nicht-Zustandekommen eines Grundsätzegesetzes ist die politisch schwer handhabbare föderale Konstellation, die ein solches Gesetz tangiert. Nach der Systematik des Art. 138 WRV führen gesetzlich erlassene Grundsätze auf der Ebene des Bundes zu einer Ablösung der Staatsleistungen auf der Ebene der 14 betroffenen Bundesländer mit zum Teil erheblichen haushaltspolitischen Konsequenzen.[35] Mit der Festlegung der Ablösungsmodalitäten begründet

[33] Vgl. hierzu etwa die symptomatische Rede des kirchenpolitischen Sprechers *Volker Münz* in der Debatte des Bundestages vom 6. Mai 2021.

[34] Vgl. hierzu etwa die Analyse bei katholisch.de, Die Wahlprogramme zur Bundestagswahl 2021, abrufbar unter https://www.katholisch.de/dossier/117-die-wahlprogramme-zur-bundestagswahl-2021.

[35] Vgl. hierzu die Aufstellung der laizistisch geprägten Forschungsgruppe Weltanschauungen in Deutschland für die Jahre 1949 bis 2021 unter https://fowid.de/meldung/staatsleistungen-1949-2021 (zuletzt aufgerufen am 15.4.2022).

der Gesetzgeber auf Bundesebene mehr oder weniger akute Zahlungspflichten der Länder, die kurz und mittelfristig über die Höhe der in allen Haushaltsplanungen einkalkulierten jährlichen Zahlungen hinausgehen. Im politischen Diskurs gewinnt dabei die akute Belastung gegenüber der langfristigen Entlastung politisch die Oberhand. Dies lässt durchaus mögliche haushaltsrechtliche Gestaltungsoptionen außer Acht. Die zuvor geschilderte Schwierigkeit der innerparteilichen Kommunikation wird durch die fehlende alltägliche Nähe der Abgeordneten von Bundestag und Landtagen noch erschwert.[36] Gerade bei Grünen und Linken differieren die Positionen zur Ablösung der Staatsleistungen zwischen den einzelnen Landesverbänden und auch in der FDP gibt es ein gewisses Nord-Süd-Gefälle in der Vehemenz der Forderungen nach der Ablösung.[37] Insbesondere der Ministerpräsident der Grünen in Baden-Württemberg, Winfried Kretschmann, hat sich wiederholt dezidiert zurückhaltend gegenüber dem Vorhaben eine Ablösung gezeigt, eine Zurückhaltung, die sich in internen Debatte zu einer deutlichen Ablehnung steigert.[38]

Wie noch zu zeigen sein wird, kommt nicht zuletzt deshalb der Frage der Zustimmungsbedürftigkeit eines Grundsätzegesetzes durch den Bundesrat entscheidende Bedeutung zu.

Für einen Gesetzentwurf aus der Mitte des Deutschen Bundestages, noch dazu von Seiten der Opposition, ist zudem die durch Konkordat vorgesehene Abstimmung mit dem Heiligen Stuhl nicht leistbar, sie muss aber in ein Gesetzesverfahren in dieser Legislaturperiode integriert werden.[39]

[36] Zwar bestehen Koordinierungsgremien, bei der FDP etwa die sogenannte Fraktionsvorsitzendenkonferenz mit Vertretern der Landtagsfraktionen und der Bundestagsfraktion. Diese reichen durchaus auch auf die Fachebene. Sie ermöglichen es zumeist eine einheitliche Linie in Fachfragen durch entsprechende Koordination zu erreichen. Bei der Frage der finanziellen Belastung enden diese Gemeinsamkeiten dann aber häufig und die Länder solidarisieren sich gegenüber dem Bund.

[37] Dies entspricht der politischen Bewertung des Autors, der insofern zwei Jahrzehnte Bundesparteitage der FDP überschaut. Die Landesverbände Hessen und Baden-Württemberg vertreten eher prokirchliche Positionen, die Jungen Liberalen und der Landesverband Schleswig-Holstein eher laizistische.

[38] Vgl. etwa Kretschmann: Kein Handlungsbedarf bei Zuschüssen an die Kirchen. Der baden-württembergische Ministerpräsident Winfried Kretschmann (Grüne) lehnt ein zeitnahes Ende der Staatsleistungen ab, in: https://www.evangelisch.de/comment/33920 (zuletzt aufgerufen am 15.4.2022).

[39] Die Bundesrepublik Deutschland ist insofern in die Verpflichtungen aus dem Reichskonkordat, genauer Art. 18 Abs. 1 eingetreten, vgl. hierzu *Isensee*, Staatsleistungen (Fn. 7), S. 1042.

4. Die Einlassungen von Seiten der Kirchen

Von kirchlicher Seite wird seit längerer Zeit immer wieder eine gewisse Offenheit gegenüber der Ablösung kommuniziert.[40] Eine prinzipiell andere Position ist mit dem Auftrag des Grundgesetzes auch schwerlich vereinbar. Diese Positionierung hat sich graduell gewandelt. Nach meiner Beobachtung verließ man sich in den Einlassungen in der 17. Legislaturperiode noch dezidiert auf die faktische Vetoposition der Unionsfraktion, auch wenn man eine prinzipielle Gesprächsbereitschaft signalisierte. Prägend für die Kommunikation in den politischen Raum war eine Art passiver Widerstand, ein stilles Einvernehmen mit wesentlichen Unionspolitikern, dass die Nichtbefassung mit der Materie sinnvoll sei. In den letzten Jahren hingegen deutet sich ein deutlich gestiegenes Interesse an einer mittelfristigen Ablösungsperspektive an. So schreibt die Evangelische Kirche in Deutschland: „Sollte der Staat dem Auftrag des Grundgesetzes folgen wollen, die Leistungen an die evangelische Kirche abzulösen, würde die evangelische Kirche das begrüßen."[41] Dies dürfte einerseits einem schleichenden Wandel der gesellschaftlichen Verhältnisse mit ihrer mittlerweile sich beschleunigenden Entkirchlichung und dem ungewisser werdenden politischen Rückhalt der Kirchen in Union und SPD geschuldet sein. Aus eigener Erfahrung kann ich berichten, dass diese Tendenz zwar klar erkennbar ist, dass die äußerlich erkennbaren Anzeichen dieses Prozesses aber mitunter schwer zu identifizieren sind. Erkennbar ist dabei einerseits ein Nord-Süd- und andererseits ein West-Ost-Gefälle. Im politischen Norden sieht man die Staatsleistungen kritischer. Anderseits besteht ein West-Ost-Gefälle, weil Bistümer und Landeskirchen in den fünf neuen Ländern bezogen auf deren Anteil an ihrem Haushalt relativ deutlich stärker von den Staatsleistungen abhängig sind.[42] Schließlich

[40] So sprechen EKD und Kommissariat der Deutschen Bischöfe in ihrer gemeinsamen Stellungnahme zu dem hier vorgestellten Gesetzesentwurf von FDP, Linken und Bündnis90/Die Grünen von einer hilfreichen Grundlage „für weitere notwendige Erörterungen", vgl. Gemeinsame Stellungnahme des Bevollmächtigten des Rates der EKD bei der Bundesrepublik Deutschland und der Europäischen Union und des Leiters des Kommissariats der deutschen Bischöfe, in: Deutscher Bundestag, Ausschuss für Inneres und Heimat, Ausschussdrucksache 19(4)794, S. 2.

[41] Siehe https://www.ekd.de/staatsleistungen-53875.htm (zuletzt aufgerufen am 15.4.2022).

[42] Dies liegt zum einen an den deutlichgeringen Kirchensteuereinnahmen wegen der geringeren Mitgliederzahlen als auch an den recht großzügig dimensionierten Staatsleistungen, die auf rechtlichen Regelungen in der Folge der Deutschen Einheit beruhen, vgl. hierzu *Reisgies*, „Die Grundsätze hierfür stellt das Reich auf" (Fn. 7), S. 292, Fußnote 63.

besteht eine spürbare Differenz zwischen den Vertretern der Kirchen bei Bund und Ländern und Teilen der zurückhaltenden kirchlichen Amtsträger.[43]

Ein wesentlicher Vorteil des Gesetzentwurfs aus Sicht der Kirchen sollte sein, dass die beteiligten Fraktionen sich in diesem politischen Kompromiss zu einer Art Mindeststandard der Ablösung bekannten. Die Unterschriften der jeweiligen Fraktionsführungen und zahlreicher Abgeordneter entfaltet zwar keine rechtliche aber doch eine gewisse politische Bindungswirkung für künftige Ablösungsdebatten. Damit dürfte etwa der Fraktion Die Linke eine Rückkehr zu einer Ablösung der Staatsleistungen mit einem einstelligen Faktor erschwert werden.

III. Wie schafft man die Basis für einen politischen Konsens für eine Ablösung?

1. Interne Kommunikation

Ein fraktionsübergreifender Gesetzentwurf aus der Opposition, der nicht auf rigorose Ablehnung seitens der die Regierung tragenden Fraktionen treffen möchte, bedarf erheblicher Vorbereitungshandlungen. Zunächst ist ein Vertrauensverhältnis mit den kirchenpolitischen Sprechern der demokratischen Fraktionen sehr wichtig. Niemand darf den Eindruck gewinnen, es gehe dem Betreiber um eine kurzfristige politische Profilierung zu Lasten des politischen Mitbewerbers. Entsprechend fanden deshalb seitens des Verfassers mit allen Sprechern bis auf die AfD-Fraktion mehrere Hintergrundgespräche statt. Einvernehmliches Ziel der Gespräche war es, zunächst nach einem gemeinsamen Nenner für ein Grundsätzegesetz zu suchen. Für die Fraktion Bündnis 90/Die Grünen wurden die Gespräche von Konstantin von Notz und für die Fraktion Die Linke von Christine Buchholz, unterstützt von dem Justiziar der Fraktion Friedrich Straetmanns, geführt. Bei den Vertretern der Koalitionsfraktionen wurden Lars Castellucci und Hermann Gröhe um eine wohlwollende Begleitung der fachlichen Beratungen gebeten, wissend, dass es in der laufenden Legislaturperiode auch mangels einer Vereinbarung im Koalitionsvertrag nicht zum Beschluss eines Grundsätzegesetzes kommen würde. Ziel aller Beteiligten war es, die Vorarbeiten so weit voranzutreiben, dass eine Art Referenzentwurf, der Ausgangspunkt für die Beratungen der folgenden Legislaturperiode sein sollte, vorgelegt werden konnte. Wegen des durchaus unterschiedlichen Kenntnisstandes in den Fraktionen haben dann interne Anhörungen von Fachleuten und Vertretern der Kirchen

[43] Diese Binnendifferenz kirchlicher Positionen wurde auch im 57. Rahmen der Essener Gespräche deutlich.

stattgefunden, an denen Vertreter aller Fraktionen bis auf die AfD-Fraktion teilnahmen. Im parlamentarischen Alltag ist es nicht ganz einfach für solche informellen und nicht nach außen gerichteten Fachdiskurse personelle und finanzielle Ressourcen zur Verfügung zu stellen. Die Abgeordneten verfügen nicht über eigene Budgets für Honorare und Reisekosten, eine Übernahme durch die Fraktionen ist in einer Frühphase der Beratungen nur ausnahmsweise möglich. Dies zu organisieren war mir als parlamentarischer Geschäftsführer leichter möglich als dem einen oder anderen Kollegen. Das bestehende Interesse der Kirchen aber auch von Professoren und laizistisch gesinnten Fachleuten an der Materie ließ sie ihre Expertise ehrenamtlich zur Verfügung stellen. Diese Sondierungen, internen Gespräche und Anhörungen haben sich neben dem politischen Alltag des Bundestages über mehr als ein Jahr hingezogen.[44]

2. Kommunikation gegenüber den Kirchen

Mindestens ebenso bedeutsam wie die Kommunikation zwischen den Fraktionen ist der Dialog mit den von der Ablösung betroffenen Kirchen. Ich habe das Vorhaben in unzähligen Gremien vorgestellt und für die wohlmeinende Absicht geworben. Dabei sind die Bevollmächtigten der Kirchen in Berlin von enormer Bedeutung. Sie verfügen über die vorhandenen Kenntnisse, sind kommunikativer Transmissionsriemen in die Kirchen, können die Interna des Deutschen Bundestages und die politischen Absichten hervorragend einschätzen. Entsprechend haben wiederholt interne Anhörungen zu wesentlichen Eckpunkten des Gesetzentwurfs stattgefunden.

3. Kommunikation nach außen

Der erhebliche Kommunikationsbedarf nach innen korrespondiert mit einer unerlässlichen Zurückhaltung in der Kommunikation nach außen. Der Schaffung einer breiten Basis für ein Gesetzesvorhaben wird durch einseitige Profilierung einer Fraktion oder eines Abgeordneten deutlich erschwert. Allerdings gilt es in Hintergrundgesprächen (Fach-)Journalisten von der Ernsthaftigkeit des Vorhabens zu überzeugen. Insbesondere die Frankfurter Allgemeine aber auch Süddeutsche Zeitung, die Welt, der Tagesspiegel und der Deutschlandfunk verfügen über Journalisten mit dem Willen und der Kompetenz die Ablösung angemessen fachpublizistisch zu begleiten. Andere Medien orientieren sich an ihnen. Insbesondere Daniel Deckers von der Frankfurter Allgemeinen Zeitung hat das Vorhaben immer wieder mit erkennbarer Sympathie publizistisch begleitet und ihm so in der Öffentlichkeit den

[44] Der Zeitraum der Vorbereitungen erstreckte sich zwischen September 2018 und Dezember 2019.

Ruch des kirchenfeindlichen genommen.[45] Wegen des kleiner werdenden Kreises an fachlich versierten Journalisten in Berlin kommt zudem der Deutschen Presse Agentur mit ihrer erheblichen medialen Reichweite in zahlreichen Tageszeitungen erhebliche Bedeutung zu. Man muss strikt darauf achten, mit dem Projekt weder als Anwalt der Kirchen noch als Vertreter eines kirchenfeindlichen Laizismus zu erscheinen. Dies stellt durchaus einen Balanceakt dar, aber nur wenn es gelingt als ehrlicher Makler aufzutreten, steigen die Erfolgsaussichten des Vorhabens.

IV. Was sieht der Gesetzentwurf aus der 19. Legislaturperiode vor?

1. Schlanker Ansatz und großer Spielraum für die Ablösungsmodalitäten auf Landesebene

Den Verfassern des Gesetzentwurfs stand von Anfang an vor Augen, dass er nicht beschlossen werden würde. Ziel war es, das Thema ernsthaft auf die politische Tagesordnung zu setzen und eine inhaltliche Referenz bereit zu stellen, an der sich die politischen Debatten dieser Legislaturperiode orientieren können. Dies unterscheidet den Gesetzentwurf sowohl von früheren parlamentarischen Initiativen als auch von deren oft nicht gerade feinsinnigen Ablehnungen.[46]

Entgegen der immer wieder vorgetragenen Komplexität der Materie beschränkt sich der Gesetzentwurf auf einen schlanken Ansatz. Der Gesetzentwurf bezieht sich auf die fortgeschriebenen positiven Staatsleistungen aus dem Jahr 1919 und lässt die kommunalen Staatsleistungen außer Acht. In den Debatten der Weimarer Republik waren kommunale Staatsleistungen weitgehend unstreitig vom Ablösungsgebot ausgenommen.[47] Auch die Beratungen des Grundgesetzes bieten keinerlei Anhaltspunkte dafür, dass die kommunalen Staatsleistungen ebenfalls abzulösen seien.[48] Hiergegen finden sich in der Bundesrepublik Stimmen in der juristischen Literatur, deren Absicht es nicht zuletzt ist, den Bestandsschutz für die Staatsleistungen zu erweitern und den Kommunen eine eigenständige Entscheidung über die Ablösung zu verwehren.[49] Im Ergebnis überzeugt die mit einer veränderten Stel-

[45] Vgl. etwa *Daniel Deckers*, Opposition will Staatsleistungen an Kirchen ablösen, in FAZ vom 13.03.2020, S. 4

[46] Vgl. hierzu die Nachweise zu der Initiative der Linken aus dem Jahr 2013.

[47] Vgl. hierzu die zahlreichen Nachweise aus Literatur und Rechtsprechung bei *Droege*, Staatsleistungen (Fn. 7), S. 183, Fn. 483.

[48] Vgl. hierzu die Darstellung der Beratungen bei *Droege*, Staatsleistungen (Fn. 7), S. 185 f. m. w. N.

[49] So etwa *Isensee*, Staatsleistungen (Fn. 7), S. 1031 ff. Vgl. hierzu auch die weiteren Nachweise bei *Droege*, Staatsleistungen (Fn. 7), S. 183, Fn. 484.

lung der Kommunen im staatlichen Gefüge begründete Einbeziehung der kommunalen Staatsleistungen in den Ablösungsauftrag nicht. Die Reichweite des Auftrages wurde in Weimar in Art. 138 Abs. 1 S. 2 WRV klar definiert und mindestens unverändert, wenn nicht bekräftigt durch Art. 140 GG in das geltende Verfassungsrecht übernommen.[50] Insofern macht der Gesetzentwurf mit guten Gründen die kommunalen Staatsleistungen nicht zum Gegenstand der Ablösung. Gleiches gilt für die Befreiung der Kirchen von den Steuern und Abgaben, den sogenannten negativen Staatsleistungen.[51] Die Initiatoren sahen keine Notwendigkeit oder Gemeinsamkeit diese steuerlichen Privilegien anzugreifen und mussten entsprechend auch die Frage nicht beantworten, ob eine Streichung dann ablösepflichtig wäre. Der Gesetzentwurf folgt mit der herrschenden Meinung der Überzeugung, dass es vor der gesetzlichen Ablösung auf Landesebene eines Grundsätzegesetzes bedarf, wobei einvernehmliche Ablösungen in vertraglicher Form auch vorher möglich sein sollen.[52] Er folgt nicht der in Teilen der Literatur vertretenen Auffassung, dass diese einvernehmlichen Ablösungen das Problem im Lauf der Zeit erledigen würden.[53]

Das Grundsätzegesetz[54] ist von der Überzeugung geprägt, dass den ablösenden Ländern Zeit für den fiskalischen Kraftakt gelassen werden muss, dass aber andererseits eine Frist zur Absetzung zu setzen ist, damit nicht die nächsten 100 Jahre das Problem nun aber auf anderer Ebene unerledigt bleibt. Entsprechend setzt § 4 des Entwurfs den Ländern die an der maximalen Länge einer Legislaturperiode orientierte Frist von fünf Jahren zum Erlass eines eigenen Landesgesetzes zur Ablösung.[55] Die gleiche Bestimmung gewährt einen vergleichsweise langen Zeitraum von 20 Jahren innerhalb dessen die Ablösung abgeschlossen sein muss. Die Länge der Frist nimmt Rücksicht auf die finanzielle Leistungsfähigkeit der Länder. So werden erhebliche Belastungen in einem einzelnen Haushaltsjahr vermieden. Im Ergebnis führt die Ergänzung beider Fristen dazu, dass spätestens 25 Jahre nach Erlass eines Grundsätzegesetzes die Ablösung der Staatsleistungen an die Kirchen endgültig vollzogen wäre. Schließlich werden den Ländern bezüglich der

50 So überzeugend und mit weiteren Argumenten auch *Droege*, Staatsleistungen (Fn. 7), S. 183 ff.

51 Vgl. hierzu *Hanns-Rudolf Lipphardt*, Negative Staatsleistungen und Ablösungsvorbehalt, in: DVBl. 1975, S. 410 ff. *Lipphardt* arbeitet die ältere Debatte, ob die negativen Staatsleistungen ebenfalls abzulösen sind, unter Einbeziehung dreier Entscheidungen des Reichsgerichts und der älteren Literatur auf.

52 Vgl. hierzu die Argumente bei *Droege*, Staatsleistungen (Fn. 7) S. 233 f. m. w. N.

53 So etwa *Isensee*, Staatsleistungen (Fn. 7), S. 1043.

54 Entwurf eines Grundsätzegesetzes zur Ablösung der Staatsleistungen der Fraktionen FDP, DIE LINKE und BÜNDNIS 90/DIE GRÜNEN, BT-Drs. 19/19273.

55 § 4 eines Grundsätzegesetzes zur Ablösung der Staatsleistungen der Fraktionen FDP, DIE LINKE und BÜNDNIS 90/DIE GRÜNEN, BT-Drs. 19/19273.

Form der Ablösungen in § 3 erhebliche Freiheiten eingeräumt.[56] Denkbar sind etwa doppelte Jahreszahlungen für den genannten Faktorzeitraum, Übertragung von Grundbesitz, die Einrichtung von Stiftungen oder Sondervermögen. Der Gesetzentwurf stellt schließlich in § 2 klar, dass bis dahin zu zahlende Staatsleistungen nicht Teil des Ablösungsbeitrags sind.[57]

2. Beziffertes „Äquivalenzprinzip-minus"

Weite Teile der internen Debatten zu Gesetzentwurf bezogen sich auf die Höhe der für die Ablösung zu leistenden Zahlungen. Während die Kirchen in den internen Anhörungen lediglich für die Festlegung des Äquivalenzprinzips für die Ablösung plädierten, wurde schnell deutlich, dass die politische Unterstützung des Entwurfs von einer Bezifferung der Höhe der zu leistenden Zahlungen abhängig sein würde. Insbesondere die Linke plädierte für einen niedrigeren Ablösungsfaktor, wollte letztlich ihre Mitwirkung aber nicht hiervon abhängig machen.[58] Das Ergebnis des 18,6fachen Satzes bezieht sich auf die Höhe der Ablösung von immerwährenden Leistungen nach § 13 Abs. 2 des Bewertungsgesetzes. Dieser Faktor wird auch in einschlägigen wissenschaftlichen Publikationen zugrunde gelegt.[59] Gegen die Höhe werden von zwei Seiten Einwände erhoben. Die Kirchen[60] und Vertreter der Unionsfraktion[61] plädieren für höhere Faktoren und berufen sich auf das Äquivalenzprinzip. Gerade in einer Niedrigzinsphase sei ein Ablösungs-

[56] § 3 Entwurf eines Grundsätzegesetzes zur Ablösung der Staatsleistungen der Fraktionen FDP, DIE LINKE und BÜNDNIS 90/DIE GRÜNEN, BT-Drs. 19/19273.

[57] § 2 Entwurf eines Grundsätzegesetzes zur Ablösung der Staatsleistungen der Fraktionen FDP, DIE LINKE und BÜNDNIS 90/DIE GRÜNEN, BT-Drs. 19/19273.

[58] So stellte *Christine Buchholz* in der Debatte im Deutschen Bundestag zu dem Gesetzentwurf klar: „Wir als Linke sagen klipp und klar: Wir können uns auch einen deutlich niedrigeren Wert vorstellen.", Plenarprotokolle des Deutschen Bundestages, 19. Wahlperiode, 227. Sitzung, S. 29007.

[59] Vgl. etwa *Michael Droege*, Die verfassungsrechtliche Absicherung der Staatsleistungen und die Voraussetzungen einer Ablösung, in: Matthias Pulte/Ansgar Hense (Hrsg.), Grund und Grenzen staatlicher Religionsförderung unter besonderer Berücksichtigung des Verhältnisses von Staat und katholischer Kirche in Deutschland, 2014, S. 15ff. (25).

[60] Vgl. die Gemeinsame Stellungnahme des Bevollmächtigten des Rates der EKD bei der Bundesrepublik Deutschland und der Europäischen Union und des Leiters des Kommissariats der deutschen Bischöfe, in: Deutscher Bundestag, Ausschuss für Inneres und Heimat, Ausschussdrucksache 19(4)794, S. 3f.

[61] Vgl. hierzu die Beiträge der Unionsabgeordneten Philipp Amthor und Marc Henrichmann in der Debatte zum Gesetzentwurf, Plenarprotokolle des Deutschen Bundestages, 19. Wahlperiode, 227. Sitzung, S. 29003–29004; S. 29008–29009.

faktor, der auf einem Zinssatz von 5,5% fuße, zu niedrig bemessen. Die Kirchen bringen dem entgegen einen 25,7fachen Ablösungsfaktor ins Spiel.[62] Hiergegen ist einzuwenden, dass bereits die Orientierung am Äquivalenzprinzip eine Konzession an die Kirchen ist und wie die Anhörung im Innenausschuss des Deutschen Bundestag ergeben hat, keineswegs verfassungsrechtlich zwingend ist.[63] Von anderer Seite wird der Faktor als deutlich zu hoch kritisiert. Gerade in der Kombination mit der langen Ablösungsfrist, in der die Staatsleistungen fortgeschrieben werden, sei dieser Faktor deutlich zu hoch. Noch fundamentalere Kritiker machen geltend, dass zweihundert Jahre Staatsleistungen genug seien.[64] Dieser Einwand verkennt den verfassungsrechtlich garantierten Leistungsanspruch der Kirchen aus Art. 138 WRV und ist mit der Verfassung nicht vereinbar. Der Gesetzentwurf versucht bei der Höhe der Ableistungen einen mittleren Weg zu beschreiten. Einerseits wird klar auf das Äquivalenzprinzip referenziert, andererseits bezieht der 18,6fache Faktor ein, dass in der Frist für den Erlass der Ablösungsgesetze der Zinssatz auch deutlich steigen kann. Dies deutet sich ja aktuell gerade deutlich an. Auch werden Spielräume zur Abweichung nach unten eingeräumt, etwa wenn eine Einmalzahlung als Form der Ablösung gewählt wird. Insofern legt § 1 des Gesetzentwurfs den 18,6fache Satz als Obergrenze der Ablösung fest.[65]

3. Zeitliche Vorgaben und hoher Gestaltungsspielraum der Länder

Ein wesentliches Anliegen des Gesetzentwurfs ist es, die Ablösung in einem zwar vergleichsweise langen aber eben doch abgesteckten und

[62] Vgl. Gemeinsame Stellungnahme des Bevollmächtigten des Rates der EKD bei der Bundesrepublik Deutschland und der Europäischen Union und des Leiters des Kommissariats der deutschen Bischöfe, in: Deutscher Bundestag, Ausschuss für Inneres und Heimat, Ausschussdrucksache 19(4)794, S. 4.

[63] Vgl. hierzu etwa die Stellungnahmen von *Diana zu Hohenlohe*, in: Deutscher Bundestag, Ausschuss für Inneres und Heimat, Ausschussdrucksache 19(4)792 F; *Joachim Wieland*, in: Deutscher Bundestag, Ausschuss für Inneres und Heimat, Ausschussdrucksache 19(4)792 E, so auch *Droege*, Staatsleistungen (Fn. 7), S. 220.

[64] Vgl. etwa den Beitrag von *Kathrin Tremml/Christian Walter*, Eigentlich schon lange quitt. Warum nach über 100 Jahren kein voller Ausgleich für die Ablösung der Staatsleistungen geleistet werden muss, in: Verfassungsblog vom 21. März 2022 abrufbar unter https://verfassungsblog.de/eigentlich-schon-lange-quitt/ (zuletzt aufgerufen am 15.4.2022); so auch die Stellungnahme des Instituts für Weltanschauungsrecht vom 12. April 2021, Deutscher Bundestag, in: Ausschuss für Inneres und Heimat, Ausschussdrucksache 19(4)797; ähnlich die Stellungnahme Humanistische Union e. V., Berlin Deutscher Bundestag, in: Ausschuss für Inneres und Heimat, Ausschussdrucksache 19(4)796.

[65] § 1 Entwurf eines Grundsätzegesetzes zur Ablösung der Staatsleistungen der Fraktionen FDP, DIE LINKE und BÜNDNIS 90/DIE GRÜNEN, BT-Drs. 19/19273.

befristeten Zeitrahmen zum Abschluss zu bringen. Entsprechend sieht § 4 des Entwurfs eine Frist von fünf Jahren nach Inkrafttreten des Gesetzes zum Erlass von entsprechenden Ablösungsgesetzen auf Landesebene vor.[66] Dieser relativ lange Zeitrahmen wurde gewählt, um die notwendigen Vorbereitungshandlungen und Sachverhaltsaufklärungen zu ermöglichen. Zudem räumt der Entwurf den Ländern nach Erlass eines entsprechenden Landesablösegesetzes einen Zeitraum von 20 Jahren bis zum endgültigen Abschluss der Ablösung ein. Der insofern maximal vorgesehene Zeitrahmen von 25 Jahren sollte den Ländern einen auch zeitlich erheblichen Handlungsspielraum eröffnen und die Möglichkeit geben, die aktuellen finanziellen Belastungen des Haushalts vergleichsweise gering zu halten.

Der Gesetzentwurf möchte zudem den Ländern bezüglich der Modalitäten der Ablösung einen erheblichen Gestaltungsspielraum überlassen. So eröffnet § 3 die Möglichkeit die Ablösung auch „durch andere als Geldleistungen“ zu vereinbaren.[67]

4. Keine Zustimmungspflicht des Bundesrates

Die Verfasser des Gesetzentwurfs haben auf eine Konsultation der Länder bewusst verzichtet. Zum einen eint sie die Überzeugung, dass das Gesetz der Zustimmung des Bundesrates nicht bedarf.[68] Die einschlägigen Artikel des Grundgesetzes sind insofern abschließend und erfassen die Ablösung der Staatsleistungen nicht. Dieser Befund mag irritieren, hat das Grundsätzegesetz doch direkten Einfluss auf die finanziellen Angelegenheiten der Länder. Gleichwohl sollte der Wortlaut der Verfassung hier ernst genommen werden. Mit welchem Mandat hätten sie zudem Länder konsultieren sollen? Gleiches gilt für die Konsultation des Heiligen Stuhls.[69] Auch eine informelle Befassung der Länder hätte lediglich zu einer Verzögerung oder gar einer Verhinderung der Vorlage eines solchen Gesetzes geführt. Der hierfür notwendige Aufwand

66 Gesetzentwurf der Fraktionen FDP, DIE LINKE und BÜNDNIS 90/ DIE GRÜNEN BT-Drs. 19/19273, S. 3.

67 Gesetzentwurf der Fraktionen FDP, DIE LINKE und BÜNDNIS 90/ DIE GRÜNEN BT-Drs. 19/19273, S. 3.

68 Bei der Anhörung im Innenausschuss wurde die lediglich von *Ansgar Hense* thematisiert. Dies geschah allerdings eher in Form einer Problematisierung, ohne die Frage der Zustimmungsbedürftigkeit zu beantworten, vgl. *Ansgar Hense*, in: Deutscher Bundestag, Ausschuss für Inneres und Heimat, Ausschussdrucksache 19(4)792 C. Eine Zustimmungsbedürftigkeit aus Art. 104 a Abs. 4 GG besteht nicht, näher scheint eine ungeschriebene Zustimmungsbedürftigkeit zu liegen. Diese befürwortet in Gesprächen mit dem Verfasser auch *Christian Waldhoff*.

69 Die Bundesrepublik Deutschland ist insofern in die Verpflichtungen aus dem Reichskonkordat, genauer Art. 18 Abs. 1 eingetreten, vgl. hierzu *Isensee*, Staatsleistungen (Fn. 7), S. 1042.

ist Abgeordneten aus Oppositionsfraktionen ohne jegliche exekutive Unterstützung auch kaum möglich. Da das Ziel des Gesetzentwurfs aber vorrangig war, in künftigen Legislaturperioden als Referenzrahmen zu dienen und die Spirale der Untätigkeit bewusst zu durchbrechen, wurde das in Kauf genommen. In dem in der 20. Legislaturperiode anstehenden Verfahren wird es aber auf eine adäquate Einbeziehung der Länder ankommen. Einzelne Länder werden erhebliche Haushaltsrestriktionen geltend machen und auch hierzu gilt es ins Gespräch zu kommen. Insofern ist die Legislative aber auch auf exekutive Unterstützung durch das Innenministerium angewiesen, die den Verfassern des Gesetzentwurfs in der letzten Legislaturperiode nicht zur Verfügung stand. Gleiches gilt für die Konsultationen des Heiligen Stuhls.

V. Die Anhörung im Innenausschuss und die Debatte des Gesetzentwurfs im Plenum

Die Sachverständigen bei der Anhörung im Innenausschuss attestierten dem Gesetzentwurf durchgehend mindestens einen praktikablen Weg zur Ablösung der Staatsleistungen aufgezeigt zu haben.[70] Eigentlich alle schriftlichen Stellungnahmen sind davon gekennzeichnet, dass das Ziel der Ablösung begrüßt wird. Von laizistischer Seite wird die Höhe der Ablösung als zu hoch,[71] von kirchlicher Seite als zu niedrig bewertet.[72] Moniert wurde, dass der Begriff der Staatsleistungen nicht präzise genug erfasst worden sei. Die erheblichen fiskalischen Anstrengungen wurden als wirkungsmächtiges Hindernis auf dem Weg zu einer Ablösung gewürdigt. Die Orientierung am Äquivalenzprinzip wurde wiederholt als sachgerecht eingestuft, Abweichungen nach oben und unten seien möglich. Joachim Wieland und Diana zu Hohenlohe unterstri-

70 Vgl. etwa die Stellungnahmen von *Claus Dieter Classen*, in: Deutscher Bundestag, Ausschuss für Inneres und Heimat, Ausschussdrucksache 19(4)792 B; *Hans Michael Heinig*, in: Deutscher Bundestag, Ausschuss für Inneres und Heimat, Ausschussdrucksache 19(4)792 D; *Ansgar Hense*, in: Deutscher Bundestag, Ausschuss für Inneres und Heimat, Ausschussdrucksache 19(4)792 C; *Diana zu Hohenlohe*, in: Deutscher Bundestag, Ausschuss für Inneres und Heimat, Ausschussdrucksache 19(4)792 F; *Joachim Wieland*, in: Deutscher Bundestag, Ausschuss für Inneres und Heimat, Ausschussdrucksache 19(4)792 E.

71 Stellungnahme des Instituts für Weltanschauungsrecht vom 12. April 2021, in: Deutscher Bundestag, Ausschuss für Inneres und Heimat, Ausschussdrucksache 19(4)797; Stellungnahme Humanistische Union e. V., Berlin, in: Deutscher Bundestag, Ausschuss für Inneres und Heimat, Ausschussdrucksache 19(4)796.

72 Gemeinsame Stellungnahme des Bevollmächtigten des Rates der EKD bei der Bundesrepublik Deutschland und der Europäischen Union und des Leiters des Kommissariats der deutschen Bischöfe, in: Deutscher Bundestag, Ausschuss für Inneres und Heimat, Ausschussdrucksache 19(4)794.

chen, dass auch eine niedrigere Ablösungsquote nicht verfassungswidrig sei.[73] In der Bundestagsdebatte wurde bei aller Kritik im Einzelfall deutlich, dass bereits zahlreiche Vorgespräche zwischen den Fraktionen geführt worden waren. Es bestand erstmalig im Deutschen Bundestag Einigkeit darüber, dass das Thema der Ablösung auf der politischen Tagesordnung stehe. Auch die Redner aus den Regierungsfraktionen versprachen das Thema in der kommenden Legislaturperiode ernsthaft anzugehen. Die Kritik wandte sich gegen die fehlende Beteiligung der Länder, den zu hohen oder zu niedrigen Ablösefaktor und die fehlende Definition der Staatsleistungen. Die zahlreichen Stellungnahmen bilden ein wertvolles Reservoir für die weiteren Beratungen in dieser Legislaturperiode.

VI. Ausblick

Der Koalitionsvertrag von SPD, Grünen und FDP macht sich das Vorhaben dezidiert für die 20. Legislaturperiode zu eigen: „Wir schaffen in einem Grundsätzegesetz im Dialog mit den Ländern und den Kirchen einen fairen Rahmen für die Ablösung der Staatsleistungen."[74] Es handelt sich nicht um einen der zahllosen Prüfaufträge solcher Verträge, sondern um eine konkrete Absichtserklärung. Die Koalitionsverhandlungen haben diesbezüglich weitgehende Einigkeit zwischen den Koalitionsparteien zutage gebracht. Die Hindernisse liegen momentan nicht im Bereich des politischen Willens, sondern im Bereich der politischen Priorisierung von Vorhaben. Ein nicht unwesentliches Hindernis werden die kurz- und mittelfristigen finanziellen Auswirkungen der Ablösung sein. Hier sollten haushaltsrechtlich zulässige Modelle konzipiert werden, die die Belastungen zum einen auf einen längeren Zeitraum verteilen und zum anderen deutlich machen, dass mittelfristig die Ablösung den finanziellen Spielraum der Länder vergrößert. Zahllose Gespräche der letzten Wochen haben gezeigt, dass viele meiner Gesprächspartner aus unterschiedlichen Fraktionen die Orientierung am Äquivalenzprinzip als übertrieben hoch bewerten. Im Dialog mit den Ländern dürfte sich diese Tendenz verschärfen, insbesondere

[73] Vgl. hierzu die Stellungnahmen von *Diana zu Hohenlohe*, in: Deutscher Bundestag, Ausschuss für Inneres und Heimat, Ausschussdrucksache 19(4)792 F und *Joachim Wieland*, in: Deutscher Bundestag, Ausschuss für Inneres und Heimat, Ausschussdrucksache 19(4)792 E.

[74] Mehr Fortschritt wagen – Bündnis für Freiheit, Gerechtigkeit und Nachhaltigkeit, Koalitionsvertrag zwischen SPD, Bündnis 90/Die Grünen und FDP, S. 110, abrufbar unter https://www.bundesregierung.de/breg-de/service/gesetzesvorhaben/koalitionsvertrag-2021-1990800 (zuletzt aufgerufen am 15.4.2022).

wenn es den Ländern nicht gelingen sollte das Vorhaben insgesamt zu verhindern. Die Belastungen von Pandemie und Krieg in der Ukraine dienen schon jetzt als Einwand gegen die Priorisierung des Vorhabens.

Auch auf Seiten der Kirchen dürfte die Bereitschaft zu einer Mitwirkung bei der Ablösung so hoch sein wie nie. Sie werden ihre legitimen Interessen vertreten und nach meiner Einschätzung mehrheitlich eine Ablösung befürworten. Die Essener Gespräche haben deutlich werden lassen, dass es aber auch teilweise erbitterten Widerstand von kirchlicher Seite geben wird. Es ist zu wünschen, dass es dabei nicht zu einer Verhärtung der Debatte, sondern im Gegenteil zu einer von wechselseitigem Verständnis und Kompromissfähigkeit geprägtem Verfahren kommt. Allerdings stehen auch die Kirchen vor nicht unerheblichen Herausforderungen. So muss es wohl zu einem stärkeren binnenkirchlichen Finanzausgleich kommen, um die nicht unerheblichen Auswirkungen auf die Haushalte kleinerer ostdeutscher Landeskirchen und Bistümer abzumildern. Gleichwohl war die Chance auf die Erfüllung eines mehr als 100 Jahre alten Verfassungsauftrages nie höher als heute. Zur Stärkung eines modernen Religionsverfassungsrechts wäre es zu wünschen.

Leitsätze
zum Vortrag von Dr. iur. Stefan Ruppert:

„Politische Reformperspektiven für die Ablösung der Staatsleistungen – Der Entwurf eines Grundsätzegesetzes aus der 19. Wahlperiode des Deutschen Bundestages"

1. Die Unterlassung der Ablösung erzeugt eine Verfassungswidrigkeit in Permanenz.
2. Die Ablösung stärkt das bestehende Religionsverfassungsrecht.
3. Der ehedem starke Rückhalt der christlichen Kirchen bei den Mitgliedern des Deutschen Bundestages erodiert zunehmend schneller.
4. Der Entwurf eines Grundsätzegesetzes ist das Ergebnis intensiver Gespräche aller Fraktionen im Deutschen Bundestag bis auf die AfD.
5. Der Entwurf orientiert sich am Äquivalenzprinizip und erkennt dementsprechend einen verfassungsrechtlichen Anspruch auf angemessene Ablösung an.
6. Der Entwurf stellt den Versuch dar, zwischen kirchenkritischen und kirchenfreundlichen Positionen einen Kompromiss zu erzielen, um potentiell eine breite Zustimmung zu erhalten.
7. Als Entwurf der Opposition war er von vorne herein nicht darauf angelegt, in der letzten Legislaturperiode beschlossen zu werden. Vielmehr sollte er als Referenzentwurf für die Umsetzung in dieser Legislaturperiode dienen.
8. Ein Grundsätzegesetz bedarf nicht der Zustimmung des Bundesrates, sollte aber in Konsultationen mit den Bundesländern abgestimmt werden.
9. Ob ein Grundsätzegesetz in dieser Legislaturperiode beschlossen werden wird, ist eine Frage des finanziellen Spielraums, weniger des politischen Willens, der breit vorhanden ist.

Dr. iur. Volker Knöppel

Bedeutung der Staatsleistungen und Bewertung der politischen Reformperspektiven aus Sicht der Kirchen (Teil I)

I. Vorbemerkung

Die Sicht der Kirchen will ich heute gern als Jurist, aber auch als Finanzdezernent der Evangelischen Kirche von Kurhessen-Waldeck (EKKW) hier einbringen. Zunächst möchte ich Ihnen eine Beobachtung aus meiner Vorbereitungszeit für diesen Vortrag mitteilen. Innerhalb kurzer Zeit gab es drei Presseberichterstattungen, die mir aufgefallen sind: Der Evangelische Pressedienst berichtete am 7.2.2022, dass die beiden großen Christlichen Kirchen im Jahr 2021 rund 590 Mio. € an Staatsleistungen erhalten haben. In Baden-Württemberg und Bayern erhielten die Kirchen die höchsten Beträge mit 137 Mio. € bzw. 102 Mio. €. Die Staatsleistungen waren gegenüber dem Vorjahr um 40 Mio. € gestiegen, weil sie sich „unter anderem an der Entwicklung der Beamtengehälter orientieren.“[1]

[1] Siehe hierzu https://www.evangelisch.de/inhalte/196841/07-02-2022/kirchen-erhielten-590-millionen-euro, (zuletzt aufgerufen am 15.4.2022); https://www.katholisch.de/artikel/33049-kirchen-erhielten-590-millionen-euro-staatsleistungen-im-jahr-2021, (zuletzt aufgerufen am 15.4.2022).

Im SPIEGEL-Magazin war zu lesen, mit dem Missbrauchsskandal steige der Druck, Macht und Finanzen der Kirchen zu beschneiden.[2]

Nach einer Meldung der Hessenschau wünscht sich die hessische CDU-Ministerin Puttrich von den Kirchen einen freiwilligen Rückzug aus der bisherigen Finanzierung durch Kirchensteuer und staatliche Zuwendungen. Die Abschaffung der Kirchensteuer könnte ein Weg sein, der Entfremdung der Kirchenverantwortlichen von ihren Mitgliedern entgegenzuwirken."[3]

Die Staatsleistungen waren jahrzehntelang eine feste Größe auf der Einnahmeseite des Haushaltes unserer Landeskirche. Das war eine komfortable Situation, neben den Kirchensteuern über eine weitere stabile und sich dynamisch entwickelnde Einnahmequelle zu verfügen. Die Staatsleistungen waren über viele Jahrzehnte so etwas wie ein Segen für unsere Haushalte. In den letzten Jahren stellen sie sich zunehmend als Ballast heraus. Obwohl sie historisch und juristisch nach wie vor gut begründbar sind, haben sie aus verschiedensten Gründen ihre gesellschaftliche Akzeptanz weitgehend verloren. Wir haben es mit Glaubwürdigkeitskrisen massiven Ausmaßes zu tun. „Das eine war der sexuelle Missbrauch in unserer Kirche, und das andere waren die finanziellen Geschichten", so Frau Jestedt vom Katholischen Büro in Berlin.[4] Negative Schlagzeilen der katholischen Kirche tun auch der evangelischen Kirche nicht gut. Hinzu kommt der Rückgang der Kirchenmitgliedschaft. Das wird besonders deutlich in den neuen Bundesländern. Albrecht Steinhäuser, Beauftragter der evangelischen Kirchen bei der Landesregierung in Magdeburg meint, dass bei einer Kirchlichkeit von unter 20% in Sachsen-Anhalt die Plausibilität für die Staatsleistungen eigentlich von Jahr zu Jahr geringer wird.[5] Unser Kirchenkreis Schmalkalden liegt im Freistaat Thüringen, wir kennen also die Situation in den neuen Bundesländern.

Und schließlich erreicht uns die Diskussion um die Ablösung zu einem Zeitpunkt, wo wir in einen Transformationsprozess eingetreten sind und vor tiefgreifenden Veränderungen stehen, zu denen uns der Mitgliederrückgang und die zu erwartenden Einnahmerückgänge – siehe Freiburgstudie – herausfordern. Wir fragen uns, für wen wir wich-

[2] DER SPIEGEL 6/2022 vom 5.2.2022, S. 22 ff.

[3] CDU-Politikerin zur Reformdebatte. Ministerin Puttrich für Abschaffung der Kirchensteuer, https://www.hessenschau.de/politik/ministerin-puttrich-fuer-abschaffung-der-kirchensteuer,kirchen-finanzen-steuern-100.html, (zuletzt aufgerufen am 15.4.2022).

[4] Zitiert nach *Matthias Bertsch/Christoph Fleischmann*, Staatsleistungen an die Kirchen. Schwierige Ablösung, https://www.deutschlandfunkkultur.de/staatsleistungen-an-die-kirchen-schwierige-abloesung-100.html; (zuletzt aufgerufen am 15.4.2022).

[5] Ebd.

tig sind, wer uns künftig braucht, wo unsere Arbeit in der Gesellschaft Früchte trägt und wozu wir als Kirche künftig da sein werden.[6]

Es ist eine ambivalente Situation für die Kirchen und wir stehen bei dem Thema Staatsleistungen mächtig unter Druck. Die Konditionen für eine Ablösung werden in den nächsten Jahren voraussichtlich nicht besser werden.

II. Staatsleistungen an die EKKW

Die Staatsleistungen an unsere Landeskirche werden auf der Grundlage des Vorvertrags von 1957[7] und des Kirchenvertrags von 1960 gewährt. Die bis dahin auf unterschiedlichster Rechtsgrundlage gezahlten staatlichen Zuschüsse wurden sz. vernünftigerweise durch einen Gesamtzuschuss an die Kirchen ersetzt worden. Diese Etatisierung hat den Umgang mit den Staatsleistungen auf beiden Seiten deutlich vereinfacht.[8] Prof. Heinig hat es als Pointe der Novation bezeichnet, dass man in einem Geben und Nehmen, in einem wechselseitigen Kompromiss eine Summe fixierte, die dann in den Kirchenverträgen von beiden Seiten akzeptiert wurde. Wichtig ist für mich Heinigs Einordnung, dass der Kirchenvertrag sz. Rechtsfrieden herstellen sollte.[9]

Nach dem Kirchenvertrag haben die evangelischen Landeskirchen im Jahr 1960 für ihre Gebietsanteile in Hessen insgesamt 7,95 Mio. DM als Staatsleistungen erhalten, davon entfielen 5,9 Mio. DM (74,2%) auf die EKKW. Gemäß dem Kirchenvertrag mit den katholischen Bistümern von 1963 erhielten diese 3,23 Mio. DM Staatsleistung, davon entfielen 1,924 Mio. DM (59,5%) auf das Bistum Fulda, dessen Kirchengebiet nahezu identisch ist mit dem der EKKW.[10] Wir haben im Bundesland Hessen eine historisch begründbare ungleiche Verteilung der Staatsleistungen zwischen Nord und Süd.

Die Staatsleistungen sind in Hessen an die Landesbesoldung gekoppelt, sodass sie aktuell bei 29,38 Mio. € (2021) liegen. Stellt man die Zahlung aus 1960 iHv. 5,9 Mio. DM daneben, sieht man die Wirkung der Dynamisierung.

[6] Kirche bewegt – der Reformprozess, https://www.ekkw.de/unsere_kirche/reformprozess.html, (zuletzt aufgerufen am 15.4.2022).

[7] *Hans-Ulrich Klose,* Die Rechtsbeziehungen zwischen dem Staat und den Evangelischen Landeskirchen in Hessen unter besonderer Berücksichtigung des Hessischen Kirchenvertrages vom 18.2.1960, S. 145, 178f.

[8] *Klose,* Rechtsbeziehungen (Fn. 7), S. 155; zu den Rechtsgrundlagen der staatlichen Zuschüsse in der Weimarer Zeit siehe *Rudolf Francke,* Kirchenverfassung und Vermögensverwaltung in Hessen-Kassel, 1930, S. 327.

[9] Zitiert nach *Bertsch/Fleischmann,* Staatsleistungen an die Kirchen (Fn. 4).

[10] *Klose,* Rechtsbeziehungen (Fn. 7), S. 184, 196.

Wir erhalten die Staatsleistungen zweckfrei, das Land fordert keinen Verwendungsnachweis und wir geben keinen.

In Kurhessen-Waldeck kommt etwa jeder zehnte Euro des Haushalts aus der Staatsleistung. Die Haushalte anderer Landeskirchen sind unterschiedlich stark von den Staatsleitungen abhängig. Im Bereich der alten Bundesländer sind wir die Landeskirche, in der die Staatsleistungen den höchsten Anteil am Haushaltsvolumen ausmachen. Das unterscheidet uns deutlich von vielen Kirchen in den alten Bundesländern. Bei den Kirchen in Nordrhein-Westfalen bspw. machen die Staatsleistungen etwa eins bis zwei Prozent aus, da haben sie eine geringe Relevanz. Im Süden und Südwesten der Bundesrepublik liegen die Staatsleistungen betraglich höher als in Kurhessen-Waldeck, aber der prozentuale Anteil am landeskirchlichen Haushalt ist dort geringer als bei uns. Nochmal anders ist die Situation in den neuen Bundesländern. Da bezieht die Evangelische Kirche in Mitteldeutschland etwa 20% ihrer Einnahmen aus Staatsleistungen, bei den anderen Landeskirchen in den neuen Bundesländern sind es zwischen knapp zwei und gut zehn Prozent der Einnahmen.[11]

III. Hessische Erfahrungen

Der historische Grund für die Staatsleistungen, die wir in Kurhessen-Waldeck erhalten, liegt nicht im Reichsdeputationshauptschluss von 1803, der hat im Gebiet des heutigen Bundeslandes Hessen die Landeskirchen nicht betroffen. In unserer Sphäre fanden die großen Enteignungen kirchlichen Besitzes bereits im Reformationszeitalter statt, als sich der Staat im großen Umfang kirchliche Güter einverleibt und dafür die finanzielle Ausstattung der Kirchen übernahm, die er als Teil des Staates betrachtete. Und nach der Annexion Kurhessens durch Preußen 1866 wurde die Verpflichtung des preußischen Staates zu den Staatsleistungen damit begründet, „dass er bei der Einverleibung Kurhessens im Jahr 1866 dessen Staatsvermögen übernommen hat, aus dem sonst die Dotation der kurhessischen Kirche hätte bestritten werden müssen."[12]

Wir haben in Hessen bereits Erfahrungen mit umfangreichen Ablösungen gemacht. Hier wurde am 17.12.2003 eine Rahmenvereinbarung zur Ablösung der Kirchenbaulasten im Bundesland Hessen abgeschlossenen. Vertragsparteien waren drei Landeskirchen, vier Bistümern, das Land Hessen und die kommunalen Spitzenverbände.[13] Unser Vorbild

[11] *Bertsch/Fleischmann*, Staatsleistungen an die Kirchen (Fn. 4).

[12] *Francke*, Kirchenverfassung (Fn. 8), S. 327.

[13] Kirchliches Amtsblatt der Ev. Kirche von Kurhessen-Waldeck 2004, S. 2ff.; Kommunen lösen uralte Verpflichtungen ab, in: Informationen des Hessischen

war der Paderborner Vergleich von 1997[14], den wir weiterentwickelt haben. In Hessen war die Ablösung der Kirchenbaulasten von Anfang an ein überkonfessionelles Projekt, das sämtliche Landeskirchen und Bistümer im Bundesland umfasste. Innovativ war auch, dass die Kirchengemeinden der EKKW ihre Ablösebeträge in einem Fonds zur gemeinschaftlichen Bewirtschaftung zusammengefasst haben.[15] Leider ging von der Baulastablösung in Hessen kein Impuls für Ablösungen in anderen Bundesländern aus.

Um die Kirchenbaulasten Freistaat Thüringen bzw. im Kirchenkreis Schmalkalden führen wir derzeit zusammen mit der EKM und dem Bistum Fulda (wegen des Amtes Geisa) drei Musterprozesse mit dem Ziel, die Frage des Fortbestands der gemeindlichen Baulasten durch das Bundesverfassungsgericht überprüfen zu lassen.[16]

In Hessen ist die Ablösung schon seit einigen Jahren ein Thema im politischen Raum. Im Dezember 2018 vereinbarte die zweite schwarzgrüne hessischen Landesregierung im Koalitionsvertrag, man sei offen für ein Gespräch über die Umsetzung von Artikel 52 der Hessischen Verfassung.[17] Deshalb hat uns in Hessen die Koalitionsvereinbarung der Ampelkoalition vom November 2021 nicht überrascht mit der dort

Städtetags 12/2003, S. 162; „Ein historischer Schritt“. Landeskirche unterzeichnet den Rahmenvertrag zur Baulastablösung, in: Blick in die Kirche 2/2004, S. 17 f.; „Hessen unterstützt Kommunen mit 75 Mio. Euro bei Ablösung von Kirchenbaulasten – außerdem zinslose Darlehen von insgesamt 15 Mio. Euro aus Investitionsfonds“, Hessisches Ministerium der Finanzen, Presseinformation vom 19.5.2005; Antwort der Landesregierung auf die Große Anfrage der CDU betreffend Ablösung der kommunalen Kirchenbaulasten, Hessischer Landtag 16. Wahlperiode, Drs. 16/5562; *Albert Post*, Ende einer historischen Verantwortungsgemeinschaft – Ablösung der kommunalen Kirchenbaulasten in Hessen, in: Christoph Gregor Müller/Bernd Wilmes (Hrsg.), Thesaurus in vasis fictilibus – Schatz in zerbrechlichen Gefäßen. Festschrift für Bischof Heinz Josef Algermissen, 2018, S. 346 ff.

14 *Alfred Albrecht*, Der Paderborner Vergleich. Erläuterungen und Anmerkungen zu dem Vergleich über kommunale Kirchenbaulasten in dem nordrhein-westfälischen Gebiet des Erzbistums Paderborn vom 19./21.11.1997, 1998.

15 Ordnung des Kirchenbaulastfonds v. 3.2.2004, Kirchliches Amtsblatt der Ev. Kirche von Kurhessen-Waldeck 2004 S. 44.

16 Vgl. Thüringer Landtag, 5. Wahlperiode, Drs. 5/6429 zu 3, wonach in der spezifischen Situation der deutschen Wiedervereinigung, wonach „die heutigen Städte und Gemeinden in Thüringen 1990 originär errichtet wurden und nicht Rechtsnachfolger der … auf dem Gebiet der DDR existierenden Gemeinden und Städte sind, sind grundsätzliche Rechtsfragen gestellt, die einer gerichtlichen Entscheidung bedürfen.“

17 Siehe dazu https://www.gruene-hessen.de/partei/files/2018/12/Koalitionsvertrag-CDU-GR%C3%9CNE-2018-Stand-20-12-2018-online.pdf, Koalitionsvertrag zwischen CDU Hessen und BÜNDNIS 90/DIE GRÜNEN Hessen für die 20. Legislaturperiode, S. 99, (zuletzt aufgerufen am 15.4.2022).

getroffenen Vereinbarung: „Wir schaffen in einem Grundsätzegesetz im Dialog mit den Ländern und den Kirchen einen fairen Rahmen für die Ablösung der Staatsleistungen."[18]

IV. Die Bewertung der politischen Reformperspektiven

Ich messe die Bewertung der gegenwärtigen Reformperspektive nicht nur daran, ob der Entwurf geeignet ist, den Verfassungsauftrag sachgemäß zu erfüllen, sondern auch daran, ob es historische Vorbilder gibt und welche Lösungsansätze diese hatten.

1. Der Referentenentwurf von 1924

In der Weimarer Zeit gab es zwei zaghafte Versuche einer Ablösung, die sind allerdings im Stadium von Vorarbeiten stecken geblieben.[19] Gut dokumentiert ist der Referentenentwurf von 1924.[20] Der Ansatz war geeignet, der Staat war aber wegen der kurzlebigen Regierungen der Weimarer Zeit nicht in der Lage, das Reformprojekt mit langem Atem voranzubringen. Die Kirchen waren damals nicht sonderlich interessiert an der Ablösung. Sie waren zudem verunsichert nach der Trennung von Staat und Kirche und in die Selbständigkeit entlassen. Vielfach hatten sie sich gerade erst neu konstituiert, die Kirchenverfassung für Hessen-Kassel bspw. war 1923 verabschiedet worden. Der Referentenentwurf ist auch heute noch lesenswert, er ist gründlich durchdacht und handwerklich gut gemacht. Er legt keinen Ablösefaktor fest, weil das Reich dies den Ländern richtigerweise überlassen wollte, und er sieht bei der Ablösung nicht nur Geldzahlungen vor. Weitere ernsthafte Anläufe zur Ablösung der Staatsleistungen wurden in der Weimarer Republik nicht unternommen. Schon da finden sich Stimmen in der Literatur, die Durchführung der Ablösung sei „bei der derzeitigen Finanzlage der Länder auch kaum möglich".[21]

[18] Mehr Fortschritt wagen – Bündnis für Freiheit, Gerechtigkeit und Nachhaltigkeit, Koalitionsvertrag zwischen SPD, Bündnis 90/Die Grünen und FDP, abrufbar unter https://www.spd.de/fileadmin/Dokumente/Koalitionsvertrag/Koalitionsvertrag_2021-2025.pdf, (zuletzt aufgerufen am 15.4.2022).

[19] *Peter Unruh*, Ein Grundsätzegesetz zur Ablösung der Staatsleistungen, DÖV 2020 S. 953ff.

[20] *Jens Reisgies*, „Die Grundsätze hierfür stellt das Reich auf" – Zum Grundsätzegesetz gem. Art. 140 GG i.V.m. Art. 138 Abs.1 S.2 WRV, in: ZevKR 58 (2013), S. 280 ff.

[21] *Francke*, Kirchenverfassung (Fn. 8), S. 326.

2. Eine neue Lage seit 2012

Der Entwurf eines Staatsleistungsablösegesetzes, den die Fraktion Die Linke 2012 in den Deutschen Bundestag einbrachte,[22] hatte insbesondere wegen verfassungsrechtlicher Bedenken keinen Erfolg[23] und fand keine politische Unterstützung seitens anderer Fraktionen im Deutschen Bundestag. Dieser Gesetzesentwurf war als politische Reformperspektive ungeeignet. Auf Seiten der einbringenden Fraktion hat man daraus gelernt, dass der Ablösefaktor 10 für eine Ablösung der Staatsleistungen viel zu niedrig angesetzt ist. Die Aussprache im Deutschen Bundestag blieb auch in einer anderen Hinsicht nicht folgenlos, weil sie parteienübergreifend zu dem Eingeständnis führte, dass hier noch ein unerledigter Verfassungsauftrag vorliege. Seitdem war erkennbar, dass die Staatsleistungen ein politisches Thema für die nächsten Jahre werden. So kam die Initiative aus 2020 zur Ablösung der Staatsleistungen nicht wirklich überraschend. Wer aufmerksam die Parlamentsdebatte vom 28.2.2013 zum Staatsleistungsablösegesetz mitverfolgt hatte, fand zustimmende Debattenbeiträge zur Ablösung, die weit über die einbringende Linkenfraktion hinausgingen und bereits eine gemeinsame Interessenlage auch bei den Grünen und den Freidemokraten und ansatzweise auch bei den Sozialdemokraten zeigten.

Die Evangelische Kirche in Deutschland (EKD) zeigte sich schon damals grundsätzlich zu Gesprächen bereit. Der EKD-Ratsvorsitzende Nikolaus Schneider bekräftigte dies im Interview mit der „Welt“ am 7.11.2013, die EKD sei offen für Verhandlungen über die vom Grundgesetz geforderte Ablösung, und er fügte hinzu: „Ich würde mir wünschen, dass wir da zu Ergebnissen kommen. Denn das Thema Staatsleistungen tut uns allen nicht gut.“[24]

3. Der Gesetzesentwurf von 2020

Am 15.5.2020 legen drei Oppositionsfraktionen dem Deutschen Bundestag gemeinsam den Entwurf eines Grundsätzegesetzes zur Ablösung der Staatsleistungen vor.[25] Der auf unserer Tagung an anderer Stelle bereits vorgestellte Gesetzesentwurf der drei Oppositionsfraktionen war im Vorfeld mit Sachverständigen und mit Vertretern der beiden großen christlichen Kirchen beraten worden.[26] Dabei war bei dem Grünen-Abgeordneten von Notz zutreffend der Eindruck entstanden, dass man

22 Gesetzesinitiative der Fraktion DIE LINKE, BT-Drs. 17/8791.

23 *Unruh*, Grundsätzegesetz (Fn. 19), S. 953.

24 So https://www.welt.de/politik/deutschland/article121648677/EKD-Chef-will-ueber-Staatsleistungen-sprechen.html, (zuletzt aufgerufen am 15.4.2022).

25 BT-Drs. 19/19273.

26 *Unruh*, Grundsätzegesetz (Fn. 19), S. 953.

auch in den Kirchen interessiert und offen ist.[27] Auch in der Literatur wurde der Entwurf wohlwollend aufgenommen. Nach ersten Einschätzungen, so Unruh liefert der Gesetzesentwurf eine seriöse Grundlage für die rechtssichere Ablösung von Staatsleistungen.[28] Der Bevollmächtigte des Rates der EKD und das Kommissariat der deutschen Bischöfe haben in einer gemeinsamen Stellungnahme am 23.4.2021 diesen Entwurf als „eine hilfreiche Grundlage für weitere notwendige Erörterungen" bezeichnet,[29] bei durchaus kritischen Anmerkungen zu einzelnen Regelungen.

Die spannende Frage wird sein, was die Ampelkoalition daraus machen wird und wann es angegangen wird. Zwei der drei Koalitionsparteien haben an dem Entwurf mitgearbeitet. Eine klare Haltung zum Entwurf ist bei der SPD nicht zu erkennen. Sie hatte sich – damals noch in der Großen Koalition – den gemeinsamen Entwurf der drei Oppositionsfraktionen nicht zu eigen gemacht. Vielmehr erwähnte der Abgeordnete Castellucci in der Parlamentsdebatte einen eigenen Entwurf seiner Fraktion, den er aber nicht vorgelegt hat.[30]

Der Gesetzesentwurf aus 2020 wurde im Deutschen Bundestag abgelehnt. Jetzt wird man schauen, wie die Bundesregierung an das Thema herangeht. Ich sehe nicht, dass die Ampelkoalition den Entwurf aus 2012 unverändert dem deutschen Bundestag vorlegen wird. Vielmehr rechne ich damit, dass die Länder, die die eigentliche Last der Ablösung tragen werden, eigene Vorstellungen einbringen werden.

V. Was bei einem Ablösegrundsätzegesetz des Bundes und bei den Ablösegesetzen auf Landesebene zu beachten ist

Die Ausgangslage ist klar: Adressaten des verfassungsrechtlichen Gebots der Ablösung der Staatsleistungen sind der Bund und die Länder: der Bund stellt die Grundsätze auf, dann werden die Staatsleistungen durch die Landesgesetzgebung abgelöst. Dieser Mechanismus ist in den zwei Sätzen des Art. 138 Abs.1 WRV geregelt. Die Berechtigung des Reichs, im Wege der Gesetzgebung Grundsätze aufzustellen, ergibt sich für diesen und andere Sachverhalte aus den Art. 10 und 11 WRV.

Unsere besondere Aufmerksamkeit wird der Frage gelten: Was wird der Bund regeln und was wird bzw. muss er den Ländern überlassen?

[27] *Konstantin von Notz*, „Das Parlament muss liefern", in: DER SPIEGEL 22/2021 S. 11.

[28] *Unruh*, Grundsätzegesetz (Fn. 19), S. 954.

[29] Siehe https://www.ekd.de/staatsleistungsabloesegesetz-gemeinsame-stellungnahme-64505.htm, (zuletzt aufgerufen am 15.4.2022).

[30] Plenarprotokolle des Deutschen Bundestages, 19. Wahlperiode, 189. Sitzung S. 23842.

Gibt es darüber eine Rollenklarheit zwischen Bund und Ländern? Die Bezeichnung als Grundsätzegesetz legt es nahe, dass der Bund als Gesetzgeber die Ablösung organisiert, aber nicht schon bis ins Detail vorprägt. Im Ablösegrundsätzegesetz soll deshalb nur das Nötigste vorgegeben werden und seine Regelungen dürfen nicht so erschöpfend sein, dass dem Adressaten kein eigener Spielraum mehr bleibt.[31] Also: Grundsätze, keine Details!

„Wie das die einzelnen Länder umsetzen, ist Verhandlungssache mit den Kirchen".[32] Dieses Votum kann ich aus landeskirchlicher Perspektive nur unterstützen. Die essentials der Ablösung sind den Ländergesetzen vorbehalten. Denn sie sind es, die die finanzielle Last der Ablösung tragen und die öffentliche Diskussion – zusammen mit den Landeskirchen und Bistümern – aushalten müssen. Dafür benötigen die Länder einen eigenen Gestaltungsspielraum.

Die Ablösung erfolgt unter Beachtung des Äquivalenzprinzips bzw. der vollen Leistungsäquivalenz. Allerdings ist damit zu rechnen, dass im politischen Raum als Maßstab für die Ablösung stattdessen eine angemessene Entschädigung diskutiert wird; die kann hinter dem vollen Wertersatz zurückbleiben.[33] Der Unterschied zwischen voller Leistungsäquivalenz und angemessener Entschädigung kann ein ganz erheblicher und mit Blick auf die Leistungsfähigkeit der öffentlichen Hand ein möglicherweise entscheidender sein.[34]

Das Bewertungsgesetz ist kein geeigneter Maßstab für die Berechnung der Ablösesumme. Die Anwendbarkeit des Bewertungsgesetzes ist bereits in der gemeinsamen Stellungnahme der Kirchen problematisiert worden. a) Es ist fraglich, ob die Anwendung des BewG im Wege der Analogie auf die Staatsleistungen statthaft ist, das BewG gilt für finanzielle Verpflichtungen der Bürger gegenüber dem Staat und nicht in umgekehrter Richtung. Und b) dem BewG ist eine Beschränkung seines Geltungsbereichs zu entnehmen, denn nach § 1 Abs. 2 BewG treten die allgemeinen Bewertungsvorschriften dieses Gesetzes gegenüber den besonderen Bewertungsvorschriften an anderer Stelle zurück; diese Beschränkung muss erst recht gegenüber anderweitigen Bewertungssachverhalten wie den Staatsleistungen gelten.[35] Sachgemäßer

[31] Deutscher Bundestag. Wissenschaftliche Dienste, Staatsleistungen an die Kirchen und Religionsgemeinschaften, WD 3-3000-110/10, 2010, S. 10 Ziff.4.1; so auch schon die Begründung zum Gesetzesentwurf von 1924, siehe *Reisgies*, Grundsätze (Fn. 20), S. 305.

[32] *Von Notz* (Fn. 27), „Das Parlament muss liefern", S. 11.

[33] *Unruh*, Grundsätzegesetz (Fn. 19), S. 956.

[34] *Johann-Albrecht Haupt*, Ewige Rente für die Kirche?, in: vorgänge 2010, S. 86ff. (89).

[35] *Unruh*, Grundsätzegesetz (Fn. 19), S. 957.

wäre eine Analogie zu der preußischen Agrarablösung in der 2.H. des 19. Jh.[36]

Die Ablösung kann durch Geldzahlung, aber auch durch Grundstücke, Wertpapiere oder durch die Übernahme auslaufender Versorgungslasten erfolgen. Eine Ablösung nur durch Geld ist in der gegenwärtigen Situation der Finanzmärkte schwierig, weil wir gegenwärtig keine Aussicht auf eine interessante Rendite haben. Eine Diversifizierung bei der Ablösung würde die Finanzierung des kirchlichen Handelns deutlich besser absichern.

Bei der Ablösung sind etwaige Regelungen in den Kirchenverträgen zu beachten. Nach Art.18 des Reichskonkordats ist freundschaftliches Einvernehmen mit dem Hl. Stuhl herzustellen. Das gilt nach dem Grundsatz der Parität auch gegenüber den Landeskirchen. Weiter ist der Hessische Kirchenvertrag von 1960 zu beachten, wonach das Land eine Ablösung ohne Zustimmung der Kirchen nicht durchführen wird. Diese Regelung wurde getroffen, weil sie eine notwendige Folge der gegenseitigen Beachtung der Integrität des Hoheitsbereichs des anderen Partners ist.[37]

Träger der Staatsleistungen sind die Länder. Da sollte es selbstverständlich sein, dass die Festlegung des Ablösefaktors in deren Zuständigkeit gehört. Diese politische Klugheit zeichnet schon den Entwurf aus 1924 aus.[38] Länder und Kirchen werden auf der Grundlage des allgemeinen Rechtsgedankens des Äquivalenzprinzips den Ablösefaktor berechnen, das ist kein Gegenstand einer bundespolitischen Setzung. Dort wo die Staatsleistungen an die Gehaltsentwicklung der Landesbeamten gekoppelt ist, muss der künftige Fortfall der Dynamisierung zu dem Ablösefaktor hinzugerechnet werden. Das schließt nicht aus, dass der Bund im Zusammenhang mit dem Ablösegrundsätzegesetz Vorstellungen entwickelt und Leitplanken setzt, die zu beachten sind, damit eine gleichförmige Verfahrensweise in der Umsetzung durch die Länder gewährleistet ist. Die Festlegung eines verbindlichen Ablösefaktors wird allerdings der Rolle des Bundes nicht gerecht, den man bei der Ablösung als ehrlichen Makler sieht.

[36] *Volker Knöppel,* Aktuelle Überlegungen zum Ablösegebot der Staatsleistungen nach Art. 140 GG iVm. Art. 138 Abs.1 WRV, in: ZevKR 58 (2013), S. 188 ff. (198); siehe § 23 der preußischen Verordnung betr. Die Ablösung der Servituten, die Teilung der Gemeinschaften und die Zusammenlegung der Grundstücke für das vormalige Kurfürstentum Hessen vom 13.5.1867, Preußische Gesetzessammlung, 1867 S. 716.

[37] Schlussprotokoll zum Kirchenvertrag zu Art. 5 Abs. 5; hierzu *Klose,* Rechtsbeziehungen (Fn. 7), S. 155, 190.

[38] Nach der Erläuterung zu § 24 des Gesetzesentwurfs von 1924 ist es nicht möglich, „einen Kapitalisierungsfaktor allgemein für alle Länder reichsrechtlich festzulegen", *Reisgies,* Grundsätze (Fn. 20), S. 309.

Die Ablösezahlungen sind als Einmalzahlung, aber auch ratenweise denkbar[39], etwa über einen Zeitraum von 10 oder 20 Jahren – dazu müssen sich in erster Linie die für die Länderhaushalte Verantwortlichen eine Meinung bilden. Ein Übergang kann auch im Interesse der Kirchen liegen. Im bereits genannten Landert-Bericht aus der Schweiz findet sich auch schon die Überlegung, dass der Prozess der Ablösung der historischen Rechtstitel nicht bruchartig ausgestaltet sein sollte, sondern möglichst organisch verläuft und den Kirchen Raum für die zwischen- und innerkirchlich notwendigen Anpassungen zugesteht."[40]

Wenn der Bund jetzt den Ablöseauftrag des Grundgesetzes erfüllt, könnte sich auf Seiten der Länder die Frage stellen, ob der Bund sie unterstützt. Als 2003 die Kirchenbaulasten in Hessen abgelöst wurden, hat das Land gem. § 6 der Rahmenvereinbarung freiwillig eine Landesförderung zugesagt, die die Städte und Gemeinden bei der Aufbringung der Ablösezahlungen unterstützen sollte. Darauf bestand kein Rechtsanspruch der Kommunen, aber es war eine kluge politische Entscheidung und es hat die Akzeptanz der Ablösung erhöht. Aufgebracht wurde diese Finanzierungshilfe aus Mitteln des Kommunalen Finanzausgleichs und aus originären Landesmitteln, zusätzlich wurden den Kommunen Darlehensmittel aus dem Hessischen Investitionsfonds bewilligt.[41] Diesem Beispiel folgend könnte der Bund sich bei der Ablösung der Staatsleistungen freiwillig beteiligen und die durch Corona gebeutelten oder die von der Flutkatastrophe betroffenen Länder finanziell unterstützen. Außerdem würde der Bund mit einer solchen finanziellen Unterstützung der Länder sein Interesse an einer Rechtsbereinigung unterstreichen.

Am Ende muss die Ablösung eine win-win-Situation für alle Beteiligten ergeben, dann ist sie in den Gremien und auch öffentlich gut kommunizierbar:

- der Verfassungsauftrag wird erfüllt
- die Länderhaushalte werden perspektivisch entlastet
- und die Kirchen erhalten volle Finanzautonomie

[39] Deutscher Bundestag. Wissenschaftliche Dienste, Staatsleistungen an die Kirchen und Religionsgemeinschaften, WD 3-3000-110/10, 2010, S. 8 Ziff. 3.3.

[40] *Charles Landert*, Die Neuordnung des Verhältnisses zwischen dem Kanton Zürich und den öffentlichrechtlich anerkannten Kirchen und Wege zur Finanzierung kirchlicher Leistungen, 1999, S. 75 Ziff. 7.

[41] Post, Verantwortungsgemeinschaft (Fn. 13), S. 366; „Hessen unterstützt Kommunen mit 75 Mio. Euro bei Ablösung von Kirchenbaulasten – außerdem zinslose Darlehen von insgesamt 15 Mio. Euro aus Investitionsfonds", Hessisches Ministerium der Finanzen, Presseinformation vom 19.5.2005.

VI. Was können wir uns vorstellen? Was ist unsere Haltung zur Ablösung der Staatsleistungen?

Seit über 100 Jahren harrt der Verfassungsauftrag des Art. 140 GG iVm. Art. 138 Abs. 1 WRV zur Ablösung der Staatsleistungen an die Religionsgemeinschaften seiner Erfüllung. Bisherige Versuche sind allesamt und zumeist in einem frühen Stadium gescheitert.[42] Der unerledigte Verfassungsauftrag ist durch die Bundestagsdebatte zum Staatsleistungsablösegesetz 2013 und dann 2019 aus Anlass von 100 Jahren Weimarer Reichsverfassung wieder prominent ins Interesse der Öffentlichkeit gerückt worden. Der zuletzt vorgelegte Entwurf kommt zu einem Zeitpunkt auf den Tisch, wo die Kirchen sich ebenfalls eine faire Ablösung grundsätzlich vorstellen können, wo die CDU ihre bisher ablehnende Haltung gegenüber der Ablösung aufgegeben hat und sich bei Anwendung des Äquivalenzprinzips die Ablösung vorstellen kann[43] und wo auch die SPD einen Gesetzesentwurf in der Schublade hat.

Wir erwarten, dass die Kirchen frühzeitig in die Überlegungen des Bundes und der Länder einbezogen werden. Die Kirchen müssen sich darauf vorbereiten und dafür je eigene Strategien entwickeln. Und bei den Verhandlungen auf Bundes- und Länderebene müssen Landeskirchen und Bistümer gemeinsam und aufeinander abgestimmt auftreten. Die Ablösung ist für die kirchlichen Beteiligten ein Solidaritätsthema. Koordinierend sollen das Kirchenamt der EKD und die Deutsche Bischofskonferenz tätig werden.

Wenn Bund und Länder eine zügige Ablösung der Staatsleistungen anstreben, sollten sie sich auf die in den Länderhaushalten etatisierten Finanzleistungen fokussieren. Die finden in der Öffentlichkeit die stärkste Beachtung und die sind rechnerisch relativ einfach abzulösen. Sollten dagegen auch die Baupatronate und die negativen Staatsleistungen mit hereingenommen werden, wird es ein hartes Ringen und Streiten zwischen Ländern und Kirchen geben und vielleicht auch negative Folgen etwa im Bereich der Gebührenbefreiungen für Kommunen und gemeinnützige Organisationen haben, das wären vermeidbare Kollateralschäden.

Wenn es darum geht, was wir uns konkret vorstellen können, dann empfiehlt sich die intensive Lektüre der gemeinsamen Stellungnahme des Bevollmächtigten des Rates der EKD und des Kommissariats der deutschen Bischöfe zum Entwurf des Ablösegrundsätzegesetzes vom 23.4.2021[44].

[42] *Unruh*, Grundsätzegesetz (Fn. 19), S. 953.

[43] https://www.hermann-groehe.de/staatsleistungen-rede-von-hermann-groehe-116/, (zuletzt aufgerufen am 15.4.2022).

[44] https://www.ekd.de/staatsleistungsabloesegesetz-gemeinsame-stellungnahme-64505.htm, (zuletzt aufgerufen am 15.4.2022).

Die Bundesländer und die Kirchen sind frühzeitig in die Beratungen über dieses Gesetz einzubeziehen.

Das Ablösegrundsätzegesetz sollte keine Festlegung von Einzelheiten treffen.

Ein Abschichten der unterschiedlichen Staatsleistungen ist zu erwägen.

Das Äquivalenzprinzip ist der Maßstab für die Ablösung; es geht um den vollen Wertersatz für die aufzuhebenden Staatsleistungen, damit bei den Kirchen kein finanzieller Nachteil eintritt.

Das Bewertungsgesetz ist ungeeignet, einen Faktor für die Ablösung zu liefern.

Die Vorgabe des Ablösefaktors durch den Bundesgesetzgeber entspricht nicht der vom Verfassungsgeber gewollten Kompetenzverteilung zwischen Bund und Ländern. Sinnvollerweise sollte diese Festlegung auf der Länderebene erfolgen.

Bund, Bundesländer und Kirchen sollten sich auf die etatisierten Staatsleistungen als Anknüpfungspunkt für deren Ablösung verständigen.

Der Ablösebetrag kann auch durch Tilgungsraten aufgebracht werden.

Nach der Ablösung werden die Kirchen für die Ertragsseite ihrer Haushalte die alleinige Verantwortung tragen. Die Kirchen werden dann herausgefordert sein, auf dem Finanzmarkt die Ablösesumme so verantwortlich anzulegen, dass idealerweise die Zahlung der Staatsleistungen durch die Rendite des Ablösekapitals ersetzt wird. Ein stetiger Verzehr der Ablösesumme, um den status quo der Kirche noch für einige Jahre fortzusetzen und den Veränderungsdruck auf später hinauszuschieben, wäre unverantwortlich.

Wie wird das Verhältnis von Kirche und Staat nach der Ablösung der Staatsleistungen sein? Bleibt es bei der freundschaftlichen Trennung? Oder gehen wir auf ein laizistisches Modell zu? Oder wird es so kommen wie nach der Ablösung der kommunalen Baulasten in Hessen? Damals hatte sich das angespannte Verhältnis zwischen Kirchengemeinden und Kommunen bzw. zwischen Landeskirche und kommunalen Spitzenverbänden mit ihrer Ablösung deutlich entspannt.

Oder kommt es ganz anders? Die 100 Mrd. € Sondervermögen des Bundes für den Verteidigungsetat werden Auswirkungen auf die öffentlichen Haushalte insgesamt haben. Da könnte die Ablösung vorerst wieder in weite Ferne rücken und unsere Vorbereitungen auf die Ablösung wären zunächst für die Schublade bestimmt. Die Stimmung dürfte in den nächsten Jahren jedoch nicht besser werden. In einem solchen Fall müssten wir den Aufschub nutzen, an der Akzeptanz der Staatsleistungen zu arbeiten und dabei auf Erfahrungen in der Schweiz zurückzugreifen. Dort wurde in den 1990er Jahren im Kanton Zürich im Zusammenhang mit dem sog. Landert-Bericht der Vorschlag unterbreitet, die Zahlung der Staatsleistungen neu zu verhandeln und gesellschaftlich zu plausibilisieren. Den Kirchen wurde empfohlen, dass man sich auf eine „regelmäßig erfolgende Rechenschaftsablage der Kirchen" verständigt – die Kantonskirche soll künftig einen Verwendungsnachweis vorlegen. Die finanzielle Unterstützung erfolgt mit Globalbudgets gestützt auf kirchliche Tätigkeitsprogramme.[45] Das Züricher Modell wurde im Raum der deutschen Landeskirchen eben so wenig wahrgenommen wie Ansätze der Landespolitik, den gesellschaftlichen Beitrag der Kirchen und Religionsgemeinschaften als wichtige Stützpfeiler des demokratischen Gemeinwesens zu beschreiben.[46]

[45] *Landert*, Neuordnung (Fn. 40), zum Verwendungsnachweis s. dort S. 75 Ziff. 9; Kanton Zürich, Direktion der Justiz und des Innern, Kirchliche Tätigkeit mit gesamtgesellschaftlicher Bedeutung im Kanton Zürich, 2017, https://www.zhref.ch/kirchenstudie/zhref-kurzfassung-kirchenstudie-20170618.pdf, (zuletzt aufgerufen am 15.4.2022).

[46] Antwort der Landesregierung auf die Große Anfrage der CDU-Fraktion. Zum gesellschaftlichen Beitrag der Kirchen und Religionsgemeinschaften in Brandenburg, Landtag Brandenburg 5. Wahlperiode, Drs. 5/8948.

Leitsätze
zum Vortrag von Dr. iur. Volker Knöppel:

„Bedeutung der Staatsleistungen und Bewertung der politischen Reformperspektiven aus Sicht der Kirchen (Teil I)"

1. Die Haushalte der Kirchen sind in den Bundesländern unterschiedlich stark von den Staatsleistungen abhängig. In Kurhessen-Waldeck kommt jeder zehnte Euro des Haushalts der Landeskirche aus der Staatsleistung.
2. Noch größer ist die finanzielle Abhängigkeit von den Staatsleistungen in den Kirchen der neuen Bundesländer.
3. Die Staatsleistung ist oftmals an die Landesbesoldung gekoppelt (Kurhessen-Waldeck 1960: 5,9 Mio. DM/2021: 29,38 Mio. €).
4. Für die Ablösung ist der Referentenentwurf von 1924 ein geeigneter Ansatz. Der Entwurf war gründlich durchdacht und handwerklich gut gemacht. Die Festlegung des Ablösefaktors wollte das Reich den Ländern überlassen.
5. Der Bundesgesetzgeber sollte im Grundsätzegesetz beachten, dass den Landesgesetzgebern genügend eigener Spielraum verbleibt.
6. Seit 2012 wissen wir, dass die Ablösung kommen wird. Die Aussprache im Dt. Bundestag führte parteienübergreifend zu dem Eingeständnis des unerledigten Verfassungsauftrags. Die Initiative aus 2020 kommt deshalb nicht überraschend.
7. Die Ablösung der in den Länderhaushalten etatisierten Staatsleistungen muss unter Beachtung des Äquivalenzprinzips bzw. der vollen Leistungsäquivalenz erfolgen.
8. Der Bezug auf das Bewertungsgesetz ist für die Ablösung der Staatsleistungen nicht geeignet, der Faktor 18,6 des Bewertungsgesetzes gewährleistet keine volle Leistungsäquivalenz.
9. Eine Ablösung kann durch Geldzahlung, aber auch durch andere Vermögenszuschreibungen oder Entlastungen erfolgen.
10. Ablösezahlungen können ratenweise erfolgen, etwa über einen Zeitraum von 10 oder 20 Jahren. Ein Übergang liegt im Interesse der Kirchen, damit der Prozess der Ablösung sich nicht bruchartig ausgestaltet.
11. Die Ablösung wird auf Bundes- und Länderebene dann eine win-win-Situation für alle Beteiligten ergeben, wenn sie kooperativ erfolgt:
    - Der Verfassungsauftrag wird erfüllt
    - Die Länderhaushalte werden perspektivisch entlastet
    - Die Kirchen erhalten volle Finanzautonomie

Kirsten Straus

Bedeutung der Staatsleistungen und Bewertung der politischen Reformperspektiven aus Sicht der Kirchen (Teil II)

I. Einleitung

Ökumene kann kompliziert sein. Wenn es um finanzielle und wirtschaftliche Fragen geht und die Interessen beider großer Konfessionen in dieselbe Richtung laufen, ist sie es in der Regel nicht. Wenn insbesondere gemeinsame Zwänge nachhelfen, darf man von einem engen Schulterschluss ausgehen. Das ist hier der Fall: Die politischen Ziele der Kirchen bei einer Ablösung der Staatsleistungen stimmen weitestgehend überein, und sie werden nur Seite an Seite erreicht werden können. Die Experten der evangelischen Kirche und die Experten der katholischen Kirche arbeiten in den einschlägigen Arbeitsgruppen und politischen Zusammenhängen gut abgestimmt sehr eng zusammen. Insofern repräsentieren die vorausgegangenen Ausführungen von Herrn Dr. Knöppel in ihren wesentlichen Punkten auch die Sicht der katholischen Kirche. Das hinwiederum eröffnet mir Raum für eine weitere Perspektive: Ich möchte im Folgenden die finanzwirtschaftlichen Argumentationen vertiefen. Zugrundegelegt werden in erster Linie die Erfahrungen aus den katholischen Bistümern, die Ergebnisse dürften jedoch auch für die evangelische Seite im Wesentlichen relevant sein.

II. Theorie und externer Blick

Zuerst soll es noch einmal um die Höhe, um den Wert der Ablösung gehen, die die Staatsleistungen ersetzen soll. Dazu wird allerdings ein wenig Finanztheorie zu bemühen sein. In der aktuellen politischen Diskussion ist, wie in den vorangegangenen Beiträgen deutlich wurde, ein breites Spektrum vertreten: von der Forderung nach sofortiger, ersatzloser Einstellung der staatlichen Leistungen bis zu der Forderung nach voller Leistungsäquivalenz. Herr Dr. Knöppel hat diese Forderung bereits dargestellt als diejenige, die sich die Kirchen zu eigen machen.

Betragsmäßig dazwischen liegt der Ansatz, den Herr Dr. Ruppert in seinen Ausführungen als politisch gangbaren Weg vorgestellt hat und der in Analogie zu den Regelungen des im steuerlichen Kontext relevanten Bewertungsgesetzes entwickelt wurde. Dabei wird eine Ablösung in Höhe des 18,6-fachen der aktuellen jährlichen Staatsleistungen vorgesehen. Dieser Ansatz wird verschiedentlich als ausreichend und angemessen vertreten – erstaunlicherweise selbst dann, wenn akzeptiert wird, dass eine Ablösung der Staatsleistungen die Kirchen gegenüber ihrer aktuellen Situation nicht schlechter stellen darf.

Die Finanztheorie sieht das anders. Für sie sind die Staatsleistungen eine unendliche Zahlungsreihe mit jährlich zu entrichtenden Zahlungen. Der reale Wert dieser Zahlungen kann als konstant angenommen werden, auch wenn die in den jeweiligen Rechtsgrundlagen als Anpassung vorgesehenen Indexierungen dieses Ziel in der Realität nicht exakt erreichen können. Für die Zahlungen stehen mit den Ländern eines stabilen Rechtsstaats Schuldner von fast unübertrefflicher Bonität gerade. Als Ablösebetrag ist nun der Kapitalstock zu ermitteln, der eine solche Zahlungsreihe generiert. Die erforderliche Berechnung, deren Komplexität die des gewöhnlichen Dreisatzes nicht übersteigt, benötigt allerdings als zentralen Parameter den angemessenen Zinssatz. Entsprechend der Eigenschaften der Zahlungsreihe ist ein Zins für sehr lange Laufzeiten anzusetzen. Dieser Zinssatz muss der für risikolose Anlagen sein, er darf also keine Risikoaufschläge enthalten. Er muss zudem inflationsbereinigt sein, um die Indexierungen abzubilden. Schließlich braucht es diesen Zinssatz prospektiv, also den Zinssatz, der ab dem Zeitpunkt einer Ablösung für die Zukunft gilt.

Eine exakte, zweifelsfreie Bestimmung des angemessenen Zinssatzes wird also offensichtlich nicht möglich sein, denn die Zukunft ist ungewiss. Auch entsprechende historische Zinssätze könnten bestenfalls als Anhaltspunkte herangezogen werden. Die Frage nach der konkreten Berechnung des Kapitalstocks und damit eines angemessenen Ablösebetrags scheint hier vor der ersten Klippe zu stehen. Aber wie so oft, wenn die Unsicherheit künftiger Entwicklungen Probleme in der quantitativen Analyse bereitet, können auch hier qualitative Abschätzungen und Wahrscheinlichkeiten bereits signifikant weiterhelfen. Sofort einsichtig ist beispielsweise, dass der genannte Ansatz in Analogie zum Bewertungsgesetz die Anforderungen an den angemessenen Zinssatz nicht erfüllt. Eine Ablösung durch das 18,6-fache entspräche nämlich einem Zinssatz von etwa 5,38 %. Der langfristige, risikolose und inflationsbereinigte Zins wird sich jedoch aktuell und für lange Zeit in die Zukunft, vermutlich für Dekaden, sicher von der Null nicht wesentlich lösen können. Volkswirtschaftliche Rahmendaten, wachsende Staatsschulden und die aktuellen politischen Entwicklungen in Europa legen nahe: Sehr wahrscheinlich stehen erst einmal lange Perioden sogar negativer Realzinsen an. Die aktuell anziehenden Inflationsraten stützen diese Einschätzung.

Die Berechnung des gesuchten Kapitalstocks steht damit vor der nächsten Klippe: Je kleiner der angemessene Zinssatz ist, desto größer wird der Kapitalstock, der benötigt wird, um die Zahlungsreihe der Staatsleistungen zu generieren. Geht der angemessene Zins gegen Null, so geht die Höhe des erforderlichen Kapitalstocks gegen unendlich. Das bedeutet Deadlock für eine wertmäßig neutrale Ablösung der Staatsleistungen – sie wird im Sinn des Wortes unbezahlbar.

Möglicherweise kommt Ihnen dieser Mechanismus bekannt vor: Inzwischen verschwindend geringe Garantiezinssätze bei Lebensversicherungen und steile Anstiege der vorzuhaltenden Pensionsrückstellungen nicht nur in den katholischen Bistümern sind tatsächlich Phänomene desselben Problemkreises. Allerdings handelt es sich in beiden Fällen um endliche Zahlungsreihen und nicht inflationsbereinigte Zinssätze und insofern um einfachere Sachlagen.

Das Ergebnis der finanztheoretischen Analyse bestätigt also, was die Begrifflichkeit schon nahelegt: Nur der Ansatz der vollen Leistungsäquivalenz bildet eine Entschädigung ohne weitreichende neuerliche Enteignung ab. Die Forderung nach dem entsprechenden Kapitalstock als angemessener Ablösung ist also nicht nur eine Maximalposition zu Beginn politischer Verhandlungen, sondern folgt zwingend aus deren realwirtschaftlichem Hintergrund und erlaubt wenig Spielraum. Für die Vorgehensweise zum Aufbau eines solchen Kapitalstocks hingegen bleiben vielfältige Gestaltungsmöglichkeiten offen.

Die Analyse zeigt aber auch für diesen Ansatz: Die Umstellung von den Staatsleistungen als laufenden Zahlungen aus den Länderhaushalten auf Zahlungen aus der Rendite eines Kapitalstocks nahezu beliebiger Größe wird die Kirchen aus finanztheoretischer Sicht signifikant benachteiligen. Gleichzeitig wird die Höhe jedes auch nur einigermaßen äquivalenten Kapitalstocks, wie immer er in Entlastungen, Raten oder nichtmonetäre Bestandteile ausgestaltet wird, die Grenzen öffentlicher Akzeptanz sprengen.

Die Diskussion um das Vermögen der Kirchen wird bekanntlich hochemotional und oft jenseits von Fakten oder wirtschaftlichem und rechtlichem Basiswissen geführt. Die vermuteten und gerne unterstellten verborgenen Schätze und Reichtümer lassen sich in der Realität zwar nicht finden, dennoch herrscht die Auffassung, mindestens die katholische Kirche habe mehr Vermögen als sie braucht und als ihr zusteht. Als Reaktion haben nahezu alle deutschen Bistümer in einer Transparenzoffensive auf standardisierte, von Wirtschaftprüfern abgenommene Jahresabschlüsse nach dem Handelsgesetzbuch umgestellt und veröffentlichen diese.

Eine mögliche vertrauensbildende Wirkung dieser Maßnahme ist verpufft in der aktuellen Krise der katholischen Kirche und dem damit einhergehenden Vertrauensverlust. Es besteht ein großes Risiko, dass die öffentliche Meinung in Unkenntnis der rechtlichen Zusammenhänge einen weitgehenden Wegfall der Staatsleistungen auch ohne adäquate Ablösung als gerecht und angemessen empfindet. In der Folge werden die berechtigten Forderungen der Kirchen auf leicht zu entfachenden Widerstand stoßen.

III. Zahlen und Größenordnungen

Eine zutreffende Einschätzung der Frage nach einer adäquaten Ablösung der Staatsleistungen braucht eine Vorstellung von den finanziellen Größenordnungen, um die es geht. Dabei kommt es nicht auf die genauen Zahlen an, die für 2021 auch noch nicht vollständig vorliegen. Ein Blick auf die Grundstruktur genügt.

Für die 27 katholischen Bistümer in Deutschland wurden im Jahr 2021 insgesamt etwa 238 Mio. Euro an positiven Staatsleistungen erbracht. Die Verteilung auf die einzelnen Bistümer ist auch aufgrund der so unterschiedlichen historischen Hintergründe allerdings völlig inhomogen. In einer ersten qualitativen Clusterung lassen sich folgende vier Gruppen unterscheiden:

- Nur wenige Bistümer sind nicht von den Staatsleistungen abhängig. Der ihnen ausgezahlte Betrag ist absolut betrachtet eher gering und relativ betrachtet stellt er keinen signifikanten Anteil am Haushalt dar.
- Insbesondere die Bistümer Magdeburg, Erfurt und Görlitz in den neuen Bundesländern sind auch auf vergleichsweise kleinere Beträge ihrer Staatsleistungen dringend angewiesen, weil sie in den ebenfalls kleinvolumigen Haushalten einen erheblichen Anteil darstellen. Diese kleineren Haushalte sind oft nur wenig flexibel, es dominieren fixe Kostenblöcke.
- Mehrere Bistümer mittlerer Größe könnten inzwischen auch den Wegfall von Staatsleistungen im mittleren einstelligen Prozentbereich ihres Haushalts nicht mehr ausgleichen, ohne nachhaltig ins Defizit zu geraten und weitere tiefgreifende strukturelle Kostensenkungen in Angriff nehmen zu müssen.
- Selbst große, als wohlhabend geltende und noch mit Haushaltsüberschüssen gesegnete Bistümer sind auf ihre zum Teil erheblichen

Staatsleistungen dringend angewiesen und könnten einen Wegfall nicht ohne Leistungseinschränkungen auch im gesellschaftlich-sozialen Bereich (Kindergärten, Schulen, Lebensberatung) kompensieren.

Bei dem künftig durch demographische Entwicklung, Austritte und Sonderfaktoren mit zunehmender Geschwindigkeit unausweichlich einbrechenden Kirchensteueraufkommen kann also eine Ablösung der Staatsleistungen, die hinter einer vollständigen Leistungsäquivalenz wesentlich zurückbleibt, ohne erhebliche Strukturbrüche nicht verkraftet werden.

Zur Illustration möchte ich für zwei Bistümer die Situation weiter präzisieren, für mein Heimatbistum und für das Bistum, in dem ich arbeite:

Die Diözese Rottenburg-Stuttgart gehört nach Fläche und Katholikenzahl zu den großen katholischen Bistümern in Deutschland und gilt als wohlhabend. Sie hat bei einem jährlichen Kirchensteueraufkommen in der Größenordnung von etwa 550 Mio. Euro für das Jahr 2021 etwa 34,5 Mio. Euro an Staatsleistungen erhalten; das ist übrigens neben der Diözese Freiburg der höchste Betrag unter allen 27 Diözesen. Die scheinbar naheliegende Auffassung, in diesem Umfeld müssten Staatsleistungen zumindest anteilig leicht entbehrlich sein, ist jedoch unzutreffend. Die Diözese Rottenburg-Stuttgart verfolgt konsequent und langfristig die Strategie, mit einem möglichst hohen Teil ihrer Zuflüsse die konkrete inhaltliche Arbeit im Bistum zu verwirklichen. Die daneben noch vorhandenen Reserven können höchstens sehr kurzfristig einen Puffer für nicht adäquat abgelöste Staatsleistungen bieten. Eine bessere Idee davon, in welchem Umfang dann kirchliches Leben und damit auch soziale und gesellschaftlich relevante Leistungen nicht länger finanzierbar wären, vermittelt die Betrachtung des absoluten Betrags der Staatsleistungen. Hier soll nur eine einfache Plausibilitätsüberlegung angestellt werden: Wenn die durchschnittlichen Arbeitgeberbruttokosten einer Stelle bei etwa 75.000 Euro angenommen werden, entsprechen 34,5 Mio. Euro etwa 460 Stellen, deren Finanzierung ohne Staatsleistungen oder deren leistungsäquivalente Ablösung in Frage steht.

Das Bistum Trier ist das älteste aller deutschen Bistümer. Die Grenzlage zu Frankreich hatte für die rechtlichen Grundlagen der Staatsleistungen eine abenteuerliche und verwickelte Entstehungsgeschichte zur Folge. Im Ergebnis erhält das Bistum Trier aktuell mit jährlich etwa 20 Mio. Euro die dritthöchsten Staatsleistungen unter den Bistümern. Heute ist das Bistum Trier mittelgroß und arm, und sein Kirchensteueraufkommen je Katholik gehört zu den niedrigsten in Deutschland. Seit Jahren weisen die Jahresabschlüsse Defizite im nicht mehr ganz niedrigen zweistelligen Millionenbereich aus. Die Staatsleistungen machen etwa 5% des Haushaltsvolumens aus. Die noch verbliebenen Reserven des Bistums könnten eine nicht leistungsäquivalente Ablösung der Staatsleistungen nicht einmal kurzfristig auffangen. Zu den erforderlichen Einschränkungen von kirchlichem und sozialem Leben und Arbeiten kämen deshalb noch die Folgen einer disruptiven Anpassung an die geänderten finanziellen Verhältnisse.

Zum Abschluss der quantitativen Betrachtungen soll mit Hilfe der angekündigten Dreisatz-Rechnung noch eine Vorstellung zum Umfang des erforderlichen Kapitalstocks bei einer Ablösung mit voller Leistungsäquivalenz gebildet werden: Schon bei einem angenommenen risikolosen, inflationsbereinigten, langfristigen Zinssatz von 1% muss für eine solche Ablösung der Staatsleistungen allein für die katholischen Bistümer Vermögen im Gegenwert von 23,8 Mrd. Euro bereitgestellt werden. Bei einem angenommenen Zinssatz von 0,5% verdoppelt sich das Ergebnis.

IV. Interner Blick und Konsequenzen

Wir bleiben zunächst noch bei einer exemplarischen Betrachtung. Der erste Reflex bei der Beschreibung einer nicht nur vorübergehend defizitären Haushaltssituation eines Bistums führt nachvollziehbar zu der einfachen Frage: Warum sind die Finanzen nicht kurzfristig in Ordnung zu bringen? Die Antwort ist weniger einfach: Selbstverständlich wird mit Nachdruck daran gearbeitet, einen solchen Haushalt wieder auszubalancieren. Von den vielfältigen Schwierigkeiten, denen ein solcher Prozess begegnet, sollen hier nur drei Aspekte kurz betrachtet werden:

- Das Bistum Trier beispielweise ist traditionell katholisches Kernland und gehört nicht zu den strukturell unterstützungsbedürftigen Bistümern. Dennoch sind die Einnahmen niedrig, denn es gibt keine wirtschaftlich blühenden Ballungsräume oder Industriestandorte. Viele hochqualifizierte Arbeitnehmer mit Wohnsitz im Bistum Trier sind in Luxemburg beschäftigt und zahlen deshalb keine Kirchensteuer. In Hunsrück und Eifel liegen weite ländliche Gebiete mit kleinteiligen dörflichen und kirchlichen Strukturen, deren Erhalt sich nur mit hohem Aufwand sicherstellen lässt.
- Die aktuellen Defizite und die prospektiven Einnahmerückgänge haben ein Ausmaß, dass ein einfaches Engerschnallen des Gürtels beispielsweise durch Proportionalkürzungen in allen Tätigkeitsbereichen nicht mehr ausreicht. Oft sind die Möglichkeiten solcher Kürzungen ohnehin schon ausgereizt. Es stehen dann Einschränkungen bei den Kernaufgaben an, und das heißt in einem katholi-

schen Bistum, dass Dienste an den Menschen wegfallen müssen. Der zu erwartende Druck aus der Öffentlichkeit steht in keinem Verhältnis zu der Selbstverständlichkeit, mit der Austritte als gerechtfertigt angesehen und staatliche Leistungskürzungen verlangt werden.
- Es besteht eine systematische Methodeninkompetenz. Die Standardwerkzeuge der Betriebswirtschaft, mit denen die erforderlichen Entscheidungsprozesse versachlicht und wirkungsvolle Kostensenkungskonzepte erstellt werden können, stehen nur wenigen der Entscheider in einem Bistum zur Verfügung; zu weit weg davon sind die kirchlichen Ausbildungswege. Die Anwendung dieser Methoden birgt noch die Schwierigkeit, dass es für die Dienstleistungen eines Bistums keine Marktpreise gibt und vor einer internen Bewertung von Kosten und Nutzen hohe emotionale und ideelle Hürden stehen.

In einem solchen Umfeld werden strukturelle Finanzprobleme vielfach als überwältigend empfunden. Manchmal wird die Verantwortung für ein Problem, das von außen kommt und nicht selbstverschuldet ist, auf Distanz gehalten. Oft erscheint der Zwang zur Kostensenkung als ungerechtfertigt und dem guten Zweck in inakzeptabler Weise entgegenstehend. In dieser Situation ist die Versuchung groß, auf einen Befreiungsschlag zu hoffen, auf einen Umstand, der alles wendet und finanzielle Fragen wieder in den Hintergrund treten lässt.

Was haben diese Ausführungen nun mit der Frage der Ablösung von Staatsleistungen zu tun? Sie beschreiben die Situation, in die eine Ablösung fiele, und die dadurch signifikant beeinflusst würde. Die Szenarien dafür sind schnell beschrieben: Ein ersatzloser Wegfall der Staatsleistungen oder eine nur geringe Ablösesumme würde beispielsweise das Bistum Trier in kürzester Zeit finanziell vollends ruinieren; der Widerstand gegen einen solche Ansatz für eine Ablösung der Staatsleistungen wäre deshalb groß. Ein Ablösungsangebot mit dem 18,6-fachen der Staatsleistungen, so wirtschaftlich nachteilig und ungerechtfertigt es aus der Sicht eines Bistums auch sein mag, würde möglicherweise in der Not als vermeintlicher Rettungsanker zur Vermeidung von Härten der Kostensenkung akzeptiert werden. Der Wille zur erforderlichen strukturellen Haushaltssicherung würde kompromittiert, und das Bistum Trier beispielsweise würde sich wenige Jahre später wieder in der aktuellen Situation befinden. Selbst eine Ablösung mit vollständiger Leistungsäquivalenz würde die Gefahr bergen, dass der zur Verfügung gestellte Kapitalstock vorauseilend angegriffen und eingerechnet wird, um schmerzhafte, aber notwendige Strukturanpassungen zu vermeiden. Auch dann wäre das Ergebnis kein zukunftsfähig aufgestelltes, finanziell stabiles Bistum.

Diese exemplarische Betrachtung lässt sich weiten. Auch wenn ich für andere Bistümer nicht annähernd ähnlich tiefe Einblicke habe, wage ich zu behaupten, dass sich die beschriebenen Phänomene in ihren Grundlinien fast überall wiederfinden lassen, wenn auch vielleicht in anderen Rahmenbedingungen, Größenordnungen und Zeitlinien. Die Entwicklungen und Risiken ähneln sich sehr. Deshalb ist auch die Einschätzung, Solidarität unter den Bistümern könne einen signifikanten Beitrag leisten, um mögliche Folgen einer Ablösung von Staatsleistungen abzufedern, nicht zutreffend. Schnell würden immer weniger und immer ärmere Geberbistümer immer mehr Bistümern mit dringenden Bedarfen gegenüberstehen. Die zur Verfügung stehenden Mittel reichen auch insgesamt nicht mehr.

Aus dem Gesagten lässt sich ein weiteres, zentrales Ergebnis ableiten: Eine Ablösung der Staatsleistungen, die jetzt diskutiert und zeitnah beschlossen und in den folgenden Jahren umgesetzt wird, kommt für die katholische Kirche zu einem denkbar ungünstigen Zeitpunkt. Nach meiner Einschätzung wird sie die erforderlichen, insbesondere die dringend erforderlichen wirtschaftlichen Reformen in den einzelnen Bistümern und darüber hinaus hemmen und beeinträchtigen.

V. Fazit

Die Ablösung der Staatsleistungen ist durch den Auftrag des Grundgesetzes gefordert, allerdings nicht mit einem Zeitrahmen versehen; sie ist, wie die Historie zeigt, offensichtlich auch nicht zeitkritisch. Aus politischen Gründen ist die Umsetzung dieses Auftrags von staatlicher Seite aktuell in Angriff genommen worden. Die katholische Kirche unterstützt, wie der Vorsitzende der Deutschen Bischofskonferenz auch öffentlich formuliert, dieses Vorhaben, sofern – und dieser Nebensatz wird gerne überhört – mit der Ablösung eine adäquate Ersatzleistung einhergeht.

Damit die Ersatzleistung adäquat ist, ist finanztheoretisch eindeutig die vollständige Leistungsäquivalenz der Ablösesumme zu fordern, in welcher Gestalt und welcher zeitlichen Form auch immer sie gestellt werden wird. Diese Ablösesumme wird sehr hoch sein müssen, wenn sie als Kapitalstock auch nur annähernd die aktuellen Staatsleistungen erwirtschaften soll. Alle anderen Berechnungen und Argumentationsketten zur Höhe der Ablösung versuchen, eine Zahlung derart hoher Summen zu vermeiden und enthalten damit zwangsläufig nicht akzeptable Enteignungskomponenten. Die Kirchen vertreten mit der Forderung nach vollständiger Leistungsäquivalenz also nicht nur eine verhandlungstaktische Maximalposition.

Allerdings kommt in der aktuellen Situation der deutschen Bistümer, die von weitreichenden inhaltlichen, strukturellen und finanziellen Anpassungsproblemen geprägt ist, der Vorstoß zur Ablösung von Staatsleistung zu einem besonders ungünstigen Zeitpunkt. Eine Ablösung wird nach innen diesen Anpassungen hinderlich sein, nach außen die Vorstellung vom Reichtum der katholischen Kirche befördern.

Insgesamt wird es das Ziel nicht nur der katholischen Kirche sein müssen, bei einer Ablösung der Staatsleistungen auf vollständig leistungsäquivalente Ablösesummen und besonnene zeitliche Rahmenbedingungen für Verhandlungen und nachfolgende Umsetzungsschritte zu dringen.

VI. Schlussbemerkung

Am Ende möchte ich mir noch einen Rückgriff auf meine beruflichen Erfahrungen in den Finanzmärkten erlauben:

Dort würde zuerst die Frage gestellt werden, warum die Länder die laufende Zahlungsreihe der Staatsleistungen, die sich direkt aus ihrem laufenden Steueraufkommen speisen lässt, überhaupt in einen Kapitalstock wandeln möchten, den die Gegenseite hinwiederum so gar nicht haben möchte, sondern dann über eine Vermögensanlage mit erheblichen Kosten und Risiken wieder in die ursprüngliche Zahlungsreihe zurückwandeln muss? Von dieser doppelten Transformation, bei der es insgesamt um sehr große Beträge gehen wird, wird übrigens ausschließlich und in erheblichem Umfang die Finanzbranche profitieren.

Im Zusammenhang mit dem in den Ausführungen von Herr Dr. Ruppert dargestellten Ansatz, die Ablösesumme in Analogie zum Bewertungsgesetz zu ermitteln, würde das darin enthaltene Ansinnen, aktuelle Marktpreise durch steuerliche Bewertungen zu substituieren, auf völliges Unverständnis stoßen.

An der Börse würde allein schon die Ankündigung eines Emittenten, die Ablösung einer Zahlungsreihe mit der Qualität der Staatsleistungen zu den genannten Konditionen (also zum 18,6-fachen) vornehmen zu wollen, Kapital in gut zweistelliger Milliardenhöhe vernichten und die Bonität des Emittenten auf Ramsch-Niveau stürzen lassen.

Leitsätze
zum Vortrag von Kirsten Straus:

„Bedeutung der Staatsleistungen und Bewertung der politischen Reformperspektiven aus Sicht der Kirchen (Teil II)“

1. Sichtweisen und strategische Vorstellungen beider großer Kirchen sind gut abgestimmt und liegen eng beieinander. Die finanzwirtschaftliche Einschätzung ergänzt juristische und politische Perspektiven.
2. Die finanztheoretische Ermittlung des adäquaten Werts der Ablösung ist einfach und eindeutig. Unkenntnis der Rechtsgrundlagen der Staatsleistungen, Unverständnis für ihre andauernde Gewährung und Ansehensverluste der katholischen Kirche werden das Ergebnis vor Akzeptanzprobleme stellen.
3. Die Gesamtsumme der Staatsleistungen für katholische Bistümer verteilt sich sehr unterschiedlich. Für die überwiegende Anzahl der katholischen Bistümer sind Zahlungen aus Staatsleistungen nicht anderweitig kompensierbar.
4. Im wirtschaftlich schwachen Bistum Trier mit Staatsleistungen von aktuell etwa 20 Mio. Euro zeigen sich die Probleme exemplarisch: Jede Ablösung von Staatsleistungen könnte die Haushaltssicherung kompromittieren.
5. Die wesentlichen Problemlagen dürften auf andere Bistümer übertragbar sein. Quersubventionierungen zwischen den Bistümern sind komplex und können höchstens partiell Ausgleich schaffen.
6. Unabhängig von Gestalt und Höhe einer zeitnahen Ablösung kann der auch in der katholischen Kirche vorhandene politische Wille dazu zu den wirtschaftlichen Interessen der Bistümer in einen Widerspruch geraten, dessen Auflösung anspruchsvoll wird.

Professor Dr. iur. Dr. iur. can. Stefan Mückl

Staatsleistungen in Europa

Eine rechtsvergleichende Perspektive auf Bestand und Ablösung

I. Staatsleistungen als fortgeltende rechtliche Kategorie in Europa

Freund wie Feind gilt das deutsche Staatskirchenrecht mit seinen vielfältigen Verschränkungen und historischen Bezügen als ein rechtlicher Sonderweg. Als ein besonders verschlungener Nebenpfad stellt sich das Recht der Staatsleistungen dar. Ihr Rechtsgrund liegt über zwei Jahrhunderte zurück, vor immerhin einem Jahrhundert verfügte der Weimarer Verfassunggeber ihre Ablösung, erbracht werden sie bis heute. Eine derartige Folgenlosigkeit verfassungsgesetzlicher Vorgaben ausgerechnet in Deutschland verwundert nicht nur den ausländischen Beobachter, und zwar auch dann, wenn er um das weitverzweigte historische Wurzelwerk des deutschen Staatskirchenrechts weiß. Terminologisch findet sich der Begriff der Staatsleistungen allein auf Deutsch, in anderen Rechtsordnungen ist er aus sich heraus nicht verständlich.

Indes bedeutet dieser Befund nicht, daß es nicht auch in anderen europäischen Rechtsordnungen vergleichbare Institute gäbe. Denn zu gleichlaufend waren die historischen Entwicklungen seit dem späten 18. Jahrhundert in West-, Süd- und Mitteleuropa. Ab der Mitte des 20. Jahrhunderts komplettiert die Situation in Ost- und Ost-Mitteleuropa das europäische Bild. Strukturell liegen dem Ausgleichsmechanismus, den die deutsche Rechtsordnung mit dem Begriff der Staatsleistungen erfaßt, Vorgänge mehr oder weniger umfassender Konfiskationen kirchlicher Vermögensgüter zugrunde, die teils pragmatisch, teils ideologisch motiviert waren. Die zuvor wirtschaftlich weitgehend autarke Kirche mutierte, ihrer materiellen Basis entzogen, zum Empfänger staatlicher Transferleistungen – sei es, daß historisch der Staat vom Nutzen von Kirche und Religion für Staat und Gesellschaft überzeugt war und deshalb die Wahrnehmung genuin kirchlicher Aufgaben alimentierte, sei es, daß der Staat zu einem bestimmten Zeitpunkt die Unrechtsmäßigkeit der Konfiskationen der Vergangenheit (an)erkannte und sich zu Akten der Wiedergutmachung bereit fand.

Ein rechtsvergleichender Überblick, der sich im Hinblick auf den größeren Komplex der Finanzierung der Kirchen und Religionsgemeinschaften in Europa auf diverse Untersuchungen stützen kann[1], hat vier Komplexe in den Blick zu nehmen: Am nächsten steht für den deutschen Betrachter die Situation in Österreich (II.). Von historisch großer Wirkmächtigkeit, nicht zuletzt auch für Deutschland, waren die Entwicklungen im revolutionären und napoleonischen Frankreich (III.). Teilweise waren davon ebenfalls Spanien und Italien betroffen, doch zogen diese Länder daraus andere normative Konsequenzen (IV.). Aus neuerer Zeit stammt die Praxis der Wiedergutmachung in den ehemals kommunistisch beherrschten Staaten in Mittel-Osteuropa nach der epochalen Wende 1989/90 (V.). Auf dieser Basis lassen sich die verschiedenen Lösungsansätze systematisieren, die sich in den europäi-

1 *Angelo Licastro*, Il diritto statale delle religioni nei Paesi dell'Unione Europea. Lineamenti di comparazione, 2017, S. 122ff.; *Arnd Uhle*, Kirchenfinanzierung in Europa: Erscheinungsformen, Eignung, Zukunftsperspektiven, in: Wilhelm Rees/María Roca/Balázs Schanda (Hrsg.), Neuere Entwicklungen im Religionsrecht europäischer Staaten, 2013, S. 743ff. (747ff.); ferner *Heiner Marré*, Die Kirchenfinanzierung in Kirche und Staat der Gegenwart, 4. Aufl. 2006; *Brigitte Basdevant-Gaudemet/Salvatore Berlingò* (Hrsg.), The Financing of Religious Communities in the European Union/Le financement des religions dans les pays de l'Union europćene, 2009.

schen Rechtsordnungen ausgebildet haben (VI.), und abschließend auf ihre Anwendbarkeit auf die Situation in Deutschland befragen (VII.).

II. Staatsleistungen in Österreich

Bis in die 1930er Jahre leistete der österreichische Staat laufende Dotationen für Zuschüsse zu den Gehältern des katholischen Klerus sowie der Geistlichen bestimmter anderer Religionsgemeinschaften[2]. Im ersteren Fall beruhten sie auf der sog. Kongruagesetzgebung[3], welche materiell aus den 1782 von Kaiser Joseph II. eingerichteten Religionsfonds[4] schöpfte, in welche die Erlöse aus der Verwertung aufgehobener Klöster eingespeist wurden und deren Widmungszweck die Finanzierung kirchlicher Zwecke war. Für die anderen Religionsgemeinschaften resultierte der Anspruch auf entsprechende Zuschüsse aus Spezialgesetzen[5].

2 Im Überblick *Walter Hagel,* Die Finanzen der Kirche in Österreich von Maria Theresia bis 1939, in: Hans Paarhammer (Hrsg.), Kirchliches Finanzwesen in Österreich. Geld und Gut im Dienste der Seelsorge, 1989, S. 61 ff.; *Richard Puza,* Entwicklungen in Österreich, in: Erwin Gatz (Hrsg.), Geschichte des kirchlichen Lebens in den deutschsprachigen Ländern seit dem Ende des 18. Jahrhunderts, Band 6: Die Kirchenfinanzen, 2000, S. 200ff.

3 Etwa das Bundesgesetz, womit einige Bestimmungen des Gesetzes vom 19. September 1889, RGBl. Nr. 176, betreffend die Dotation der katholischen Seelsorger, und des Gesetzes vom 7. Jänner 1894, RGBl. Nr. 15, betreffend die Dignitäre und Kanoniker bei den Metropolitan- und Kathedralkapiteln der katholischen Kirche, abgeändert und ergänzt werden (Kongruanovelle 1921), BGBl. Nr. 403/1921 vom 28. Juli 1921, S. 1481 ff. – Dazu *Julius Bombiero-Kremenac,* Die Entwicklung der staatlichen Kongruagesetzgebung in Österreich, ZRG Kan. 12 (1922), S. 110ff.

4 Knappe Bezüge bei *Inge Gampl,* Österreichisches Staatskirchenrecht, 1971, S. 278 f.; *Helmuth Pree,* Österreichisches Staatskirchenrecht, 1984, S. 84; *Hugo Schwendenwein,* Österreichisches Staatskirchenrecht, 1992, S. 21 f.

5 § 20 des Kaiserlichen Patents vom 8. April 1861, womit die Angelegenheiten der evangelischen Kirche augsburgischen und helvetischen Bekenntnisses, insbesondere die staatsrechtlichen Beziehungen derselben ... geregelt werden (Protestantenpatent), RGBl. Nr. 41/1861 vom 10. April 1861, S. 337ff. („Die Evangelischen beider Bekenntnisse werden zur Bestreitung ihrer kirchlichen Bedürfnisse, abgesehen von demjenigen, was bisher schon aus Staatsmitteln für evangelische Unterrichts- und Cultuszwecke geleistet worden ist, jährliche Beiträge aus dem Staatsschatze erhalten, wie Wir dieß bereits mit Unserer Entschließung vom 11. Mai 1860 ausgesprochen haben."); § 14 des Gesetzes vom 20. Mai 1874, betreffend die gesetzliche Anerkennung von Religionsgesellschaften, RGBl. Nr. 68/1874 vom 27. Mai 1874, S. 151 ff. („Zur Erbringung der mit staatlicher Zustimmung ausgeschriebenen Umlagen und der den Religionsdienern zustehenden Einkünfte und Gebühren wird der staatliche Beistand gewährt."), im Hinblick auf die Altkatholiken.

Nach dem „Anschluß“ Österreichs an das Deutsche Reich 1938 hob das Kirchenbeitragsgesetz von 1939[6] sowohl den Religionsfonds wie sonstige staatliche Leistungsverpflichtungen zugunsten der Kirchen und Religionsgemeinschaften auf (§ 5) und gestattete dafür der Katholischen Kirche, der evangelischen Kirche augsburgischen und helvetischen Bekenntnisses sowie der altkatholischen Kirche die Erhebung eines (privatrechtlich ausgestalteten) Kirchenbeitrags[7]. Der Religionsfonds wurde ein Jahr später zum Eigentum des Deutschen Reiches erklärt[8].

In Art. 26 des Staatsvertrags von 1955[9] war Österreich die Verpflichtung eingegangen, die seit dem 13. März 1938 aus Gründen der Religion entzogenen Vermögenswerte entweder zurückzugeben oder Entschädigung zu leisten. Ein erstes Durchführungsgesetz vom Dezember 1955[10] erstreckte derartige Restitutionsansprüche explizit auch auf die durch das Kirchenbeitragsgesetz und seine Durchführungsverordnun-

[6] Gesetz über die Erhebung von Kirchenbeiträgen im Land Österreich vom 28. April 1939, Gesetzblatt für das Land Österreich Nr. 543/1939 vom 28. April 1939, S. 1875.

[7] Zusammenfassend *Stefan Mückl*, Kirchensteuer und Kirchenbeitrag in: Stephan Haering/Wilhelm Rees/Heribert Schmitz (Hrsg.), Handbuch für Katholisches Kirchenrecht, 3. Aufl. 2015, S. 1532ff. (1544ff.); für die Hintergründe *Willibald M. Plöchl*, Zur Vorgeschichte und Problematik des Kirchenbeitragsgesetzes in Österreich, in: Siegfried Grundmann (Hrsg.), Für Kirche und Recht. Festschrift für Johannes Heckel zum 70. Geburtstag, 1959, S. 108ff.; *Hans R. Klecatsky*, Lage und Problematik des österreichischen Kirchenbeitragssystems, in: Essener Gespräche zum Thema Staat und Kirche 6 (1972), hrsg. von Joseph/Krautscheidt/Heiner Marré, S. 54ff.

[8] § 1 der Dritten Verordnung des Reichskommissars für die Wiedervereinigung Österreichs mit dem Deutschen Reich zur Durchführung und Ergänzung des Gesetzes über die Erhebung von Kirchenbeiträgen im Land Österreich vom 29. März 1940, Gesetzblatt für das Land Österreich Nr. 45 vom 30. März 1940, S. 336. – Zu den Auswirkungen *Irene Bandhauer-Schöffmann*, Entzug und Restitution im Bereich der Katholischen Kirche, 2004, S. 38ff.

[9] Staatsvertrag betreffend die Wiederherstellung eines unabhängigen und demokratischen Österreich vom 15. Mai 1955, BGBl. Nr. 152/1955 vom 30. Juli 1955, S. 725ff.

[10] Bundesgesetz Nr. 269/1955 vom 20. Dezember 1955, womit Bestimmungen zur Durchführung des Art. 26 des Staatsvertrages hinsichtlich kirchlicher Vermögensrechte getroffen werden, BGBl. vom 29. Dezember 1955, S. 1464ff.; vertiefend zur Entstehungsgeschichte *Bandhauer-Schöffmann*, Entzug und Restitution (Fn. 8), S. 232ff.

gen gestützten Maßnahmen[11]. Abgewickelt wurden die Ansprüche über die Religionsfonds-Treuhandstelle[12], die bis 1988 bestand[13].

Die nähere Konkretisierung und Realisierung der entsprechenden Verpflichtungen erfolgte in den darauffolgenden Jahren gegenüber der Katholischen Kirche im Wege des Vertragsschlusses[14] sowie gegenüber den übrigen Kirchen und Religionsgemeinschaften durch gesetzliche Regelung[15].

So wurden zugunsten der Katholischen Kirche nicht nur einmalige Wiedergutmachungsleistungen wie die Rückübertragung von Liegenschaften und Immobilien erbracht, sondern auch laufende Staatsleistungen begründet. Diese wurden in bisher sieben Zusatzvereinbarungen zum Vermögensvertrag von 1960 fortgeschrieben, zuletzt 2020[16]. Aktuell belaufen sich diese Zahlungen auf 20,75 Millionen Euro jährlich. Das Vertragswerk diente auch dazu, ältere historische Ansprüche abzugelten, so diejenigen des Erzbistums Salzburg aus § 35 des Reichsdeputationshauptschlusses. Dem Erzbistum wurde durch die Stadt Salzburg das Eigentum an bestimmten Liegenschaften und Immobilien übertragen, zudem Waldflächen aus dem Vermögen der Religionsfonds-Treuhandstelle[17].

[11] Detailliert *Peter Leisching*, Ansprüche der katholischen Kirche im Rahmen des Staatsvertrages und ihre Grundlagen, ÖAKR 8 (1957), S. 81 ff.

[12] §§ 4–15 des Bundesgesetzes vom 20. Dezember 1955 (Fn. 10).

[13] Bundesgesetz Nr. 98/1988 vom 22. Jänner 1988 betreffend die Auflösung der Religionsfonds-Treuhandstelle, BGBl. vom 12. Feber 1988, S. 1575 f.

[14] Vertrag zwischen dem Heiligen Stuhl und der Republik Österreich zur Regelung von vermögensrechtlichen Beziehungen (Vermögensvertrag) vom 23. Juni 1960, BGBl. vom 17. Oktober 1960, S. 1993 ff. sowie AAS 52 (1960), S. 933 ff. – Eingehende Erläuterung bei *Josef Rieger*, Die vermögensrechtlichen Beziehungen zwischen Kirche und Staat aufgrund der Konvention vom Jahre 1960, ÖAKR 15 (1964), S. 42 ff. sowie bei *Bandhauer-Schöffmann*, Entzug und Restitution (Fn. 8), S. 269 ff.

[15] § 1 des Bundesgesetzes Nr. 221/1960 vom 26. Oktober 1960 über finanzielle Leistungen an die altkatholische Kirche, BGBl. vom 16. November 1960, S. 2073 f.; §§ 1–3 des Bundesgesetzes BGBl. Nr. 222/1960 vom 26. Oktober 1960 über finanzielle Leistungen an die israelitische Religionsgesellschaft, BGBl. vom 16. November 1960, S. 2074; § 20 des Bundesgesetzes Nr. 182/1961 vom 6. Juli 1961 über äußere Rechtsverhältnisse der Evangelischen Kirche, BGBl. vom 19. Juli 1961, S. 957 ff.

[16] Siebenter Zusatzvertrag zwischen dem Heiligen Stuhl und der Republik Österreich zum Vertrag zwischen dem Heiligen Stuhl und der Republik Österreich zur Regelung von vermögensrechtlichen Beziehungen vom 23. Juni 1960 vom 12. Oktober 2020, AAS 113 (2021), S. 95 ff.

[17] Art. V des Vermögensvertrags 1960. – Näher zur sog. „Salzburger Frage" *Willibald M. Plöchl* (Hrsg.), Die Regelung der Salzburger Vermögensrechtsfrage 1803–1961, 1962, insbes. der Beitrag von *Ernst Wenisch*, Die Salzburger Dotationsfrage im Rahmen des Kirchenvertrages (1961), S. 51 ff.; ferner *Bandhauer-Schöffmann*, Entzug und Restitution (Fn. 8), S. 330 f.

III. Staatsleistungen im französisch beeinflußten Rechtskreis

Bereits am 2. November 1789 hatte die Nationalversammlung – auf Antrag ihres Mitglieds Charles-Maurice de Talleyrand, Bischof der Diözese Autun – sämtliche Kirchengüter (*tous les biens ecclésiastiques*) „nationalisiert" (*sont à la disposition de la nation*)[18]. Mit dieser Maßnahme gedachte die noch junge Revolution die immense Staatsverschuldung zu tilgen, eine Erwartung, die sich – wie schon bei diversen anderen Enteignungen der Kirchengüter in anderen Ländern und zu anderen Epochen – auch dieses Mal nicht erfüllte. Talleyrand argumentierte, die Kirche sei „kein Eigentümer wie andere Eigentümer", da die Güter „zum Dienst der Ämter gestiftet" worden sein. Daher dürfe die Nation „in einer allgemeinen Notlage" auf diese Güter zugreifen, sofern sie nur sicherstelle, daß der mit ihr verbundene Finanzierungszweck sichergestellt sei[19]. Dementsprechend war die Nationalisierung mit der Auflage verbunden, daß die Nation „in angemessener Weise für die Kosten des Gottesdienstes, den Unterhalt der Geistlichen und die Armenfürsorge" aufzukommen habe. Dieser Zustand, durchweg überschattet durch die Auseinandersetzungen um die „Zivilkonstitution des Klerus", hatte keine fünf Jahre Bestand: 1794 beendete der Nationalkonvent die Finanzierung der sog. „konstitutionellen Kirche"[20] und erließ wenig später ein generelles Finanzierungsverbot für Zwecke des Kultus sowie der Geistlichen[21].

Die Resultate der im Wortsinne revolutionären Ereignisse des Jahrzehnts nach 1789[22] blieben auch bei der Normalisierung des Verhältnisses von Staat und Kirche im übrigen unangetastet: Im Konkordat von 1801[23] mußte Papst Pius VII., der Sicherheit halber auch für seine Nachfolger, „im Interesse des Friedens und der glücklichen Wieder-

[18] *Décret du 2 novembre 1789 portant nationalisation des biens du clergé*, von der Nationalversammlung mit 568 gegen 346 Stimmen angenommen.

[19] Motion de M. De Talleyrand sur les biens ecclésiastiques, lors de la séance du 10 octobre 1789, Archives Parlementaires de 1787 à 1860, Première série (1787–1799), Tome IX (Du 16 septembre au 11 novembre 1789), 1877, S. 398 ff.

[20] *Décret du 2 sansculotides an II* (= 18. September 1794); Abdruck bei *Zaccaria Giacometti*, Quellen zur Geschichte der Trennung von Staat und Kirche, 1926, S. 24.

[21] *Décret du 3 ventôse an III* (= 21. Februar 1795), insbes. Art. I („La République n'en [scil.: le culte, SM] salarie aucun.") und II („Elle ne fournit aucun local, ni pour l'exercice du culte, ni pour le logement des ministres."); Abgedruckt in *Giacometti*, Quellen (Fn. 20), S. 24 f.

[22] Bilanzierend zum Schicksal des Kirchenvermögens *Georg May*, Das Versöhnungswerk des päpstlichen Legaten Giovanni B. Caprara, 2012, S. 179 ff.

[23] Convention entre Sa Sainteté Pie VII, et le Gouvernement français du 26 messidor an IX (= 15. Juli 1801); Abdruck des deutschen Textes bei *Lothar Schöppe*, Konkordate seit 1800. Originaltext und deutsche Übersetzung der geltenden Konkordate, 1964, S. 93 ff. – Vertiefend *Bernard Ardura*, Le Concordat entre Pie

herstellung der katholischen Religion" erklären, die neuen Eigentümer des „entfremdeten kirchlichen Besitz(es)" und ihre Rechtsnachfolger als definitiv zu akzeptieren (Art. 13). Dafür versprach der Staat, den Bischöfen die für den Gottesdienst benötigten Kirchen zur Verfügung zu stellen (Art. 12) sowie für den angemessenen Unterhalt der Bischöfe und Geistlichen aufzukommen (Art. 14). Die ein Jahr später von Napoleon einseitig erlassenen „Organischen Artikel"[24] regelten detailliert die zugunsten der anerkannten Religionsgemeinschaften (außer der Katholischen Kirche das Augsburger und das Reformierte Bekenntnis) zu erbringenden Staatsleistungen. Gleiches erfolgte in der Gesetz- und Verordnungsgebung im Hinblick auf die jüdische Religionsgemeinschaft[25].

Das Nationalisierungsdekret galt neben Frankreich auch im heutigen Belgien und Luxemburg, die seit 1795 als *départements réunis* Bestandteil der Französischen Republik waren. Auch hier kam es folglich zu umfangreichen Konfiskationen. Gleichermaßen erstreckte sich die Geltungskraft der Organischen Artikel auf diese beiden Länder, überdies auf die Niederlande (sowie das linksrheinische Deutschland und einigen Schweizer Kantone).

Mit der Neuordnung Europas auf dem Wiener Kongreß 1815 verlief die weitere Entwicklung, jedenfalls in der langfristigen Perspektive, unterschiedlich:

1. Frankreich

Die in den Organischen Artikeln von 1802 bestimmten Staatsleistungen hatten (in Form der nachfolgenden Gesetzgebung) das gesamte 19. Jahrhundert hindurch Bestand. Der fundamentale Systemwechsel erfolgte, als Höhe- wie Schlußpunkt der antiklerikalen Gesetzgebung, mit dem Trennungsgesetz vom 9. Dezember 1905[26]. Zu einem

VII et Bonaparte 15 juillet 1801. Bicentenaire d'une réconciliation, 2001; May, Versöhnungswerk (Fn. 22), S. 1377 ff.

24 Abgedruckt in *Giacometti*, Quellen (Fn. 20), S. 33 ff. (Katholische Kirche), 39 ff. (cultes protestants); zusammenfassend *May*, Versöhnungswerk (Fn. 22), S. 1406 ff.

25 *Décret qui ordonne l'execution d'un règlement du 10 décembre 1806 sur les Juifs* vom 17. März 1808 sowie *Ordonnance portant règlement pour l'organisation du culte israélite* vom 25. Mai 1844, abgedruckt in *Giacometti*, Quellen (Fn. 20), S. 44 ff., 71 ff.

26 Abgedruckt in deutscher Übersetzung in: Essener Gespräche zum Thema Staat und Kirche 40 (2007), hrsg. von Burkhard Kämper/Hans-Werner Thönnes, S. 195 ff.; erläuternd Jean-Paul Durand, Das französische Trennungsgesetz von 1905 und seine Folgen, in: Essener Gespräche zum Thema Staat und Kirche 40 (2007), hrsg. von Burkhard Kämper/Hans-Werner Thönnes, S. 5 ff.; ferner Axel Frhr. von Campenhausen, 100 Jahre Trennung von Staat und Kirche in Frankreich, in: Rainer Grote/Ines Härtel/Karl-Eberhard Hain/Thorsten

seiner Grundpfeiler gehört bis heute ein strikt formuliertes Verbot der Subventionierung von Kirchen und Religionsgemeinschaften sowie der Besoldung ihrer geistlichen Amtsträger: „*La République ... ne salarie ni ne subventionne aucun culte.*“ (Art. 2 Abs. 1 Satz 1). Als unmittelbare Konsequenz dessen sind Ausgabeposten in den Haushalten von Staat, Departements und Kommunen unzulässig, die sich auf die „Ausübung des Kults“ beziehen (Art. 2 Abs. 1 Satz 2). Bereits das Trennungsgesetz selbst normiert indes schon eine erste Durchbrechung des Finanzierungsverbots: Die öffentlichen Haushalte *können* (nicht: „müssen“!) Ausgabenposten für die Anstaltsseelsorge in öffentlichen Einrichtungen vorsehen, die zur Sicherung der freien Religionsausübung der dort Tätigen bestimmt sind (Art. 2 Abs. 1 Satz 3).

Ein komplexes Spezialregime gilt für das Eigentum und die Nutzung an den Kultgebäuden[27]. Für diejenigen, die im Eigentum der aufgrund des napoleonischen Systems errichteten anerkannten, öffentlich-rechtlich verfaßten Religionsgemeinschaften (*établissements publics du culte*) standen, sah das Trennungsgesetz vor, diese binnen eines Jahres auf die neu zu bildenden Kultvereine zu übertragen (Art. 4), andernfalls sie in das Eigentum öffentlicher Träger zurückfallen würden (Art. 9). Da sich die Katholische Kirche, im Unterschied zu Lutheranern, Reformierten und der Jüdischen Kultusgemeinschaft, weigerte, die gesetzlich vorgesehenen Kultvereine zu konstituieren, verlor sie einerseits die während des 19. Jahrhunderts errichteten Kirchen und Kapellen (was Papst Pius X. mit dem Ausspruch kommentierte. „Die Kirche muß manchmal ihre Güter aufgeben, um ihr Gut zu bewahren.“), zwang andererseits aber den Staat zum Einlenken: Das Gesetz über die öffentliche Kultausübung von 1907[28] überführte einerseits die katholischen Kirchengebäude in öffentliches Eigentum (Art. 2), gestand aber andererseits den Geistlichen und Gläubigen ein kostenloses Nutzungsrecht zu (Art. 5). Die aus der Eigentümerstellung der öffentlichen Hand fließende Erhaltungs- und Unterhaltungspflicht für die Kirchengebäude konnte (anders als im Fall der übrigen Religionsgemeinschaften mangels bestehender Kultvereine) auf kein verfaßtes Rechtssubjekt der Benutzer abgewälzt werden. Daher mußte 1908 das Trennungsgesetz in einem entscheidenden, das grundsätzliche Finanzierungsverbot durch-

Ingo Schmidt/Thomas Schmitz/Gunnar Folke Schuppert/Christian Winterhoff (Hrsg.), Die Ordnung der Freiheit. Festschrift für Christian Starck zum siebzigsten Geburtstag, 2007, S. 1075ff.

27 Detailliert *Magalie Flores-Lonjou*, Les lieux de culte en France, 2001; *Jacqueline Lalouette/Christian Sorrel* (Hrsg.), Les lieux de culte en France 1905–2008, 2008.

28 *Loi concernant l'exercise public des cultes* vom 2. Januar 1907, Abdruck bei *Giacometti*, Quellen (Fn. 20), S. 327ff.

brechenden Punkt geändert werden[29]: An die Stelle der Verpflichtung der Benutzer, für Erhalt und Unterhalt der im *staatlichen* Eigentum befindlichen Kirchengebäude zu sorgen, trat die Ermächtigung für die öffentliche Hand, diese Ausgaben zu übernehmen.

Das auf dem napoleonischen Staatskirchenrecht beruhende System gilt in den östlichen Landesteilen bis auf den heutigen Tag als „lokales" Recht (*droit local*) fort[30]. Da die drei betroffenen Departements 1905 als „Reichsland Elsaß-Lothringen" zum Deutschen Reich gehörten, erlangte das Trennungsgesetz dort zunächst keine Geltung. Nach der Rückkehr Elsaß-Lothringens zu Frankreich 1918 verbürgte das Repatriierungsgesetz 1919 den Fortbestand des *droit local*, welches nach dem Ende der neuerlichen deutschen Besatzung 1944 abermals wiederhergestellt wurde. Dementsprechend genießen unverändert die katholische Kirche, die lutherische und die reformierte Kirche sowie die jüdische Religionsgemeinschaft als *cultes reconnus* einen öffentlich-rechtlichen Sonderstatus[31], ihre Amtsträger werden staatlich besoldet[32] und ihre Aufwendungen für Kultus sowie Unterhalt der Kultgebäude staatlich subventioniert. Umgekehrt unterliegt die kirchliche Vermögensverwaltung gleichermaßen staatlicher Beteiligung wie staatlicher Aufsicht.

2. Belgien

Die erste Verfassung des von den Vereinigten Niederlanden abgetrennten neuen Königreiches Belgien von 1831 bestimmte in ihrem Art. 117, die Gehälter und Pensionen der Religionsdiener gingen zu Lasten des Staates, die dafür erforderlichen Beträge seien jährlich in den Haushaltsplan einzustellen. Die Regelung wurde bei allen nachfolgenden Verfassungsrevisionen übernommen[33] und gilt in der Substanz unverändert bis heute (Art. 181 Abs. 1), seit 1993 erweitert zuguns-

[29] *Loi modificant les articles 6, 7, 9, 10, 13 et 14 de la loi du 9 décembre 1905 sur la séparation des Églises et de l'État* vom 13. April 1908, Abdruck bei *Giacometti*, Quellen (Fn. 20), S. 349ff.

[30] Überblick bei *Francis Messner/Pierre-Henri Prélot/Jean-Marie Woehrling* (Hrsg.), Droit français des religions, 2. Aufl. 2013, S. 1269ff.; jüngst umfassend *Anna Imhof*, Das staatskirchenrechtliche Regime Elsass-Lothringens in rechtsvergleichender Perspektive. Le droit local des cultes en Alsace-Moselle, 2022.

[31] *Messner/Prélot/Woehrling*, Droit français des religions (Fn. 30), S. 1273ff. ; Imhof, Regime (Fn. 30), S. 133ff.

[32] *Messner/Prélot/Woehrling*, Droit français des religions (Fn. 30), S. 1327ff.; *Imhof*, Regime (Fn. 30), S. 390ff. – Bestätigung der fortgeltenden Bestimmungen des *droit local* als verfassungsgemäß durch Conseil constitutionnel, Entsch. Nr. 2012-297 QPC vom 21. Februar 2013, Journal Officiel de la République Française vom 23. Februar 2013, S. 3110; dazu näher *Imhof*, ebd., S. 216ff.

[33] Darstellung der Entwicklung bei *Willibald Hermsdörfer*, Geschichte und Gegenwartsgestalt des Verhältnisses von Staat und Kirche in Belgien, 1998, S. 160ff.; *Jan De Maeyer*, Kirchenfinanzierung seit Napoleon in Belgien – zwischen direkter staatlicher Finanzierung und Subventionspolitik. Ein historischer und

ten der „Vertreter der durch Gesetz anerkannten Organisationen, die moralischen Beistand aufgrund einer nichtkonfessionellen Weltanschauung bieten“ (Art. 181 Abs. 2). Anknüpfungspunkt der Kostentragung ist die (einfachgesetzliche) Anerkennung als Kirche oder Religionsgemeinschaft. Dementsprechend kommen seit der Staatsgründung die Katholische Kirche und die protestantisch-evangelische Kirche in Genuß dieser Form der Staatsleistungen, 1870 wurden die anglikanische Kirche und die israelische Kultusgemeinschaft einbezogen, 1974 die islamische Kultusgemeinde und 1985 die Orthodoxe Kirche[34].

Die Umwandlung Belgiens in einen Bundesstaat durch die Verfassungsrevision von 1993 führte zu Konsequenzen für das Staatskirchenrecht im Allgemeinen[35] und die Staatsleistungen im Besonderen. Für die personenbezogenen Staatsleistungen bleibt der Zentralstaat zuständig[36]. Hingegen liegen nunmehr die sachbezogenen Staatsleistungen, insbesondere der Unterhalt der Kultgebäude und die Zurverfügungstellung von Wohnungen für die Religionsdiener, in der Kompetenz der Regionen[37].

3. Luxemburg

Zu einer bemerkenswerten Entflechtung zwischen Staat und Kirche kam es in den vergangenen Jahren in Luxemburg[38]: Ein *décret imperial* von 1809 hatte den Staat zur Besoldung der Geistlichen und zum Unterhalt für die Kirchengebäude verpflichtet. Deren Verwaltung hatte durch lokale Kirchenfabriken zu erfolgen, in denen pfarrliche und

aktueller Überblick, in: Rudolf K. Höfer (Hrsg.), Kirchenfinanzierung in Europa. Modelle und Trends, 2014, S. 9ff.

34 Einzelheiten bei *Hermsdörfer*, Geschichte (Fn. 33), S. 170ff.

35 Näher *Rik Torfs*, New aspects in the Relationship between State and Religious Communities in Belgium, in: Wilhelm Rees/María Roca/Balázs Schanda (Hrsg.), Neuere Entwicklungen im Religionsrecht europäischer Staaten, 2013, S. 727ff. (729); *Stephan Dusil*, Das Verhältnis von Staat und Kirche in Belgien und in den Niederlanden, in: Stefan Mückl/Arnd Uhle (Hrsg.), Kirche und Staat in West-, Süd- und Nordeuropa, 2020, S. 379ff. (392 f.).

36 Nähere Regelungen enthält das Gesetz über die Gehälter von Geistlichen (*Wet betreffende de wedden van sommige titularissen van sommige operbare ambten en van de bendienaars van de erediensten*) vom 2. August 1974, abgedruckt in: Belgisch Staatsblad/Moniteur Belge vom 19. September 1974, S. 11415.

37 Etwa die (flämische) Verordnung über die materielle Organisation und Funktionsweise der anerkannten Religionen (*Decreet betreffende de materiële organisatie en werking van de erkende erediensten*) vom 7. Mai 2004, abgedruckt in: Belgisch Staatsblad/Moniteur Belge vom 6. September 2004, S. 65171 (Niederländisch) sowie 65198 (Französisch).

38 Allgemeiner Tour d'horizont bei *Mathias Schlitz*, Kirche und Staat in Luxemburg: Jüngere und jüngste Entwicklungen im gegenseitigen Verhältnis, in: Wilhelm Rees/María Roca/Balázs Schanda (Hrsg.), Neuere Entwicklungen im Religionsrecht europäischer Staaten, 2013, S. 587ff.

kommunale Vertreter zusammenwirkten. Für eventuelle Verluste hatte die Kommune einzustehen. Seit 1848 sah die Verfassung die Übernahme der Gehälter und Pensionen der Geistlichen durch den Staat vor (Art. 106).

Im Januar 2015 hatte der Staat mit der Katholischen Kirche (desgleichen mit fünf weiteren Religionsgemeinschaften: Protestanten, Anglikaner, Orthodoxe, Juden, Moslems) drei Konventionen unterzeichnet, die mittlerweile in Kraft getreten sind. Das tradierte System der Übernahme von Gehältern und Pensionen der Geistlichen wird nach dem Grundsatz *pacta sunt servanda* für die bereits im Dienst Stehenden aufrecht erhalten, künftige Anstellungen erfolgen hingegen auf der Grundlage des Privatrechts[39]. *Pro futuro* zahlt der Staat jeder Religionsgemeinschaft nur mehr einen Sockelbetrag (der im Fall der Katholischen Kirche ein Drittel der bisherigen Zuweisungen beträgt). Die Kirchenfabriken werden aufgelöst und in einen vom Erzbistum verwalteten Kirchenfonds überführt[40]. Die Verlusttragung durch die Kommunen entfällt, lediglich hinsichtlich der Kathedrale in Luxemburg und der Wallfahrtsbasilika in Echternach bestehen Sonderregelungen im Hinblick auf die Finanzierung des Unterhalts.

4. Niederlande

Einen vollständigen Systemwechsel von direkten Staatsleistungen zur Ablösung haben hingegen bereits vor Jahrzehnten die Niederlande vollzogen. Ursprünglich hatte nach dem Wiener Kongreß die Verfassung der Vereinigten Niederlande das napoleonische System fortgeführt und – ebenso wie später in Belgien – den Staat zur Leistung von Gehältern und Pensionen der Religionsdiener verpflichtet[41]. Die grundlegende Verfassungsrevision von 1983 erwähnte zwar die Religionsgemeinschaften als Institutionen nicht (mehr), erhielt aber die genannte Verpflichtung in den Übergangsbestimmungen noch aufrecht[42]. 1995 wurde sie

[39] Art. 4 der Convention entre l'État du Grand-Duché de Luxembourg et les communautés religieuses établies au Luxembourg vom 26. Januar 2015, abgedruckt in: ÖARR 61 (2014), S. 270ff.

[40] Für die Einzelheiten: Art. 1 der Convention entre l'État du Grand-Duché de Luxembourg et l'Église catholique du Luxembourg concernant la nouvelle organisation des fabriques d'églises vom 26. Januar 2015, abgedruckt in: ÖARR 61 (2014), S. 282 f.

[41] In der ursprünglichen Fassung der Verfassung Art. 194, nach diversen Umnummerierungen seit 1953 Art. 185.

[42] Zusatzartikel IV der Verfassung von 1983 lautete: „(1) Die Gehälter, die Ruhegehälter und andere Einkünfte gleich welcher Art, die die verschiedenen Religionsgemeinschaften oder deren Diener beziehen, bleiben diesen Religionsgemeinschaften erhalten. (2) Den Dienern, die bisher aus der Staatskasse kein oder kein ausreichendes Gehalt bezogen haben, kann ein Gehalt oder eine Erhöhung des bisher gezahlten Gehalts gewährt werden.“

endgültig aufgehoben[43]. Bereits zuvor waren die bis dato bestehenden Staatsleistungen gegen eine Abschlagszahlung von 250 Millionen Gulden abgelöst worden[44] – damit war die „silberne Schnur durchtrennt" (*doorknippen van de zilveren koorde*). In den 1970er Jahren betrugen die Staatsleistungen insgesamt etwa 8 Millionen Gulden, knapp die Hälfte davon entfiel auf die verfassungskräftig abgesicherten Gehalts- und Pensionszahlungen[45]. Der Faktor für die Ablösung lag damit bei 31,25.

IV. Staatsleistungen in Ländern mit ehemals katholischer Staatsreligion

1. Spanien

Noch während des Ancien Régime kam es ab Ende des 18. Jahrhunderts zu Enteignungen kirchlicher Vermögenswerte in Spanien (*desamortización*)[46], welche sich in mehreren Wellen auch in der liberalen Ära des 19. Jahrhunderts fortsetzten. Davon betroffen waren nicht allein die Ordensgemeinschaften, sondern auch die Kirchengüter des Weltklerus. Wie andernorts auch, verlor die Kirche Spaniens weite Teile ihres Vermögens. Umgekehrt erbrachte der Staat zahlreiche Unterstützungsleistungen zugunsten der Kirche im Hinblick auf deren Aufwendungen für Klerus und Kultus. Diese wurden in der Verfassung der Zweiten Republik von 1931 suspendiert. Das Vermögen der Jesuiten wurde von Verfassungs wegen verstaatlicht, bei anderen Ordensgemeinschaften eröffnete die Verfassung die entsprechende Option (Einzelheiten: Art. 26).

Nach dem Ende des Bürgerkriegs erfolgte unter dem Vorzeichen der Restauration des konfessionellen Staates die Wiederaufnahme der Unterstützungsleistungen, teilweise auch die Rückgabe entzogener Kirchengüter. Im Konkordat von 1953[47] verpflichtete sich der Staat gegenüber der Kirche, „angemessene jährliche Dotationen" zu erbringen, die ausdrücklich „als Entschädigung für die Enteignungen der Kirchengüter in der Vergangenheit" motiviert waren (allerdings auch als „Beitrag

[43] Gesetz vom 5. September 1995.

[44] *Hartmut Böttcher*, Typen der Kirchenfinazierung in Europa, ZevKR 52 (2007), S. 400 ff. (408); vgl. auch *Sophie C. van Bijsterveld*, Staat und Kirche in den Niederlanden, in: Gerhard Robbers (Hrsg.), Staat und Kirche in der Europäischen Union, 2. Aufl. 2005, S. 399 ff. (402, 418).

[45] *F. H. M. van Spaendonck*, Die finanzielle Situation der Kirchen in den Niederlanden, ThQ 156 (1976), S. 208 ff. (209).

[46] Dazu monographisch *Francisco Tomás y Valiente*, El marco político de la desamortización en España, 5. Aufl. 1989; *Francisco Martí Gilabert*, La desamortización española, 2003.

[47] Abgedruckt in: AAS 45 (1953), S. 625 ff.

für das Wirken der Kirche zugunsten der Nation")[48]. Dieses Dotationssystem (*dotación de culto y clero*) sollte freilich nur eine Zwischenlösung sein, bis Staat und Kirche sich über die „Schaffung eines angemessenen kirchlichen Vermögens zur Sicherung der angemessenen Ausstattung für Kultus und Klerus" verständigt haben würden[49].

Bei der grundsätzlichen Neuordnung des Staat-Kirche-Verhältnisses in den späten 1970er Jahren benannte der „Vertrag über wirtschaftliche Angelegenheiten"[50] als Zielvorgabe das Prinzip der kirchlichen Eigenfinanzierung[51]. Für eine – nicht näher fixierte, jedenfalls gegenwärtig noch andauernde – Übergangszeit blieb das System der Staatsleistungen an die Kirche bestehen: Bis 1988 wurden die jährlichen Dotationen, wie sie das Konkordat von 1953 vorgesehen hatte, weiter geleistet. In einer zweiten Phase ab 1988 erhielt die Kirche einen bestimmten Prozentsatz von der Einkommensteuer (0,5239%)[52], sofern der Steuerpflichtige ausdrücklich eine entsprechende Zweckbindung vornahm[53]. Da sich diese Einnahmen als quantitativ unzureichend erwiesen, schoß der Staat aus dem allgemeinen Staatshaushalt den Differenzbetrag zu, um so die Kirche wirtschaftlich wie unter dem (eigentlich) überholten Dotationsmodell zu stellen. Obwohl diese Mischfinanzierung nach der gesetzlichen Konzeption auf drei Jahre befristet sein sollte, wurde sie bis

48 Art. XIX § 2 Konkordat 1953. – Dazu *José María Vázquez García-Peñuela*, Precedentes históricos, in: José María González del Valle/Iván C. Ibán (Hrsg.), Fiscalidad de las confesiones religiosas en España, 2002, S. 15ff. (77ff.).

49 Art. XIX § 1 Konkordat 1953. – Zu dieser Zielsetzung *María Dolores Cebria García*, La autofinanciación de la Iglesia Católica en España. Límites y posibilidades, 1999.

50 *Acuerdo entre el Estado español y la Santa Sede, sobre asuntos económicos*, abgedruckt in: AAS 72 (1980), S. 56ff.; in deutscher Übersetzung in: Essener Gespräche zum Thema Staat und Kirche 40 (2007), hrsg. von Burkhard Kämper/Hans-Werner Thönnes, S. 223ff. – Dazu *José María Piñero*, La dotación de la Iglesia por el Estado en los nuevos acuerdos entre la Santa Sede y el Estado español, Ius Canonicum 19 (1979), S. 303ff.; *María José Villa*, El Acuerdo sobre Asuntos Económicos del 1979 en la Doctrina española, Anuario del Derecho Eclesiástico del Estado 6 (1990), S. 625ff.

51 Art. II § 5 Vertrag über wirtschaftliche Angelegenheiten lautet: „Die Katholische Kirche erklärt sich bereit, selbst die ausreichenden Mittel zur Deckung ihrer Bedürfnisse zu erreichen."

52 Rechtsgrundlage bildete jeweils das Haushaltsgesetz, so erstmals *Disposición adicional 5* der *Ley 33/1987 de Presupuestos Generales del Estado para el año 1988* vom 13. Dezember 1987, Boletín Oficial del Estado Nr. 307 vom 24. Dezember 1987, S. 37785ff. (37825).

53 Art. II § 2 Vertrag über wirtschaftliche Angelegenheiten. – Das spanische Verfassungsgericht erklärte mit Urteil vom 20. Juni 1994 die Regelung für verfassungsgemäß (STC 188/1994); das in Art. 16 Abs. 2 der Verfassung gewährleistete Schweigerecht über die religiöse Überzeugung sei nicht verletzt, da sich aus der Erklärung der Zweckbindung durch den Steuerpflichtigen nicht zwingend auf die Religionszugehörigkeit schließen lasse.

2006 fortgeführt[54]. Seitdem gilt das noch heute praktizierte Modell[55]: Der Prozentsatz der möglichen Zweckbindung wurde auf 0,7% erhöht[56], dafür fielen die ergänzenden staatlichen Zuweisungen weg.

2. Italien

Zu ersten Klösteraufhebungen und Konfiskationen auf italienischem Boden kam es bereits im Zuge der Besetzungen durch französische Revolutionstruppen und die nachfolgenden französischen Tochterrepubliken. Ähnliche Maßnahmen wie in anderen europäischen Staaten[57] ergingen dann ab der Mitte des 19. Jahrhunderts im Zuge der italienischen Einheitsbewegung, zunächst in der piemontesischen, später der gesamtitalienischen Gesetzgebung:

In einem ersten Schritt löste 1855 ein Gesetz des Königreiches Piemont-Sardinien („legge Rattazzi")[58] zahlreiche Orden auf und zog ihre Vermögensgüter ein. Diese wurden der Verwaltung einer *Cassa Ecclesiastica* unterstellt, welche einige Jahre später an das Staatsvermögen überging. Das Gesetz wurde auf diejenigen Teile Italiens ausgedehnt, welche sich dem entstehenden Nationalstaat anschlossen. Als nach dem Dritten Unabhängigkeitskrieg gegen Österreich 1866 die Staatsfinanzen völlig zerrüttet waren, kam es zu einer neuerlichen Welle von Ordensaufhebungen und nachfolgenden Konfiskationen[59], schließlich 1867 zur generellen Einziehung der Vermögensgüter sämtlicher Klöster und Ordensniederlassungen im gesamten Staatsgebiet sowie dem Verbot des Ablegens von Ordensgelübden[60]. Unangetastet blieb allein das Vermögen der Pfarr- und Kathedralkirchen, der Priesterse-

[54] Zuletzt *Disposición adicional 11* der *Ley 30/2005 de Presupuestos Generales del Estado para el año 2006* vom 29. Dezember 2005, Boletín Oficial del Estado Nr. 312 vom 30. Dezember 2005, S. 42905ff. (42975).

[55] Die entsprechende Modifizierung des Vertrags über wirtschaftliche Angelegenheiten erfolgte durch einen (nicht veröffentlichten) Notenwechsel zwischen der Apostolischen Nuntiatur in Madrid und dem spanischen Außenministerium vom 22. Dezember 2006; dazu *Carlos Corral*, El intercambio de notas entre la Nunciatura Apostólica en España y el Ministerio de Asuntos Exteriores y Cooperación (MAEC), de 22/12/2006, para fijar la asignación tributaria a la Iglesia, Anuario de Derecho Eclesiástico del Estado 23 (2007), S. 457ff.

[56] Erstmals *Disposición adicional 18* der *Ley 42/2006 de Presupuestos Generales del Estado para el año 2007* vom 28. Dezember 2006, Boletín Oficial del Estado Nr. 311 vom 29. Dezember 2006, S. 46226ff. (46300).

[57] Historischer Überblick bei *Arturo Carlo Jemolo*, Lezioni di Diritto ecclesiastico, 4. Aufl. 1975, S. 473ff.

[58] Gesetz Nr. 878 vom 29. Mai 1855; zugänglich unter www.dircost.unito.it/root_subalp/docs/1855/1855-878.pdf (zuletzt aufgerufen am 15.9.2022).

[59] Königliches Dekret Nr. 3036 vom 7. Juli 1866, Gazzetta Ufficiale Nr. 187 vom 8. Juli 1866.

[60] Gesetz Nr. 3848 vom 15. August 1867, Gazzetta Ufficiale Nr. 227 vom 20. August 1867.

minare, Domkapitel und Kirchenfabriken. Mit dem Abschluß der italienischen Einigung 1870 wurden sämtliche der Bestimmungen auch auf die noch zum Kirchenstaat gehörenden Gebiete sowie auf die Stadt Rom erstreckt.

Die erwähnten Gesetze verpflichteten den Staat, einen *Fondo per il culto* einzurichten und auszustatten, aus denen in der Folgezeit (mäßige) Staatsleistungen zugunsten der Kirche erbracht wurden[61]. Das im Kontext der Lateranverträge geschlossene Konkordat von 1929 bestätigte die Zahlungsverpflichtungen zum einen durch die Kongrua-Gesetzgebung[62], zum anderen durch die Rückgabe bestimmter Immobilien an die Kirche[63].

Bereits das Konkordat selbst hatte die Kongrua-Leistungen nur als ein Übergangsregime bis zu einer anderen vertraglichen Regelung angesehen[64]. Entsprechende Verhandlungen einer partitätisch besetzten italienisch-vatikanischen Kommission begannen dann 1967. Eine bloße Modifikation des Kongrua-Systems erwies sich im Laufe der Jahre als nicht zielführend, da es das kirchliche Benefizialsystem zur Voraussetzung wie zum Anknüpfungspunkt hatte, dieses aber im revidierten Codex von 1983 abgeschafft wurde. Schließlich entschieden sich die Parteien 1984 im Vertrag von Villa Madama, welches an die Stelle des Konkordats von 1929 trat, für ein Modell der Zuweisung aus dem Aufkommen der Lohn- und Einkommensteuer, sofern der Steuerpflichtige über einen Anteil von 0,8 % eine entsprechende Zweckbindung vorgenommen hatte („otto per mille")[65]. Das ursprünglich allein für die katholische Kirche konzipierte Modell wurde zwischenzeitlich im Vertragsweg auf insgesamt elf weitere Gemeinschaften erstreckt[66].

61 Aus dem zeitgenössischen Schrifttum *Domenico Schiappoli*, Le congrue ed i supplementi di congrua ai parroci. Studio giuridico, Turin 1899. – Umstellung auf die Finanzierung direkt aus dem Staatshaushalt durch Rechtsverordnung Nr. 396 vom 17. März 1918, Gazzetta Ufficiale Nr. 84 vom 9. April 1918, S. 996 f.; bestätigt und angepaßt durch Rechtsverordnung Nr. 364 vom 31. März 1925, Gazzetta Ufficiale Nr. 82 vom 8. April 1925, S. 1265 f.

62 Art. 30 Abs. 3 und 4 des Konkordats zwischen dem Heiligen Stuhl und Italien vom 11. Februar 1929, AAS 21 (1929), S. 275 ff.

63 Art. 13 und 14 des Staatsvertrags zwischen dem Heiligen Stuhl und Italien vom 11. Februar 1929, AAS 21 (1929), 209 ff. (215 f.).

64 Art. 30 Abs. 3 des Konkordats (Fn. 62), S. 289.

65 Die konkrete rechtliche Ausgestaltung erfolgte im Gesetz Nr. 222 vom 20. Mai 1985, Gazzetta Ufficiale Nr. 129 vom 3. Juni 1985, Zusatzband. – Näher *Michael Mitterhofer*, 8x1000 – ottopermille. Das System der Kirchenfinanzierung in Italien, in: Höfer (Hrsg.), Kirchenfinanzierung in Europa (Fn. 33), S. 121 ff.; *Giorgio Feliciani*, Il finanziamento della Chiesa Cattolica dopo gli Accordi del 1984: principi ispiratori e attuazioni concrete, Ius Ecclesiae 22 (2010), S. 41 ff.

66 *Gianni Long/Valerio Di Porto*, Dall'eccezione alla regola. Le confessioni non cattoliche e l'otto per mille dell'IRPEF, Quaderni di diritto e politica ecclesiastica, 1998, S. 41 ff.; *Gabriele Fattori*, Sistema impositivo, soggetti confessionali e

V. Staatsleistungen in ehemals kommunistischen Ländern

1. Polen

Mit dem Einmarsch der Roten Armee und der kommunistischen Machtergreifung wurde die finanzielle Basis der Katholischen Kirche entscheidend geschwächt. Allein bis 1957 wurden der Kirche über 100.000 ha Land und knapp 4.000 Immobilien entzogen[67]. Als „Ausgleich" für die Konfiskationen wurde 1950 ein Religionsfonds eingerichtet, aus dem die Beiträge für die Renten-, Invaliden- und Unfallversicherung der Geistlichen (nicht nur der katholischen!) bestritten wurden. Allerdings führten die staatlichen Stellen niemals ein Register über die ihnen zugefallenen Vermögenswerte, was – verschärft durch wiederholte Umstrukturierungen der Staatsverwaltung – nach der Wende von 1989 die Prüfung von Restitutionsansprüchen erheblich erschwerte[68].

Bereits am 17. Mai 1989, also noch vor dem Fall des Kommunismus, verabschiedete der Sejm das „Gesetz über das Verhältnis des Staates zur Katholischen Kirche in der Volksrepublik Polen"[69], welches in den Übergangs- und Schlußbestimmungen umfangreiche Regelungen zur „Regulierung der Vermögensangelegenheiten der Kirche" enthielt (Art. 60–71). Für die anderen Religionsgemeinschaften finden sich vergleichbare Regelungen in den seit 1991 erlassenen Rechtsstellungsgesetzen[70].

Sofern sich im Zeitpunkt des Inkrafttretens des Gesetzes von 1989 enteignete Vermögensgüter im Besitz der katholischen Kirche befanden, wurde das Eigentum durch feststellenden Verwaltungsakt zurückübertragen (Art. 60). Für nicht in kirchlichem Besitz befindliche Vermögensgüter sah das Gesetz ein besonderes „Regulierungsverfahren" vor (Art. 61 ff.). Ein solches konnte innerhalb von zwei Jahren nach dem Inkrafttreten des Gesetzes (also bis zum 23. Mai 1991) beantragt wer-

giurisprudenza di legittimità. Linee di tendenza e spunti ricostruttivi, Il diritto ecclesiastico 125 (2014), S. 239 ff.

67 *Jan Lipski*, Vermögensrechtliche Autonomie der Kirche als Element der Gewissens- und Bekenntnisfreiheit am Beispiel Polens, in: Wilhelm Rees/María Roca/Balázs Schanda (Hrsg.), Neuere Entwicklungen im Religionsrecht europäischer Staaten, 2013, S. 333 ff. (337).

68 *Lipski*, ebd., S. 338.

69 Abgedruckt in deutscher Übersetzung in: Essener Gespräche zum Thema Staat und Kirche 29 (1995), hrsg. von Heiner Marré/Dieter Schümmelfeder, S. 222 ff.

70 Insbes. im Gesetz vom 4. Juli 1991 über das Verhältnis des Staates zur Polnischen Autokephalen Orthodoxen Kirche in der Republik Polen; im Gesetz vom 13. Mai 1994 über das Verhältnis des Staates zur Evangelisch-Augsburgischen Kirche in der Republik Polen sowie im Gesetz vom 30. Juni 1995 über das Verhältnis des Staates zur Evangelisch-methodistischen Kirche in der Republik Polen.

den. Handelndes Organ war die paritätisch von staatlichen Stellen und Vertretern der Polnischen Bischofskonferenz beschickte Vermögenskommission (Art. 62), die – obwohl nicht in die Verwaltungsorganisation einbezogen – nach den Bestimmungen des polnischen Verwaltungsverfahrensgesetzbuches operierte und durch Verwaltungsakt entschied. Erwies sich der Restitutionsantrag als begründet, konnte die Entscheidung auf Rückgabe des Eigentums, Zuerkennung einer geeigneten Ersatzimmobilie oder Gewährung von Schadenersatz lauten (Art. 63). Vor der Kommission wurden gut 3.000 Anträge eingebracht, die in knapp der Hälfte der Fälle mit der Restitution des Eigentums endeten. Kirchliche Rechtsträger erhielten Liegenschaften von einer Fläche von 65.000 ha sowie 500 Immobilien zurück. Die Entschädigungszahlungen beliefen sich auf umgerechnet 40 Millionen Euro[71].

Unverändert besteht der aus der unmittelbaren Nachkriegszeit stammende Kirchenfonds, für den der Staat jährlich gut 20 Millionen Euro aufwendet. Pläne, diesen Fonds zugunsten eines Finanzierungsmodells der Teilzweckbindung der Lohn- und Einkommensteuer nach italienischem und spanischem Vorbild abzuschaffen, scheiterten im Jahr 2014.

2. Ungarn

Bis zum Ende des Zweiten Weltkriegs stand ein Großteil der landwirtschaftlichen Nutzfläche Ungarns im Eigentum der Katholischen Kirche. Eine erste Phase der „Bodenreform" ab März 1945, durchgeführt in der Verantwortung des Landwirtschaftsministers Imre Nagy, enteignete sämtlichen größeren Grundstücke. Die verbliebenen Liegenschaften – im wesentlichen solche der Pfarreien – wurden 1951 an den Staat übertragen, der dafür seinerseits Leistungen zum Unterhalt erbrachte. Den maßgeblichen Religionsgemeinschaften – außer der Katholischen Kirche die Reformierten, Lutheraner, Unitarier sowie den jüdischen Kultusgemeinden – wurden Abkommen aufgezwungen, welche zwar (moderate) Gehaltszahlungen an die Geistlichen vorsahen, diese aber mit Mechanismen staatlicher Kontrolle verbanden.

Nach dem Zusammenbruch des Kommunismus wurden zunächst die Religionsgemeinschaften durch – in der Höhe angepaßte – Leistungen weiterhin aus dem Staatshaushalt unterstützt. Diese Leistungen hatten ihre Grundlage im Haushaltsgesetz und kamen sämtlichen Gemeinschaften, freilich ohne klare Kriterien, zugute.

Zusätzlich sah der Gesetzgeber bereits 1991 die Rückgabe derjenigen früher in kirchlichem Eigentum stehenden Immobilien vor, die sich nunmehr in staatlichem oder kommunalem Eigentum befanden

71 *Lipski*, Vermögensrechtliche Autonomie (Fn. 67), S. 344.

und welche für Zwecke des kirchlichen Lebens erforderlich waren[72]. Ursprünglich sollte die Rückübertragung innerhalb von zehn Jahren abgeschlossen sein, diese Frist wurde 1997 bis zum Jahr 2011 verlängert. In über 1000 Fällen konnte eine direkte Verständigung zwischen den betroffenen Religionsgemeinschaften und den kommunalen Selbstverwaltungskörperschaften erzielt werden, in über 4500 Fällen entschied eine aus Regierungs- und Kirchenvertretern paritätisch zusammengesetzte Kommission. Das Finanzabkommen zwischen dem Heiligen Stuhl und Ungarn von 1997[73] schrieb einerseits den kirchlichen Restitutionsanspruch für bestimmte, konkret aufgeführte Immobilien fest (Teil II, Art. 1) und wandelte andererseits für die übrigen Immobilien den Restitutionsanspruch in eine auf Dauer zu entrichtende Staatsleistung um (Teil II, Art. 2). Deren Höhe entspricht einem bestimmten Prozentsatz der Erträge des valorisierten Immobilienwerts. Mit dieser doppelten Lösung sieht die Katholische Kirche ihre Ersatzansprüche als befriedigt an (Teil II, Art. 3).

Dem Vorbild der Katholischen Kirche folgten 1998 fünf weitere Religionsgemeinschaften (Evangelisch-Lutherische Kirche, Reformierte Kirche, Serbisch-Orthodoxe Kirche, Baptisten und die Jüdischen Kultusgemeinden) und vereinbarten mit dem Staat vertraglich die Umwandlung von Restitutionsansprüchen in dauerhafte Staatsleistungen.

Zusätzlich hat Ungarn, zunächst vertraglich mit der Katholischen Kirche (Teil II, Art. 4 des Vertrags von 1997), sodann auf dem Gesetzesweg für sämtliche Religionsgemeinschaften, das italienische Modell der teilweisen Zweckbindung der Einkommensteuer übernommen. Seit 1998 kann der Steuerpflichtige 1 % seiner Steuerschuld einer Religionsgemeinschaft seiner Wahl (alternativ einem staatlichen Sonderfonds) zuweisen. Dieses Finanzierungsinstrument trat an die Stelle der in den ersten Jahren der postkommunistischen Ära noch fortgeführten allgemeinen Staatsleistungen und hat sich mittlerweile als fester Bestandteil des Systems der Kirchenfinanzierung in Ungarn erwiesen[74]: Im Jahr 2000 trafen gut 500.000 Steuerpflichtige eine entsprechende Zweckwidmung, im Jahr 2011 war es bereits gut eine Million Steuerpflichtige[75].

72 Gesetz Nr. XXXI/1991. – Zu den Einzelheiten *Balázs Schanda*, Kirche und Staat in Ungarn, in: Stefan Mückl (Hrsg.), Kirche und Staat in Mittel- und Osteuropa, 2017, S. 165 ff. (182 ff.).

73 AAS 90 (1998), S. 330 ff.

74 *Schanda*, Kirche (Fn. 72), S. 181 f.

75 *Balázs Schanda*, Ein neues Religionsrecht in Ungarn, in: Wilhelm Rees/María Roca/Balázs Schanda (Hrsg.), Neuere Entwicklungen im Religionsrecht europäischer Staaten, 2013, S. 571 ff. (585). Gut die Hälfte (618.000) der Zweckbindungen kam der Katholischen Kirche zugute, 213.000 den Reformierten,

VI. Systematisierung der Lösungsansätze

Unternimmt man den Versuch, den skizzierten Rechtsstoff zu systematisieren, lassen sich zwei Grundtypen ausfindig machen, sowohl im Hinblick auf die Finanzierung der Kirchen und Religionsgemeinschaften auf der einen, wie speziell hinsichtlich der Staatsleistungen auf der anderen Seite: Stellt der Staat die Staatsleistungen ein, ist damit zumindest die Grundentscheidung für eine Eigenfinanzierung der Kirchen und Religionsgemeinschaften verbunden (1.). Setzt der Staat hingegen seine historisch begründeten Leistungen auch *pro futuro* fort, bleibt es insoweit beim Modell der Staatsfinanzierung (2.). Schon der rechtsvergleichende Überblick hat deutlich werden lassen, daß diese beiden Modelle nicht durchweg in ihrer jeweiligen Reinform anzutreffen sind, sondern daß vielmehr verbreitet Mischmodelle bestehen (3.).

1. Modell der Eigenfinanzierung

Entscheidet sich ein Staat dafür, die Kirchen und Religionsgemeinschaften auf die Eigenfinanzierung ihrer Aufgaben und Tätigkeiten zu verweisen, bedingt dies den Ausschluß bzw. die Beendigung der Erbringung von Staatsleistungen. Ihre ersatzlose Streichung dürfte vor dem Hintergrund, daß sie auf historisch gesicherten Rechtsansprüche auf Kompensation vorheriger Konfiskationen beruhen, zumindest problematisch sein. Der in Frankreich 1905 beschrittene Weg erweist sich bei vergleichender Betrachtung als ein Sonderweg und ist nicht verallgemeinerungsfähig.

Will sich der Staat seiner Leistungsverpflichtungen entheben und insoweit die Finanzierungsverantwortung auf die Kirchen verlagern, bedarf es eines geordneten Übergangs, für den sich drei verschiedene Mechanismen beobachten lassen:

- Deutschland optiert für eine „Ablösung" der Staatsleistungen, welche aber aus tatsächlichen Gründen eine mehr oder weniger lange Übergangszeit erfordert, während derer die Kirchen weiterhin aus staatlichen Mitteln alimentiert werden. Von den europäischen Staaten sind allein die Niederlande den Weg der Ablösung bereits in den 1980er und 1990er Jahren gegangen.
- Andere Rechtsordnungen hingegen wählten die Lösung der Restitution des *status quo ante.* Sie gaben den Kirchen diejenigen Güter zurück, die ihnen rechtswidrig entzogen worden waren und die zuvor (auch) zur Deckung des kirchlichen Finanzbedarfs gedient hatten. Wo dies nicht (mehr) möglich ist, wurden äquivalente Güter übertragen. Dergestalt wird – wie in Österreich, Ungarn und Polen,

56.000 den Lutheranern, immerhin 8.000 den Zeugen Jehovas sowie 7.000 den jüdischen Kultusgemeinden.

in Teilen auch in Italien und Spanien – sowohl historisches Unrecht korrigiert, als auch für die Zukunft eine klare Teilung der Finanzierungssphären ermöglicht.

- Eine zusätzliche Spielart einer „Ablösung“ von Staatsleistungen und des Übergangs von staatlicher Fremd- zu kirchlicher Eigenfinanzierung stellt der in den deutschen Staaten in der 2. Hälfte des 19. Jahrhunderts beschrittene Weg dar[76]: Unter Reduzierung der Leistungen aus allgemeinen Haushaltsmitteln verweist der Staat die Kirchen auf das Modell der Finanzierung durch ihre Mitglieder, stellt ihnen aber dafür in Gestalt der Rechts-, Verwaltungs- und Vollstreckungshilfe seine eigenen Ressourcen zur Verfügung. Unbeschadet ihrer Bezeichnung als „Steuer“ ist die durch WRV und GG reichs- bzw. bundesweit übernommene „Kirchensteuer“ ein Element kirchlicher Eigenfinanzierung (Schuldner sind ausschließlich die Glieder der Kirche, die Zurverfügungstellung staatlicher Ressourcen wird kirchlicherseits – mehr als – vergütet[77]), gleichwohl ein „finanzverfassungsrechtliches Unikat“[78].

2. (Modifiziertes) Modell der Staatsfinanzierung

Wie im Einzelnen dargelegt, führen einige Rechtsordnungen das Institut der Staatsleistungen fort (so Belgien und Polen), desgleichen findet sich das Phänomen ihrer Neubegründung (Österreich und Ungarn). Daß es sich hierbei typologisch um einen Mechanismus der Staatsfinanzierung handelt, liegt auf der Hand.

Weniger offenkundig ist, daß auch das in Italien, Spanien und Ungarn anzutreffende Modell der teilweisen Zweckbestimmung durch den Steuerpflichtigen eine Modalität der Staatsfinanzierung darstellt:

[76] Nähere Darstellung der historischen Zusammenhänge bei *Heiner Marré*, Die Kirchenfinanzierung in Deutschland vom Ausgang des 18. Jahrhunderts bis zum Ende des Zweiten Weltkriegs, ZRG 116 Kan. 85 (1999), S. 448ff. (453ff.); *Stephan Haering*, Entstehung und Entwicklung der Kirchensteuer und des Kirchenbeitrags, in: Ludger Müller/Wilhelm Rees/Martin Krutzler (Hrsg.), Vermögen der Kirche – Vermögende Kirche?, 2015, S. 71ff. (72ff.); im Überblick *Felix Hammer*, Rechtsfragen der Kirchensteuer, 2002, S. 30ff.

[77] Die Kirchensteuergesetze der Länder eröffnen die Option, die Einziehung und Verwaltung der Kirchensteuer gegen Entgelt den staatlichen Finanzbehörden zu übertragen. Davon wurde fast durchweg Gebrauch gemacht, Staat und Kirche kooperieren hier in einer „win-win“-Situation: Das dem Staat geleistete Entgelt (ca. 3 % des Aufkommens der Kirchensteuer) deckt dessen erhöhten Aufwand mehr als ab – und beträgt doch deutlich weniger, als die Kirchen für eine eigene Steuerverwaltung aufbringen müßten. Näher *Felix Hammer*, Die Kirchensteuer und das Besteuerungsrecht anderer Religionsgemeinschaften, in: Dietrich Pirson/Wolfgang Rüfner/Michael Germann/Stefan Muckel (Hrsg.), HdbStKirchR, Bd. 3, 3. Aufl. 2020, § 72 Rn. 25.

[78] *Josef Isensee*, Die Finanzquellen der Kirchen im deutschen Staatskirchenrecht. Rechtsgrundlagen und Legitimationsgedanken, JuS 1980, S. 94ff. (98).

Den berechtigten Kirchen und Religionsgemeinschaften wird ein bestimmter – kleiner – Anteil an der vom Steuerpflichtigen zu entrichtenden Steuerschuld zugewendet, einer Steuerschuld, die in jedem Fall zu entrichten ist. Anders als beim Modell der Kirchensteuer deutscher Prägung handelt es sich weder um eine Zusatzsteuer noch um eine ausschließlich die Glieder der betreffenden Kirche oder Religionsgemeinschaft treffende Finanzierungslast. Der Steuerpflichtige ist in beiden Richtungen „frei" – weder muß (zumindest nicht von Staats wegen) ein Mitglied gerade „seiner" Gemeinschaft den zuwendungsfähigen Anteil zukommen lassen, noch ist ein Nicht-Mitglied daran gehindert, gleichwohl eine entsprechende Zweckbestimmung vorzunehmen. Anders gewendet: Die Entscheidung für eine konkrete Zweckbestimmung läßt keinen Rückschluß auf eine (Nicht-)Zugehörigkeit zu einer Kirche und Religionsgemeinschaft zu und ist deshalb – wie das spanische Verfassungsgericht zu Recht ausgesprochen hat[79] – mit dem aus der negativen Religionsfreiheit folgenden religiösen Schweigerecht vereinbar.

3. Gemischte Modelle

Zum Charakteristikum eines juristischen Modells gehört es, daß es zwar theoretisch klar, doch in der Rechtswirklichkeit zumeist nicht in dieser Klarheit anzutreffen ist – mehr noch, im Bereich des Staatskirchenrechts müssen seine konkreten Ausprägungen nicht notwendigerweise mit den (vermeintlichen) Grundkonstanten eines „Systems" übereinstimmen[80]. Dementsprechend lassen sich in nicht wenigen Ländern – von den hier untersuchten, in Polen, Österreich und Ungarn – Mischformen konstatieren[81], welche die Staatsleistungen teils fortführen, teils ablösen, teils in andere Formen der Staatsfinanzierung transformieren.

VII. Folgerungen für die Situation in Deutschland?

Was folgt nun aus dieser rechtsvergleichenden Tour d'horizon? So sehr die in anderen Rechtsordnungen gefundenen Lösungen für eine strukturell vergleichbare Problemlage den Blick weiten und zusätzliche Erkenntnisse vermitteln können, bilden doch die normativen Festlegungen der eigenen Rechtsordnung den unverrückbaren Ausgangs-

[79] Nachw. oben Fn. 53.

[80] Zur Durchbrechung des grundsätzlichen Finanzierungsverbots bereits im Trennungsgesetz von 1905, s. oben III. 1.

[81] Zutreffende Analyse bei *Hammer*, Die Kirchensteuer (Fn. 77), § 72 Rn. 6 : „In den anderen Staaten ist die Kirchenfinanzierung durch eine bunte Vielfahlt höchst unterschiedlicher Finanzierungsmethoden, von denen zudem meist einige kombiniert werden, gekennzeichnet."

punkt[82]. Für die Thematik der Staatsleistungen ist die Bestimmung des Art. 140 GG i. V. m. Art. 138 Abs. 1 Satz 1 WRV eindeutig: Die Staatsleistungen sind abzulösen.

Hinsichtlich der Modalitäten kommt sowohl dem für die Ablösungsgrundsätze zuständigen Bundes- (Art. 140 GG i. V. m. Art. 138 Abs. 1 Satz 2 WRV[83]) wie dem sodann kompetenten Landesgesetzgeber ein weiter Gestaltungsspielraum zu[84]. Insoweit kommen die in den anderen europäischen Rechtsordnungen gewählten Lösungen als Inspirationsquelle in Betracht, namentlich die Restitution entzogener oder die Zuwendung äquivalenter Vermögensgüter[85]. Allein die völlige Streichung der Staatsleistungen ohne Entschädigung verwehrt die Verfassung[86]. Da die Ratio des Ablösungsgebots in der angestrebten Entflechtung der finanziellen Beziehungen von Staat und Kirche liegt[87], sind jene Modalitäten, welche eine kirchliche Eigenfinanzierung beinhalten, fraglos verfassungsgemäß. Sie ist – abgesehen von den Niederlanden – allerdings in kaum einer ausländischen Rechtsordnung erreicht worden, in welcher Staatsleistungen abzulösen waren[88].

Das GG schließt Mechanismen einer Staatsfinanzierung nicht kategorisch aus, politisch wären sie unter den gegenwärtigen Umständen aber schwierig durchsetzbar. Das betrifft die Neubegründung von Staatsleis-

82 Zu Möglichkeiten und Grenzen der staatskirchenrechtlichen Rechtsvergleichung *Stefan Mückl*, Europäisierung des Staatskirchenrechts, 2005, S. 65 ff.

83 Näher *Jens Reisgies*, „Die Grundsätze hierfür stellt das Reich auf" – Zum Grundsätzegesetz gem. Art. 140 GG i. V. m. Art. 138 Abs. 1 S. 2 WRV, ZevKR 58 (2013), S. 280 ff.

84 *Werner Heun*, Staatsleistungen an die Kirchen und andere Religionsgemeinschaften, in: Dietrich Pirson/Wolfgang Rüfner/Michael Germann/Stefan Muckel (Hrsg.), HdbStKirchR, Bd. 3, 3. Aufl. 2020, § 73 Rn. 61 f.

85 Explizit *Heun*, ebd., Rn. 61.

86 *Heun*, ebd., Rn. 56 m.w.Nachw.

87 *Stefan Mückl*, Der verfassungsrechtliche Schutz kirchlicher Organisation, in: Josef Isensee/Paul Kirchhof (Hrsg.), HStR VII, 3. Aufl. 2009, § 160 Rn. 52.

88 Zwar ist in England in hohem Maß eine kirchliche Eigenfinanzierung erreicht worden, allerdings wurden zu keinem Zeitpunkt die Vermögensgüter der Church of England konfisziert (diese profitierte vielmehr ihrerseits von den Konfiskationen der katholischen Güter unter Heinrich VIII. und Elisabeth I., s. David McClean, State financial support for the church: The United Kingdom, in: Consorzio europeo di ricerca sui rapporti tra stati e confessioni religiose / European Consortium for Church-State Research (Hrsg.), Stati e confessioni religiose in Europa, modelli di finanziamento pubblico, scuola e fattore religioso / Church and state in Europe, state financial support, religion and the school. Atti dell'incontro Milano-Parma, 20–21 ottobre 1989 / Proceedings of the meeting Milan-Parma, October 20–21, 1989, 1992, S. 77 ff.

tungen[89] ebenso wie die Übernahme des Modells einer Teilzweckbindung der Lohn- und Einkommensteuer[90].

89 Nach überwiegender Auffassung beinhaltet Art. 140 GG i. V. m. Art. 138 Abs. 1 Satz 1 GG kein Neubegründungsverbot, s. die Nachw. bei *Heun*, Staatsleistungen (Fn. 84), § 73 Rn. 76 sowie *Mückl*, Der verfassungsrechtliche Schutz (Fn. 87), § 60 Rn. 53; für die Gegenauffassung *Michael Droege*, Staatsleistungen an Religionsgemeinschaften im säkularen Kultur- und Sozialstaat, 2004, S. 244ff.

90 Gegenwärtig steht dem Modell das sog. Prinzip der Nonaffektation entgegen, das nach h.M. allerdings nur (haushalts)gesetzlichen, nicht aber Verfassungsrang genießt, eingehend dazu *Philip Matuschka*, Das Nonaffektationsprinzip. Der Haushaltsgrundsatz der Gesamtdeckung in Bund und Ländern, insbesondere rechtshistorische Entwicklung und Verfassungsrang, 2019.

Leitsätze
zum Vortrag von Professor Dr. iur. Dr. iur. can.
Stefan Mückl:

„Staatsleistungen in Europa – Eine rechtsvergleichende Perspektive auf Bestand und Ablösung“

I. Staatsleistungen als fortgeltende rechtliche Kategorie in Europa

1. Das Phänomen der Staatsleistungen ist kein deutsches Spezifikum. In zahlreichen europäischen Rechtsordnungen fanden und finden sich Ausgleichsmechanismen für (teils pragmatisch, teils ideologisch motivierte) Konfiskationen kirchlicher Vermögensgüter.
2. Die Kirche, durch derartige Konfiskationen weitgehend ihrer materiellen Basis entzogen, mutierte vom Status wirtschaftlicher Autarkie zum Empfänger staatlicher Transferleistungen, welche üblicherweise die Aufwendungen für den Kultus, die Versorgung des Klerus und die Werke der Nächstenliebe abdecken sollten.

II. Staatsleistungen in Österreich

3. Bis 1938 leistete der Staat aus allgemeinen Haushaltsmitteln laufende Dotationen für Zuschüsse zu den Gehältern des katholischen Klerus (Kongruagesetzgebung) sowie der Geistlichen bestimmter anderer Religionsgemeinschaften (Spezialgesetze).
4. Diese Leistungsverpflichtungen wurden nach dem „Anschluß“ Österreichs an das Deutsche Reich einseitig aufgehoben. Als „Ausgleich“ wurden der Katholischen Kirche, der evangelischen Kirche augsburgischen und helvetischen Bekenntnisses sowie der altkatholischen Kirche die Erhebung eines (heute noch bestehenden) Kirchenbeitrags auf Grundlage des Privatrechts gestattet.
5. Der Staatsvertrag 1955 begründete die Verpflichtung Österreichs, die seit dem 13. März 1938 aus Gründen der Religion entzogenen Vermögenswerte entweder zurückzugeben oder zu entschädigen. Im Hinblick auf die Katholische Kirche erfolgte die Realisierung durch den Vermögensvertrag 1960, hinsichtlich der übrigen Kirchen und Religionsgemeinschaften durch Spezialgesetze.
6. Der Vermögensvertrag mit dem Heiligen Stuhl wurde durch sieben Zusatzvereinbarungen wiederholt fortgeschrieben (zuletzt 2020). Der Staat erbringt weiterhin laufende Staatsleistungen (aktuell 20,75 Millionen Euro jährlich). 1960 erfolgten in nennenswertem Umfang Rückübertragungen von Liegenschaften und Immobilien

(teilweise auch zur Abgeltung älterer historischer Ansprüche wie solcher aus dem Reichsdeputationshauptschluß).

III. Staatsleistungen im französisch beeinflußten Rechtskreis

7. Schon 1789 hatte die Nationalversammlung sämtliche Kirchengüter „nationalisiert" und diese Maßnahme mit der Auflage verbunden, die Nation habe für die Kosten des Gottesdienstes, des Unterhalts der Geistlichen und der Armenfürsorge aufzukommen. Diese Leistungen wurden 1794 eingestellt, 1801 durch das Napoleonische Konkordat aber wiederaufgenommen. Im Gegenzug mußte der Papst die Konfiskationen von 1789 als endgültig akzeptieren. Die Einzelheiten zu den Staatsleistungen regelten, auch im Hinblick auf das augsburgische und reformierte Bekenntnis, die Organischen Artikel von 1802. Für die jüdische Kultusgemeinschaften ergingen Spezialgesetze.
8. Sowohl die revolutionären wie die napoleonischen Regelungen erstreckten sich auch auf Belgien, Luxemburg und die Niederlande.
9. In Frankreich wurden die Staatsleistungen mit dem radikalen Systemwechsel durch das Trennungsgesetz 1905 ohne jede Entschädigung eingestellt. Zudem normiert das Gesetz ein grundsätzliches Finanzierungsverbot eines jeden „Kults". Ausnahmen gelten für die Anstaltsseelsorge in öffentlichen Einrichtungen sowie den Unterhalt der (in praxi: katholischen) Kirchengebäude im staatlichen Eigentum, desgleichen für die Departements im Elsaß und in Lothringen („droit local").
10. Seit 1831 ordnet die Verfassung Belgiens die Übernahme der Gehälter und Pensionen der Religionsdiener an. Die sukzessiv auf andere Religions- und selbst Weltanschauungsgemeinschaften erstreckte Regelung gilt unverändert, Verpflichteter ist der Zentralstaat. Für die sachbezogenen Staatsleistungen wie den Unterhalt der Kirchengebäude sind seit 1993 die Regionen zuständig.
11. Luxemburg hat 2015 das tradierte napoleonische System (Übernahme der Gehälter und Pensionen der Geistlichen sowie des Unterhalts für die Kirchengebäude durch den Staat) durch Verträge mit der Katholischen Kirche und fünf weiteren Religionsgemeinschaften abgeschafft. Pro futuro erbringt der Staat zugunsten jeder Religionsgemeinschaft nur mehr einen Sockelbetrag, für den Unterhalt der Kultgebäude sind allein die Religionsgemeinschaften verantwortlich.
12. Als einziger Staat haben die Niederlande in den 1980er und 1990er Jahren einen vollständigen Systemwechsel von direkten Staatsleis-

tungen zu deren Ablösung vollzogen. Die entsprechende verfassungsgesetzliche Verpflichtung wurde aufgehoben, die bestehende Staatsleistungen wurden gegen eine Abschlagszahlung abgelöst (Ablösungsfaktor 31,25).

IV. Staatsleistungen in Ländern mit ehemals katholischer Staatreligion

13. Ab dem späten 18. Jahrhundert wechselten in Spanien Phasen der Konfiskationen der Kirchengüter, Begründung von Staatsleistungen, deren Abschaffung und teilweise Restitutionen ab.
    a) Im Konkordat von 1953 hatte sich der Staat zugunsten der Kirche zu angemessenen jährlichen Dotationen verpflichtet, welche ausdrücklich als Entschädigungen für vergangene Konfiskationen motiviert waren.
    b) Im Zuge der grundsätzlichen Neuordnung des Staat-Kirche-Verhältnis formulierte der „Vertrag über wirtschaftliche Angelegenheiten" von 1979 die kirchliche Eigenfinanzierung als Ziel. Für eine Übergangszeit sollten aber die Staatsleistungen an die Kirche bestehen bleiben, zunächst nach dem bisherigen Regime, ab 1988 durch die Zuweisung eines Teils der Einkommensteuer, sofern der Steuerpflichtige ausdrücklich eine entsprechende Zweckbindung vorgenommen hatte. Die Differenz zum vorhergehenden Niveau der Dotationen sollten weiterhin aus dem allgemeinen Haushalt geleistet werden.
    c) 2006 fielen diese Ergänzungszuweisungen fort, im Gegenzug wurde der Prozentsatz der Einkommensteuer, über welchen der Steuerpflichtige eine Zweckbindung treffen kann, erhöht.
14. Als Entschädigung für die erheblichen Konfiskationen der Kirchengüter (insbes. der Orden) in Italien erbrachte der Staat im Wege der Kongruagesetzgebung Zuschüsse zum Unterhalt des Klerus. Die Lateranverträge von 1929 bestätigten einstweilen diese Regelung und enthielten überdies Bestimmungen zur Restitution bestimmter Immobilien an die Kirche.

    Mit der Revision der Lateranverträge 1984 wurden die allgemeinen Staatszuschüsse durch ein Modell der Zuweisung eines Teils des Aufkommens der Lohn- und Einkommensteuer abgelöst („otto per mille"). Das ursprünglich allein für die katholische Kirche konzipierte Modell wurde nach und nach durch einzelne Verträge auf insgesamt elf weitere Gemeinschaften erstreckt.

V. Staatsleistungen in ehemals kommunistischen Ländern

15. In Polen hatte die Kirche nach 1945 in erheblichem Umfang Liegenschaften und Immobilien durch Konfiskationen verloren. Ein 1950 errichteter Religionsfonds übernahm als „Ausgleich" dafür die Versicherungsbeiträge der Geistlichen (nicht nur der katholischen!). Noch im Mai 1989 sah das „Gesetz über das Verhältnis des Staates zur Katholischen Kirche in der Volksrepublik Polen" eine Regulierung der Vermögensangelegenheiten der Kirche" vor. Vor einer zwischen Staat und Kirche paritätisch besetzten Vermögenskommission konnten in einem besonderen Regulierungsverfahren Restitutionsansprüche geltend gemacht werden. Dergestalt erhielt die Kirche sowohl entzogene Vermögensgüter (bzw. geeignete Ersatzgüter) zurück, wie ihr auch Entschädigungszahlungen zugesprochen wurden.

    Zudem besteht der 1950 errichtete Religionsfonds fort, für ihn wendet der Staat jährlich 20 Millionen Euro auf. Seine Abschaffung zugunsten des Teilzweckbindungsmodells nach spanischem und italienischem Vorbild scheiterte hingegen.

16. Vergleichbar verlief die Entwicklung nach 1945 in Ungarn: Konfiskation des Kirchenvermögens, dafür Leistung moderater Gehaltszahlungen an die Geistlichen. Ab 1991 ermöglichte auch hier der Gesetzgeber die Rückgabe des noch in öffentlicher Hand befindlichen früheren Kircheneigentums. Bis 1997 erfolgten in nennenswertem Umfang derartige Restitutionen.
    a) Einen gewissen Systemwechsel bewirkte das Finanzabkommen zwischen Ungarn und dem Heiligen Stuhl von 1997: Bestimmte Immobilien sollten noch zurückgegeben werden, hinsichtlich der übrigen Immobilien wurde der Restitutionsanspruch in eine auf Dauer zu entrichtende Staatsleistung umgewandelt. Diesem Modell schlossen sich 1998, gleichfalls im Vertragsweg, fünf weitere Religionsgemeinschaften an.
    b) Zudem hat Ungarn 1997/98 das Teilzweckbindungsmodell nach spanischem und italienischem Vorbild übernommen. Seither kann der Steuerpflichtige 1 % seiner Steuerschuld einer Religionsgemeinschaft seiner Wahl (alternativ einem staatlichen Sonderfonds) zuweisen. Dieses Finanzierungsinstrument trat an die Stelle der in den ersten Jahren der postkommunistischen Ära noch fortgeführten allgemeinen Staatsleistungen.

VI. Systematisierung der Lösungsansätze

17. Idealtypisch bestehen im Hinblick auf die Kirchenfinanzierung wie auf die Staatsleistungen zwei Grundtypen: Stellt der Staat die Staatsleistungen ein, ist damit zumindest die Grundentscheidung für eine kirchliche Eigenfinanzierung verbunden. Setzt er hingegen die historisch begründeten Leistungen weiterhin fort, bleibt es beim Modell der Staatsfinanzierung. Rechtstatsächlich finden sich in zahlreichen Rechtsordnungen Mischmodelle.
18. Eigenfinanzierung bedeutet Beendigung bzw. Ausschluß von Staatsleistungen. In welcher Weise die Verlagerung der Finanzierungsverantwortung auf die Kirchen erfolgt, ist damit nicht präjudiziert. Allein das französische Modell der entschädigungslosen Beendigung ist als Sonderweg nicht verallgemeinerungsfähig. Denkbar sind „Ablösungen" durch Abschlagszahlungen oder Restitutionen entzogener Vermögensgüter. Auch die Konzeption der deutschen Kirchensteuer ab Mitte des 19. Jahrhunderts läßt sich strukturell als Ablösung von Staatsleistungen verstehen.
19. Rechtsvergleichend begegnet sowohl das Phänomen der Beibehaltung von Staatsleistungen (Belgien und Polen) wie ihrer Neubegründung (Österreich und Ungarn). Auch das Modell der Teilzweckbindung der Lohn- und Einkommensteuer ist eine Modalität der Staatsfinanzierung.

VII. Folgerungen für die Situation in Deutschland?

20. Unmittelbare normative Folgen für die Situation in Deutschland vermag die Rechtsvergleichung nicht beizutragen, wohl aber Inspiration. Unverrückbarer Ausgangspunkt ist das Ablösungsgebot in Art. 140 GG i. V. m. Art. 138 Abs. 1 Satz 1 WRV.

    Hinsichtlich der Modalitäten verfügt der Gesetzgeber über einen weiten Gestaltungsspielraum. Allein der Weg der entschädigungslosen Streichung nach ist ihm verwehrt. Die Restitution entzogener oder die Zuwendung äquivalenter Vermögensgüter könnte das Modell der Abschlagszahlungen ergänzen. Wiewohl rechtlich möglich, erscheinen hingegen sowohl eine Neubegründung von Staatsleistungen als auch die Übernahme des Teilzweckbindungsmodells nach spanischem, italienischen und ungarischen Vorbild als politisch nicht durchsetzbar.

Prof. Dr. iur. Christian Waldhoff

Staatsleistungen außerhalb der Staatsleistungen

Zukunftsperspektiven für die staatliche Förderung von Religionsgemeinschaften

I. Religionsfinanzierung und Religionsförderung als historisch gewachsener Regelungsbereich und als aktuelles Problem

„Will man heute eine Antwort auf diese Frage versuchen, hat man darauf zu achten, daß man nicht unversehens an früher übliche Begründungsmuster anknüpft, die sämtlich darauf beruhen, daß weltliche und geistliche Autorität trotz ihrer Unterschiedenheit eine Überhöhung durch einen letztlich gemeinsamen transzendenten Zweck finden. Es geht heute darum, die Nützlichkeit kirchlichen Handelns allein anhand ausschließlich säkularer Maßstäbe darzulegen. Das kann ein problematisches Unterfangen sein. Man muß hier nämlich danach unterscheiden, wer sich einer solchen utilitaristischen Argumentation bedient, die kirchliche oder die staatliche Seite."[1] Dieses Zitat stammt aus dem grundlegenden Referat *Dietrich Pirsons* zu unserem Thema bei den 28. Essener Gesprächen 1993. Er konkretisierte das dann wenig später, es gehe darum, *verfassungstheoretische Maßstäbe für staatliche Kirchenförderung* zu finden.[2] Diese sieht er in drei Punkten (und das war der Kern des Referats): Kirchliches Handeln diene mittelbar auch staatlichen Zwecken; Kirchenförderung als Kulturförderung sowie staatliche Förderung als Hilfen zur Grundrechtsentfaltung.[3] Die fehlende Plausibilität staatlicher Religionsförderung wird als Gefahr ausgemacht: „Die Abneigung gegen eine Beibehaltung der staatlichen Fürsorge gegenüber den Kirchen beruht wohl nicht nur und nicht so sehr auf aggressiver Kir-

[1] *Dietrich Pirson*, Die Förderung der Kirchen als Aufgabe des säkularen Staates, in: Essener Gespräche zum Thema Staat und Kirche 28 (1994), hrsg. von Heiner Marré/Dieter Schümmelfeder, S. 83ff. (90); entgegen dem Titel befasste sich das Referat von *Wilhelm Kewenig*, Das Grundgesetz und die staatliche Förderung der Religionsgemeinschaften, in: Essener Gespräche zum Thema Staat und Kirche, 6 (1972), hrsg. von Joseph Krautscheidt/Heiner Marré, S. 9ff., im Kern nur mit der Kirchensteuer.

[2] *Pirson*, Die Förderung der Kirchen als Aufgabe des säkularen Staates (Fn. 1), S. 94 und öfter.

[3] *Pirson*, Die Förderung der Kirchen als Aufgabe des säkularen Staates (Fn. 1), S. 89; zur stets betont kritischen Öffentlichkeit hinsichtlich der staatlichen Religions-, insbesondere der Kirchenförderung *Sebastian Müller-Franken*, Die öffentliche Finanzierung der Religionsgemeinschaften in Deutschland, in: Arnd Uhle (Hrsg.), Kirchenfinanzen in der Diskussion, 2015, S. 43ff. (44 und öfter).

chenfeindlichkeit, sondern auf Unverständnis, nämlich Unverständnis für die geschichtlich geprägten Bedingungen des zu verfassenden Gemeinwesens."[4] Das alles wurde noch vor dem frischen Eindruck der deutschen Wiedervereinigung und der durch den Beitritt eines weithin entkirchlichten Gebiets irritierten religionsverfassungsrechtlichen Systems ausgeführt. *Ferdinand Kirchhof* hat 2012 vor diesem Forum (also 19 Jahre später) in seinem Referat über „Grundlagen und Legitimation der deutschen Kirchenfinanzierung" eine Diskrepanz zwischen einer eigentlich recht klaren Rechtslage und schwindender gesellschaftlicher Akzeptanz diagnostiziert und letzteres v. a. auf den Rückzug der Kirchen aus der Öffentlichkeit zurückgeführt. Das mündet in der Feststellung: „Wenn sich das deutsche Volk in Zukunft tatsächlich nach Art. 146 GG eine völlig neue Verfassung geben würde, bin ich mir ziemlich sicher, dass das komfortable Kirchenfinanzierungssystem der Art. 137 und 138 WRV nicht mehr übernommen würde."[5] Man könnte mit *Arnd Uhle* ergänzen: „Gleichwohl wird die Tradition alleine auf Dauer als Legitimation für die Beibehaltung der jeweiligen Praxis kaum ausreichen."[6]

Das komplexe Finanzierungsregime von Religion in Deutschland zwischen Eigenfinanzierung und staatlicher Förderung kann nur als Ergebnis historischer Pfadabhängigkeit verstanden werden.[7] Die aus der historischen Bedingtheit resultierende erklärende Kraft hinsichtlich der Staatsleistungen führt wegen breiten Unverständnisses und fehlender Vermittelbarkeit in der Gegenwart zu Delegitimierungen jeglicher staatlicher finanzieller Beteiligung an „Religion" i. w. S.[8] Ich würde das Akzeptanzproblem noch abstufen: Im Bereich der Finanzierung öffentlicher Aufgaben, die durch die Kirchen erfüllt werden, ist eine Plausibilität nach gewisser Erklärung noch herzustellen (auch wenn regelmäßig der Einwand kommt, dann müsse auch das Arbeitsrecht säkularen Standards angepasst werden), im Bereich der Förde-

4 *Pirson*, Die Förderung der Kirchen als Aufgabe des säkularen Staates (Fn. 1), S. 98; ähnlich *Müller-Franken*, Finanzierung (Fn. 3), S. 67: „Die Öffentlichkeit reibt sich an den Staatsleistungen, weil sie für deren historische Rechtfertigung kein Verständnis aufbringen kann."

5 *Ferdinand Kirchhof*, Grundlagen und Legitimation der deutschen Kirchenfinanzierung, in: Essener Gespräche zum Thema Staat und Kirche, 47 (2013), hrsg. von Burkhard Kämper/Hans-Werner Thönnes, S. 7 ff. (12).

6 *Arnd Uhle*, Kirchenfinanzierung in Europa: Erscheinungsformen, Eignung, Zukunftsperspektiven, in: Wilhelm Rees/Maria Roca/Balázs Schanda (Hrsg.), Neuere Entwicklungen im Religionsrecht in europäischen Staaten, 2013, S. 743 ff. (768 (Zitat), 775 f.).

7 *Uhle*, Kirchenfinanzierung in Europa (Fn. 6), S. 768.

8 Betonung von fehlender Systematik und Wildwuchs etwa auch bei *Ansgar Hense*, Eine Frage von untergeordneter Bedeutung. Was sich hinter den Staatsleistungen an die Kirche verbirgt, Herder Korrespondenz 64 (2010), S. 562 ff. (563).

rung der kirchlichen Kernanliegen sieht das anders aus. Die Akzeptanz ist somit invers zum kirchlichen Selbstverständnis – ein nicht unproblematischer Befund!

In der (öffentlichen) Diskussion sind die verfassungs- bzw. (religions-)*politische* von der (religions-)verfassungs*rechtlichen* Dimension der Problemstellung stärker zu trennen, als vielfach üblich.[9] Verwischungen der Argumentationsebenen werden teilweise gezielt eingesetzt, teilweise resultieren sie aus Unkenntnis. Anzustreben ist vor diesem Hintergrund ein verständliches und vermittelbares Förderregime – nicht um Rationalität von Staatshandeln zu verabsolutieren, sondern um mittel- und langfristig Akzeptanz in einer sich weiter verändernden Gesellschaft zu gewährleisten.[10]

Einleitend ist noch eine Klarstellung nötig: Staatliche Religionsförderung besteht in finanzieller und in ideeller Förderung. Zur finanziellen Förderung gehören die Staatsleistungen im engeren und im weiteren Sinn (von dieser Unterscheidung geht auch der mir vorgegebene Titel aus):[11] Durch Art. 138 Abs. 1 WRV verfassungsrechtlich abgesicherte Leistungen wie auch sonstige Leistungen mit Subventionscharakter. Statusvorteile wie der Körperschaftsstatus, die Befugnis, Kirchensteuer erheben zu können oder die *res mixtae* einschließlich ihrer Finanzierung sind keine Staatsleistungen, auch nicht in einem weiteren Sinn.[12] Auf einer ganz abstrakten Ebene kann sogar die funktionierende und freiheitliche rechtsstaatliche Ordnung des Grundgesetzes insgesamt als Förderung bezeichnet werden, denn sie gewährleistet den in Deutschland letztlich sehr gut funktionierenden Entfaltungsraum jeglicher Religionsausübung.[13] Löste man sich von der Leistungsdimen-

[9] Es hat sich eine eigene kleine Literaturgattung zur Kritik der Kirchenfinanzen herausgebildet, vgl. v. a. *Carsten Frerk*, Finanzen und Vermögen der Kirchen in Deutschland, 2002; *ders.*, Violettbuch Kirchenfinanzen, 2010; sich teilweise anschließend *Gerhard Czermak/Eric Hilgendorf*, Religions- und Weltanschauungsrecht, 2. Aufl. 2018, § 15.

[10] Betonung des Erfordernisses von Akzeptanz in vorliegendem Zusammenhang auch bei *Müller-Franken*, Finanzierung (Fn. 3), S. 74.

[11] Vgl. *Werner Heun*, Staatsleistungen an Kirchen und andere Religionsgemeinschaften, in: Dietrich Pirson/Wolfgang Rüfner/Michael Germann/Stefan Muckel (Hrsg.), HdbStKirchR, Bd. 3, 3. Aufl. 2020, § 73 Rn. 1; *Norbert Janz*, Verwendung von Staatsleistungen und sonstiger Religionsfördermaßnahmen unter staatlicher Aufsicht – mit besonderer Berücksichtigung der Tätigkeit der Rechnungshöfe, in: Matthias Pulte/Ansgar Hense (Hrsg.), Grund und Grenzen staatlicher Religionsförderung, 2014, S. 93 (95, 100 und durchgehend).

[12] Keine hinreichende Differenzierung bei *Frerk*, Finanzen (Fn. 9) und Violettbuch (Fn. 9); *Czermak/Hilgendorf*, Religions- und Weltanschauungsrecht (Fn. 9), Rn. 411 ff.

[13] Vgl. *Ute Mager*, Förderung von Kirchen und anderen Religionsgemeinschaften durch den Staat, in: Dietrich Pirson/Wolfgang Rüfner/Michael Germann/Stefan Muckel (Hrsg.), HdbStKirchR, Bd. 3, 3. Aufl. 2020, § 68 Rn. 3.

sion von Förderung würde die Grenzenlosigkeit des Begriffs freilich endgültig offenbar. Zwar ist die Analyse der Förderung von Religionsgemeinschaften im Gesamtfinanzierungs-, ja letztlich im gesamten religionsverfassungsrechtlichen System zu sehen und zu verorten.[14] Der Begriff Staatsleistung ist jedoch, um nicht konturenlos zu werden, auf direkte oder indirekte, positive wie negative *finanzielle* Leistungen zu beschränken. Religionsverfassungsrechtliche Statusvorteile können zur ideellen Religionsförderung unter dem Grundgesetz gezählt werden, bleiben aber hier außer Betracht.

II. Förderung von Religionsgemeinschaften als solchen

1. Staatsleistungen i. e. S. zwischen Ablösung und Umgestaltung

Der Ablösungsauftrag aus Art. 138 Abs. 1 WRV harrt der Umsetzung. Der praktische Anwendungsbereich der Staatsleistungen i. e. S. hat – bei deutlichen regionalen Differenzierungen – seit 1919 in Bezug auf die Kirchenfinanzierung insgesamt stark an Bedeutung verloren. Handelte es sich zum Zeitpunkt des Inkrafttretens der WRV noch um den ganz überwiegenden Teil staatlicher Zuwendungen, sind sie letztlich in der Gegenwart fast vernachlässigbar und machen nur noch einen niedrigen einstelligen Prozentanteil an den Kirchenfinanzen insgesamt aus. Die aktuelle Ablösungsdiskussion besitzt – wie so oft im Religionsverfassungsrecht – damit zu einem guten Teil Symbolcharakter.[15]

2. Steuer- und Abgabenprivilegien zwischen Staatsleistung und Subvention

Eine zu wenig beachtete offene Flanke stellen Besteuerungs- und Abgabenprivilegien als sog. negativen Staatsleistungen (i. e. S.) dar. Insgesamt wird hier ein Volumen von 2,5 Mrd. Euro jährlich geschätzt, also wesentlich mehr als die positiven Staatsleistungen.[16] Diese Summe ist freilich nicht identisch mit dem durch Art. 138 Abs. 1 WRV geschütz-

[14] Zur notwendigen Kongruenz mit dem religionsverfassungsrechtlichen Grundstatus *Uhle*, Kirchenfinanzierung in Europa (Fn. 6), S. 769; zu unterschiedlichen Finanzierungssystemen *ders.*, ebd.; *Michael Droege*, Staatsleistungen an Religionsgemeinschaften im säkularen Kultur- und Sozialstaat, 2004, S. 30 ff.; *Stephan Haering*, Modelle der Kirchenfinanzierung im Überblick, in: Arnd Uhle (Hrsg.), Kirchenfinanzen in der Diskussion, 2015, S. 11 ff.; *Josef Isensee*, Die Finanzquellen der Kirchen im deutschen Staatskirchenrecht, in: ders., Staat und Religion, 2019, S. 571, sieht gar die staatskirchenrechtliche Finanzierungsfrage als den Charakter des Gesamtsystems spiegelnd.

[15] Ähnlich *Müller-Franken*, Finanzierung (Fn. 3), S. 67; auf die Staatsleistungen i. e. S. bezogen so auch *Gerhard Czermak/Eric Hilgendorf*, Religions- und Weltanschauungsrecht (Fn. 9), Rn. 401.

[16] *Kirchhof*, Kirchenfinanzierung (Fn. 5), S. 15.

ten Bereich. Hier ist nicht nur die Rückführbarkeit auf die Kriterien des Art. 138 Abs. 1 WRV schwierig; unklar erscheint auch, wie eine Ablösung erfolgen sollte. Der staatliche Verzicht auf Besteuerung (oder Gebührenerhebung) kann sich als sog. negative Staatsleistung an die jeweilige Religionsgemeinschaft darstellen.[17] Das wird schon lange bei Differenzierungen im Einzelfall von der Rechtsprechung anerkannt. Das Reichsgericht hat in einer Entscheidung von 1925 Sinn- und Zweck der Garantie des Art. 138 Abs. 1 WRV herangezogen.[18] Ähnlich wie im Subventionsrecht ist es in ökonomischer Sicht irrelevant, ob der Staat positiv Geld auszahlt oder auf Abgaben verzichtet.[19] Das Bundesverfassungsgericht hat dies in der Sache 1965 bestätigt (im konkreten Fall die Gerichtskostenbefreiung der Kirchen dann jedoch nicht unter Art. 138 Abs. 1 GG subsumiert):

> „Der Begriff der ‚Staatsleistungen' in Art. 138 WRV umfaßt nicht nur die Geldzahlungen und Naturalleistungen, die der Staat zu den sächlichen und persönlichen Kosten der Religionsgesellschaften beiträgt. Zweck des Art. 138 WRV sollte sein, ‚die vermögensrechtliche Stellung der Kirche, soweit sie auf dem bisherigen Zusammenhang mit dem Staat beruht, bis zur Neuregelung des finanziellen Verhältnisses zwischen Staat und Kirche aufrecht zu erhalten' […] Von diesem Grundsatz ausgehend hat das Reichsgericht in mehreren Entscheidungen die Befreiung der Kirchen von verschiedenen Steuern als Staatsleistungen anerkannt mit der Begründung, daß die Steuerfreiheit ‚einen wesentlichen Teil derjenigen Unterstützung bildete, die der Staat der Kirche zur Bestreitung ihrer Bedürfnisse gewährte, und daß er, wenn sie nicht bestanden hätte, statt ihrer entsprechende Leistungen an die Kirche hätte machen müssen' […] Zusätzlich hat das Reichsgericht ausgesprochen, die Gewährung kirchlicher Steuerfreiheit seitens

17 *Peter Axer*, Die Steuervergünstigungen für die Kirchen im Staat des Grundgesetzes, AfKKR 156 (1987), S. 460 ff. (469 ff.); *Droege*, Staatsleistungen (Fn. 14), S. 197 ff.; *ders.*, Förderung der Kirchen und anderen Religionsgemeinschaften im Abgabenrecht, in: Dietrich Pirson/Wolfgang Rüfner/Michael Germann/Stefan Muckel (Hrsg.), HdbStKirchR, Bd. 3, 3. Aufl. 2020, § 74 Rn. 8; *Heun*, Staatsleistungen (Fn. 11), Rn. 8, 39 ff.; *Claus Dieter Classen*, Religionsrecht, 3. Aufl. 2021, Rn. 606; ökonomische Perspektive bei *Hans H. Nachtkamp*, Erfüllung gesamtgesellschaftlicher Aufgaben durch Religionsgemeinschaften und deren Abgeltung durch Transferzahlungen und Steuervergünstigungen, in: Claus Rinderer (Hrsg.), Finanzwissenschaftliche Aspekte von Religionsgemeinschaften, 1989, S. 101 ff.

18 RGZ 111, 134; näher zu dieser und weiteren Entscheidungen unter der WRV *Axer*, Steuervergünstigungen (Fn. 17), S. 471 f.; *Droege*, Staatsleistungen (Fn. 14), S. 195.

19 *Axer*, Steuervergünstigungen (Fn. 17), S. 473; allgemein *Hartmut Maurer/Christian Waldhoff*, Allgemeines Verwaltungsrecht, 20. Aufl. 2020, § 17 Rn. 4.

> der Länder werde – von besonders gelagerten Fällen abgesehen – regelmäßig die rechtliche Bedeutung einer solchen ‚negativen Staatsleistung' haben; denn ‚überall, wo der Kirche Steuerfreiheit gewährt ist, handelt es sich aller Regel nach um einen Bestandteil der zwischen Staat und Kirche bestehenden vermögensrechtlichen Beziehungen, die nach Art. 138, 173 WRV bis zum Erlaß eines Reichsgesetzes aufrecht erhalten werden sollen' […]"[20]

Vor und teilweise auch nach dieser Entscheidung gab es Stimmen, die Steuer- und Abgabenvergünstigungen nicht unter Art. 138 Abs. 1 WRV fassen wollten.[21] Die entstehungsgeschichtlichen teleologischen und funktionalen Argumente dieser Autoren wurden jedoch überzeugend widerlegt.[22] Die h. M. bezieht Steuervergünstigungen der Kirchen unter bestimmten Bedingungen in die abzulösenden Staatsleistungen ein.[23] Im Ergebnis fallen nicht alle Steuer- und Abgabenprivilegien darunter und sind von Verfassungs wegen damit prinzipiell abzulösende Staatsleistungen. Staatsleistungen müssen dauerhaft bzw. wiederkehrend sein, auf besonderen Rechtstiteln beruhen, der Kompensation vorangegangener Säkularisationen dienen und der Finanzierung des allgemeinen kirchlichen Aufwands dienen.[24] Ohne hier auf die Abgrenzungsstreitigkeiten im Detail einzugehen gehören aufgrund des historischen Kontextes von Art. 138 Abs. 1 WRV grundsätzlich nur diejenigen Staatsleistungen dazu, die bei Inkrafttreten der Weimarer Reichsverfassung, d. h. am 14. August 1919 bestanden.[25] Wie der systematische Zusammenhang zwischen Abs. 1 und 2 von Art. 138 WRV zeigt, sind bis zu der Ablösung diese Staatsleistungen verfassungsrechtlich garantiert, könnten also einfachrechtlich bis zu ihrer Ablösung i. S. d. Norm nicht ohne weiteres abgeschafft werden.[26]

Die negativen Staatsleistungen sind im hiesigen Kontext eine wichtige Kategorie, weil die darunter fallenden Steuerprivilegien, solange eine „Ablösung" nicht stattgefunden hat, einfachgesetzlich nicht gestri-

[20] BVerfGE 19, 1 (13 f.).

[21] Vgl. etwa *Artur Breitfeld*, Die vermögensrechtliche Auseinandersetzung zwischen Kirche und Staat in Preußen auf Grundlage der Reichsverfassung, 1929, S. 38 ff.; *Hans-Jochen Brauns*, Staatsleistungen an die Kirchen und ihre Ablösung, 1970, S. 41 ff.; *Gerd Schmidt-Eichstaedt*, Kirchen als Körperschaften des Öffentlichen Rechts? 1975, S. 96.

[22] Vgl. *Axer*, Steuervergünstigungen (Fn. 17), S. 470 ff.; *Droege*, Staatsleistungen (Fn. 14), S. 194 ff.

[23] Kritisch *Hanno Kube*, Staatliche Religionsförderung durch Steuer- und Abgabenrecht, in: Matthias Pulte/Ansgar Hense (Hrsg.), Grund und Grenzen staatlicher Religionsförderung, 2014, S. 143 (150 ff.), der freilich einen Schutz aus Art. 4 GG sowie Art. 140 GG i. V. m. Art. 137 Abs. 5 GG konstruiert.

[24] *Heun*, Staatsleistungen (Fn. 11), Rn. 1.

[25] *Heun*, Staatsleistungen (Fn. 11), Rn. 71.

[26] *Classen*, Religionsrecht (Fn. 17), Rn. 607.

chen werden könnten, mithin verfassungsrechtlich garantiert sind.[27] Darüber hinaus umfasst Art. 138 Abs. 1 WRV bis zur Ablösung neben der Bestands- auch eine Wertgarantie der Leistungen.[28] Ein Neutralitätsverstoß kann nicht darin gesehen werden, dass im Wesentlichen die christlichen Großkirchen von diesen Staatsleistungen profitieren, da es sich bei Art. 138 Abs. 1 WRV um gleichwertiges Verfassungsrecht handelt und die Neutralitätskonzeption des Grundgesetzes nur auf den vorhandenen Normen der Verfassung aufbauen kann, ihr nicht vorgelagert ist.[29] Im Umkehrschluss sind nicht unter Art. 140 GG i.V.m. Art. 138 Abs. 1 WRV fallende Steuervergünstigungen von Religionsgemeinschaften verfassungsrechtlich nicht ohne weiteres garantiert. Eine entsprechende Garantie müsste im Einzelfall dargetan werden. Folgende Voraussetzungen müssen erfüllt sein:

- Es muss sich um einen wesentlichen Teil der staatlichen Unterstützung an die Religionsgemeinschaft handeln und sich somit als Äquivalent zu positiven Leistungen darstellen; die Alimentationsfunktion zugunsten der Religionsgemeinschaften muss zumindest Nebenzweck sein;
- es muss sich um eine Kompensation für Säkularisationsverluste handeln;
- für vor 1919 bestehende Steuerbefreiungen kann dies vermutet werden.[30]

Ein besonderes Problem stellt es freilich dar, dass die meisten Steuervergünstigungen heute für alle Religionsgemeinschaften gelten, die die Voraussetzungen erfüllen, also etwa den Körperschaftsstatus haben.[31] Diese Anknüpfung stellt regelmäßig eine zulässige Differenzierung dar, man muss sich allerdings bewusst sein, dass aus dem Körperschaftsstatus als solchem kein Anspruch auf Abgabenbefreiung resultiert.[32] Außerdem besteht ein strukturelles Spannungsverhältnis zur notwendigen Entwicklungsoffenheit des Steuerrechts.[33] Welche Steuerbefreiungen die dargelegten Anforderungen erfüllen und damit unter die Garan-

[27] *Axer,* Steuervergünstigungen (Fn. 17), S. 463f.

[28] *Heun,* Staatsleistungen (Fn. 11), Rn. 72.

[29] Zum Problem allgemein *Christian Waldhoff,* Diskussionsbemerkung, VVDStRL 68 (2009), S. 100f.; im Ergebnis so auch *Heun,* Staatsleistungen (Fn. 11), Rn. 74; ähnlich *Axer,* Steuervergünstigungen (Fn. 17), S. 486ff.

[30] Nach *Heun,* Staatsleistungen (Fn. 11), Rn. 41.

[31] *Kube,* Religionsförderung (Fn. 23), S. 151f.

[32] *Josef Isensee,* Staatsleistungen an die Kirchen und Religionsgemeinschaften, in: Joseph Listl/Dietrich Pirson (Hrsg.), HdbStKirchR, Bd. 1, 2. Aufl. 1994 (Vorauflage), § 35 S. 1009ff. (1025).

[33] *Kube,* Förderung (Fn. 23), S. 152.

tie fallen ist daher komplex und kann nicht abstrakt dargelegt werden, sondern ist in jedem Einzelfall zu prüfen und zu begründen.[34]

Die indirekte finanzielle Förderung von Religionsgemeinschaften im Gemeinnützigkeits- und Spendenrecht lässt sich nicht allein damit legitimieren, dass Staatsaufgaben substituiert werden.[35] Bei der Verfolgung gemeinnütziger und mildtätiger Zwecke sind die Kirchen Begünstigte neben anderen, etwa sonstigen Trägern freier Wohlfahrtspflege. Nur die kirchlichen Zwecke nach § 54 AO[36] beziehen sich auf den religiösen Kern von Religionsgemeinschaften. Dieser eigentliche Kernbereich jeder Religionsgemeinschaft ist das Gegenteil der Substituierung staatlicher Aufgabenwahrnehmung, denn der Staat dürfte sie von Verfassungs wegen aufgrund seiner Neutralität gerade nicht wahrnehmen. In den Bereichen Soziales und Kultur sind die Religionsgemeinschaften gemeinnützige Akteure unter anderen. Einen verfassungsrechtlichen Anspruch gibt es weder für das eine, noch für das andere.[37]

3. (Vertraglich vereinbarte) Sonstige Leistungen und Subventionen

Klassische Subventionen erfolgen allein aufgrund der haushaltsmäßigen Bereitstellung ohne weitere gesetzliche Grundlage. Doch es existieren auch einfachgesetzlich statuierte Förderpflichten. Diese Rechtsgrundlagen können prinzipiell jederzeit geändert werden. Auch die staatsvertragliche oder konkordatäre Absicherung finanzieller Förderung von Kirchen und Religionsgemeinschaften führt zu einer (nur) relativen Festigkeit. Sie nimmt an der Stabilität der Verträge teil, die prinzipiell geändert oder gekündigt werden können, nach der *Treaty override*-Judikatur des Bundesverfassungsgerichts bei völkerrechtlichen Verträgen sogar unter Inkaufnahme eines Völkerrechtsverstoßes im Extremfall innerstaatlich wirksam gebrochen werden können.[38] Es bedürfte noch näherer Herausarbeitung der Unterschiede zwischen Konkordaten und Doppelbesteuerungsabkommen (um die es in dem Beschluss von 2015 ging). Das Reichskonkordat enthält in Art. 18 immerhin eine Vorschrift, dass mit der Katholischen Kirche hinsichtlich der Ablösungsgrundsätze rechtzeitig „freundschaftliches Einvernehmen herbeigeführt werden“ soll. Aus Paritätsgründen gilt dies auch

[34] Vgl. auch *Isensee*, Staatsleistungen (Fn. 32), S. 1026; *Heun*, Staatsleistungen (Fn. 11), Rn. 41.

[35] *Christian Waldhoff/Thomas Stapperfend*, Besteuerung von Religionsgemeinschaften, in: Andreas Musil/Thomas Küffner (Hsg.), Besteuerung der öffentlichen Hand, im Erscheinen (2022), Rn. 12.44ff.

[36] Ebd.

[37] *Kirchhof*, Kirchenfinanzierung (Fn. 5), S. 23.

[38] BVerfGE 141, 1 (15ff. Rn. 33ff.).

für die Evangelische Kirche.[39] Auch die allgemeinen Freundschaftsklauseln würden bei Konkordaten wie Staatskirchenverträgen zu einem schonenden Übergang verpflichten. Das sind freilich allgemeine Probleme des Vertragsstaatskirchenrechts bzw. religionsverfassungsrechtlicher Verträge, die über die Staatsleistungsproblematik hinausreichen und hier nicht vertieft werden sollen.[40]

4. Kirchensteuer als staatlich unterstützter Mitgliedsbeitrag jenseits von Staatsleistungen

Für die Reformperspektive von entscheidender Bedeutung ist die Verortung und Bewertung der Kirchensteuer. Diese mit Abstand wichtigste Finanzierungsquelle der Kirchen ist keine Staatsleistung im engeren oder im weiteren Sinne.[41] Sie besitzt weder durch die finanziell abgegoltene staatliche Erhebung[42] noch die Möglichkeit des Sonderausgabenabzugs der Kirchensteuer von der Einkommensteuer[43] Subventionscharakter, fällt also aus der Kategorie der staatlichen Förderung der Kirchen heraus.[44] Das Kirchensteuerregime ist zwar gemeinsame Angelegenheit, es wird als solches jedoch anders als Religionsunterricht und Theologie nicht staatlich finanziert, sondern dient der Kirchenfinanzierung. Die Kirchensteuergarantie des Art. 137 Abs. 6 WRV ist Teil des besonderen organisationsrechtlichen Status korporierter Religionsgemeinschaften und fällt unter die ideelle Religionsförderung.[45]

Die die finanzielle Unabhängigkeit der Religionsgemeinschaften sichernde Kirchensteuer erweist sich gerade im Fall der Ablösung der Staatsleistungen i. e. S. als notwendiges Korrelat. Sie ist „von allen denk-

39 *Axel Freiherr von Campenhausen/Heinrich de Wall,* Staatskirchenrecht, 4. Aufl. 2006, S. 285f.; *Hense,* Bedeutung (Fn. 8), S. 565; *Arnd Uhle,* Staatsleistungen – Staatlich, in: Heribert Hallermann/Thomas Meckel/Michael Droege/Heinrich de Wall (Hrsg.), Lexikon für Kirchen- und Religionsrecht, Bd. IV, 2021, S. 243ff. (244).

40 Vgl. recht weitgehend *Katia Schier,* Die Bestandskraft staatskirchenrechtlicher Verträge, 2009.

41 *Müller-Franken,* Finanzierung (Fn. 3), S. 59; teilweise abweichend *Droege,* Staatsleistungen (Fn. 14), S. 88.

42 Der Kostenersatz beträgt je nach Land zwischen 2 und 4 % des Kirchensteueraufkommens, vgl. *Felix Hammer,* Kirchensteuer, in: Dietrich Pirson/Wolfgang Rüfner/Michael Germann/Stefan Muckel (Hrsg.), HdbStKirchR, Bd. 3, 3. Aufl. 2020, § 72 Rn. 64.

43 *Peter Axer,* Steuervergünstigungen (Fn. 17), S. 460 (484); *Wolfgang Schön,* Verfassungsrechtliche Rahmenbedingungen des Sonderausgabenabzugs von Kirchensteuerzahlungen (§ 10 Abs. 1 Nr. 4 EStG), DStZ 1997, S. 385ff. (390f.); *Felix Hammer,* Rechtsfragen der Kirchensteuer, 2002, S. 416; vgl. auch BVerfGE 44, 37 (56f.): Verfassungswidrigkeit der sog. Überlegungsfrist beim Kirchenaustritt.

44 *Mager,* Förderung (Fn. 13), Rn. 14.

45 *Heun,* Staatsleistungen (Fn. 11), Rn. 3.

baren Formen, eine Religionsgemeinschaft zu finanzieren, die freiheitlichste Form“[46] und verwirklicht damit etwa auch Postulate der Kirchenfinanzierung nach kanonischem Recht.[47] In der Zielrichtung einer Gewährleistung von Unabhängigkeit vom Staat sind die Ablösung der Staatsleistungen nach Art. 138 Abs. 1 WRV und die Kirchensteuer somit gleichgerichtet.[48]

III. Förderung von Religionsgemeinschaften in der Erfüllung staatlicher und öffentlicher Aufgaben

Zwei fiskalisch sehr relevante Bereiche staatlicher Religionsförderung in einem weiteren Sinn sind von den Staatsleistungen klar abzuschichten:[49] Bei der Finanzierung der gemeinsamen Angelegenheiten von Staat und Religionsgemeinschaften (*res mixtae*) geht es nicht um Kirchenfinanzierung, sondern um die Finanzierung staatlicher oder zumindest öffentlicher Aufgaben. Als Träger sozialer und kultureller Einrichtungen sind die Kirchen eine – freilich wichtige – Gruppe freier Leistungsträger im Sozial- und Kulturstaat. Beides ist also keine Finanzierung oder Förderung von Religionsgemeinschaften. Im Einzelnen:

1. Finanzierung der res mixtae als Finanzierung staatlicher Aufgaben

Der fast vollständige staatliche Finanzierungsanteil im Rahmen vieler (jedoch nicht aller) *res mixtae* – Religionsunterricht an öffentlichen Schulen; theologische Fakultäten an staatlichen Hochschulen – ist schon deshalb keine Staatsleistung, da es sich nach der Verfassungsordnung des Grundgesetzes um staatliche Aufgaben bei inhaltlicher religi-

46 *Müller-Franken*, Finanzierung (Fn. 3), S. 60; *Uhle*, Kirchenfinanzierung in Europa (Fn. 6), S. 780; skeptisch demgegenüber *Hermann Weber*, Kirchenfinanzierung im religionsneutralen Staat. Staatskirchenrechtliche und religionspolitische Probleme der Kirchensteuer, NVwZ 2002, S. 1443 ff.

47 *Heribert Hallermann*, Förderung der Kirche durch den Staat. Grundpositionen der Katholischen Kirche, in: Matthias Pulte/Ansgar Hense (Hrsg.), Grund und Grenzen staatlicher Religionsförderung, 2014, S. 45 (55 ff., 62 f.).

48 Zum Entflechtungspostulat im Zusammenhang mit Art. 138 Abs. 1 WRV etwa *Martin Morlok*, in: Horst Dreier (Hrsg.), Grundgesetz-Kommentar, Bd. III, 3. Aufl. 2018, Art. 138 WRV Rn. 13.

49 *Peter Unruh*, Religionsverfassungsrecht, 4. Aufl. 2018, Rn. 515: kategorialer Unterschied. Zu bedenken sind auch die Betätigungen der Kirchen, die unter Kulturförderung gefasst werden können, die freilich auch mit innerkirchlichen Aufgaben untrennbar zusammenhängen, wie etwa die Förderung von Kirchenmusik oder Aufgaben im Bereich des Denkmalschutzes; hierzu *Friedhelm Hufen*, Kirche und Kulturförderung – Erscheinungsformen und Rechtsfragen, in: Matthias Pulte/Ansgar Hense (Hrsg.), Grund und Grenzen staatlicher Religionsförderung, 2014, S. 77 ff.

öser Neutralität handelt.[50] Die Religionslehrer und Theologieprofessoren sind Staatsbeamte,[51] Religionsunterricht und die wissenschaftliche Pflege von Theologie an staatlichen Hochschulen sind Staatsveranstaltungen. Die Religionsgemeinschaften haben lediglich Mitwirkungsrechte daran. Wie stets bei gemeinsamen Angelegenheit entsteht dadurch auch kein Amalgam staatlicher und kirchlicher Gewalt, die Sphären können stets sauber getrennt bleiben.[52] An dieser Einordnung ändert auch die Tatsache nichts, dass durch diese Konstruktion den Religionsgemeinschaften finanziell viel erspart bleibt.[53] Die Fortentwicklung universitärer Theologie über die beiden christlichen Kirchen hinaus[54] sowie des Religionsunterrichts[55] sind ebenfalls Ausdruck der religiösen Neutralität des Staates und – bei allen Problemen in der praktischen Umsetzung – religionsverfassungsrechtlich folgerichtig; sie legitimieren diese Konstruktionen samt ihrer staatlichen Finanzierung. Bei der Anstaltsseelsorge wird man freilich differenzieren müssen: Die Krankenhausseelsorge hat nichts mit staatlichen Aufgaben zu tun, sie wird folgerichtig auch nicht staatlich finanziert. Hier geht es um den Zugang zur „Anstalt". Die Militär- und Polizeiseelsorge stellen insofern Grenzfälle dar.[56] In jedem Fall wäre hier aber eine staatliche Subventionierung zulässig. Die Bestellung von Rabbinern und demnächst wahrscheinlich auch Imamen als Militärseelsorger in der Bundeswehr weist in diese Richtung.

[50] *Droege*, Staatsleistungen (Fn. 14), S. 98; *Müller-Franken*, Finanzierung (Fn. 3), S. 50 ff.; *Stefan Korioth*, in: Günter Dürig/Roman Herzog/Rupert Scholz (Hrsg.), Grundgesetz-Kommentar, Stand: 79. Erg.-Lfg. (Dezember 2016), Art. 140 GG/138 WRV Rn. 6; *Mager*, Förderung (Fn. 13), Rn. 17; auf den Religionsunterricht bezogen BVerfGE 74, 244 (251 f.): staatliche Aufgabe und Angelegenheit; ferner *Markus Ogorek*, Religionsunterricht, in: Dietrich Pirson/Wolfgang Rüfner/Michael Germann/Stefan Muckel (Hrsg.), HdbStKirchR, Bd. 2, 3. Aufl. 2020, § 44 Rn. 1, 34, 54; für theologische Fakultäten *Christian Waldhoff*, Theologie an staatlichen Hochschulen, ebd., § 46 Rn. 3.

[51] BVerfGE 122, 89 (106) für Theologieprofessoren.

[52] *Dirk Ehlers*, Die gemeinsamen Angelegenheiten von Staat und Kirche, ZevKR 32 (1987), S. 158 ff.

[53] Vgl. auch *Droege*, Staatsleistungen (Fn. 14), S. 98 f.

[54] *Waldhoff*, Theologie (Fn. 50), Rn. 60 ff.

[55] Vgl. etwa *Christian Waldhoff*, Neue Religionskonflikte und staatliche Neutralität. Erfordern weltanschauliche und religiöse Entwicklungen Antworten des Staates?, Gutachten D zum 68. Deutschen Juristentag, 2010, S. D 91 ff.

[56] Kritisch etwa *Mager*, Förderung (Fn. 13), Rn. 18.

2. Religionsgemeinschaften als Einrichtungsträger im außenpluralistisch organisierten Sozial- und Kulturstaat

Kirchliche Einrichtungen erhalten eine Teil-[57] oder Vollfinanzierung aus öffentlichen Mitteln, wenn sie wie andere Akteure im Sinne eines außenpluralistischen, auch der Idee von Subsidiarität verpflichteten Modells soziale Einrichtungen (Krankenhäuser, Altenheime, Sozialstationen; Entwicklungshilfeorganisationen)[58] oder Einrichtungen der Kultur- und Bildungspflege (Kindergärten, Schulen, Hochschulen, Begabtenförderungswesen) unterhalten.[59] Im Sozialbereich handelt es sich dann um zumeist von den Sozialversicherungen gezahlte Leistungsentgelte im „kooperierenden Sozialstaat", nicht um Subventionen im hiesigen Sinn.[60] Für das Privatschulwesen hat sich auf der Basis von Art. 7 Abs. 4 GG ein eigenes Rechtsregime entwickelt; die staatliche Förderpflicht knüpft auch hier nicht an Religionsgemeinschaften,[61] sondern generell an Privatschulträgern an und ist als institutionelle Garantie auf

57 Die Teilmitfinanzierung ist schon deshalb sinnvoll, ja bis zu einem gewissen Grad geboten, um die hinreichende Verbindung der Einrichtung mit ihrem Träger abzusichern; vgl. für kirchliche Krankenhäuser *Winfried Kluth*, Krankenhäuser in kirchlicher Trägerschaft, in: Dietrich Pirson/Wolfgang Rüfner/Michael Germann/Stefan Muckel (Hrsg.), HdbStKirchR, Bd. 2, 3. Aufl. 2020, § 52 Rn. 65ff.; für Kitas, Kindergärten usw. *Renate Penßel*, Kindertageseinrichtungen in kirchlicher Trägerschaft, ebd., § 53 Rn. 50 mit Fn. 178.

58 Vgl. §§ 17 Abs. 1 Nr. 2 SGB I; 75 Abs. 2 Satz 1 SGB XII: „Zur Erfüllung der Aufgaben der Sozialhilfe sollen die Träger der Sozialhilfe eigene Einrichtungen nicht neu schaffen, soweit geeignete Einrichtungen anderer Träger vorhanden sind, ausgebaut oder geschaffen werden können."; vgl. *Arne von Boetticher*, in: Renate Bieritz-Hader/Wolfgang Conradis/Stephan Thie (Hrsg.), Sozialgesetzbuch XII. Sozialhilfe, 12. Aufl. 2020, § 75 Rn. 13ff.; *Klaus Streichsbier*, in: Thomas Flint (Hrsg.), SGB XII. Kommentar, 7. Aufl. 2020, § 75 SGB XII Rn. 30: Bei grundsätzlicher Trennung von Leistungsträgern und Leistungserbringern im Sozialrecht wird ein Vorrang Dritter bei der Leistungserbringung postuliert. Ursprünglich wurden die Freien Wohlfahrtsverbände hier privilegiert, seit einigen Jahren sind sie privaten wettbewerblichen Leistungserbringern gleichgestellt. Grundlegend BVerfGE 22, 180 – Jugendwohlfahrtsgesetz.

59 Vgl. *Kirchhof*, Kirchenfinanzierung (Fn. 5), S. 13: „Es liegt auf der Hand, dass diese säkularisierte Nächstenliebe den politischen Anspruch auf eine herausgehobene Finanzierung vom Staat verliert. Sie verschiebt auch das Recht der Kirchenfinanzierung von Art. 140 GG i.V.m. den Vorschriften der Weimarer Reichsverfassung in lediglich einfachgesetzliche Regelwerke, die sich an die Kirchen als einen von mehreren Wettbewerbern richten [...] Sie verbietet Privilegien, weil die Kirchen vom gemeinnützigen Wohltäter zum Marktsubjekt mutieren, welche gleiche Entgelte unter Konkurrenten erhalten. Die vorrangige, normprägende Kraft des konstitutionellen Staatskirchenrechts weicht der einfachgesetzlichen Normierung des staatlichen Sozialleistungssystems."

60 Zur Abgrenzung im Einzelnen *Droege*, Staatsleistungen (Fn. 14), S. 438ff.

61 Zu den Grenzen einer Bevorzugung konfessioneller oder weltanschaulicher Privatschulen BVerfGE 75, 40 (74f.).

die Erhaltung des Privatschulwesens als solchem gerichtet, nicht an einzelnen konkreten Schulen orientiert.[62] Das ist alles strikt von den Staatsleistungen im engeren (nach Art. 138 Abs. 1 WRV) und im weiteren Sinne (Subventionen für Religionsgemeinschaften) zu trennen, denn die Kirchen und Religionsgemeinschaften sind hier Teil eines nach anderer Sachlogik organisierten Zusammenhangs, es handelt sich nicht um spezifische Religionsförderung.[63] „Das Religiöse erscheint als Element des Gemeinwohls."[64] Das gilt auch, wenn etwa Diakonie oder Caritas als tätige Nächstenliebe nach kirchlichem Selbstverständnis zum Kernbereich kirchlichen Handelns zählt.[65] Dieses außenpluralistische, in unterschiedlicher Weise Subsidiaritätsgedanken aufnehmende Modell entspricht deutscher Regelungstradition und hat sich aus staatlicher Sicht bewährt.[66] Die Religionsgemeinschaften müssen für sich entscheiden, inwieweit ihr entsprechendes Engagement zu ökonomisch mitbedingter säkularisierter Nächstenliebe noch von ihrer Substanz gedeckt ist und was daraus folgt.[67]

IV. Rahmenbedingungen verfassungslegitimer staatlicher Religionsförderung

1. Verfassungsrechtliche Bedingungen aus dem Grundstatus

a) Verfassungsrechtliche Subventionssperre hinsichtlich der Förderung von Religionsgemeinschaften?

Über die Zukunft finanzieller staatlicher Religionsförderung nachzudenken wäre sofort zu Ende, ergäbe sich aus Art. 138 Abs. 1 WRV eine

62 BVerfGE 75, 40 (61 ff.). Zur Förderung gehört auch die steuerliche Abzugsfähigkeit des Schulgeldes, § 10 Abs. 1 Nr. 9 EStG; zum Förderungscharakter dieser Regelung explizit der Gesetzentwurf BT-Drs. 11/7833, S. 8 sowie statt vieler *Sascha Bleschik,* in: Paul Kirchhof/Roman Seer (Hrsg.), Einkommensteuergesetz. Kommentar, 19. Aufl. 2020, § 10 Rn. 55.

63 Vgl. auch *Hense,* Bedeutung (Fn. 8), S. 563; *Mager,* Förderung (Fn. 13), Rn. 23; *Heun,* Staatsleistungen (Fn. 11), Rn. 4.

64 *Isensee,* Finanzquellen (Fn. 14), S. 575.

65 Vgl. in etwas anderem Zusammenhang die sog. Lumpensammlerentscheidung BVerfGE 24, 236 (248); insgesamt ausführlich und differenziert *Droege,* Staatsleistungen (Fn. 14), S. 473 ff.

66 BVerfGE 22, 180 (Leitsatz 1; 200 ff.; 204); *Müller-Franken,* Finanzierung (Fn. 3), S. 57. Auch wenn seit einiger Zeit die Privilegierung freigemeinnütziger Träger gegenüber Privaten beseitigt ist, handelt es sich immer noch um eine dem Staat gegenüber subsidiäre Aufgabenerfüllung.

67 *Mario Junglas,* „Warum staatliche Förderung religiös motivierter sozialer Dienstleistungen?", in: Matthias Pulte/Angsar Hense (Hrsg.), Grund und Grenzen staatlicher Religionsförderung, 2014, S. 119 ff.; ferner *Isensee,* Finanzquellen (Fn. 14), S. 578; *Kirchhof,* Kirchenfinanzierung (Fn. 5), S. 12 f.; *Müller-Franken,* Finanzierung (Fn. 3), S. 58.

Subventionssperre. Diese könnte einen doppelten Ansatzpunkt haben: Sie könnte ab Inkrafttreten der Norm gelten im Hinblick auf die Neubegründung von Leistungen jenseits der durch die Norm geschützten Ansprüche oder die Sperrwirkung griffe, sobald die Ablösung erfolgt wäre. Dieser Sperrcharakter wurde schon seit Weimarer Zeit vertreten,[68] überzeugte aber noch nie, da die Weimarer Reichsverfassung die Liquidierung überkommener Rechtsinstitute immer sprachlich klar zum Ausdruck brachte, was in Art. 138 Abs. 1 jedoch nicht der Fall ist.[69] Argumentiert wird auch mit der Bezogenheit der Vorschrift auf das Trennungsgebot des Art. 137 Abs. 1 WRV und das (jeweilige) Grundrecht der Religionsfreiheit. Der sprichwörtliche Kompromisscharakter der Vorschrift garantiere zwar einerseits das finanzielle Äquivalent zum Normaltag 14. August 1919, freilich um den Preis eines Verbots der Neugewährung von Staatsleistungen. Diese Argumentation, die auch auf das „Kirchenbild" der Weimarer Verfassung zurückgreift, Ende der 1960er Jahre wiederaufgegriffen,[70] leidet unter zwei zusammenhängenden Problemen: Zum einen hat sich die finanzielle Bedeutung der unter Art. 138 Abs. 1 WRV fallenden Staatsleistungen zwischen 1919 und der Gegenwart umgekehrt: Deckten sie ursprünglich weit über 90 % der staatlichen Leistungen ab, ist ihr Anteil am Gesamtfinanzierungsvolumen der Kirchen auf unter 4 % in der Gegenwart abgesunken. 1919 konnte man davon ausgehen, dass mit der Ablösung die Frage insgesamt erledigt sei. Damit hängt das zweite Problem unmittelbar zusammen: Ohne eine saubere Differenzierung zwischen den verschiedenen staatlichen Leistungen, wie sie auch hier vorgenommen wird, kann das Problem weder verstanden noch behandelt werden. Nach Erfüllung des Ablösungsauftrags aus Art. 138 Abs. 1 WRV ist nur die erneute Einführung *genau dieser* Staatsleistungen i. e. S. verfassungsrechtlich unzulässig. Nur insofern liegt in der Durchführung der Vorschrift in der Tat eine „Institutsliquidation": Das liquidierte Rechtsinstitut sind die historischen, von der Norm erfassten Leistungen, nicht

68 Vgl. etwa *Carl Israël*, Zur Frage der Ablösung der Staatsleistungen an die Kirche, in: ders., Reich – Staat – Kirche, 1926, S. 17 ff. (19 ff.).

69 *Isensee*, Staatsleistungen (Fn. 32), S. 1057. Daher wurde die Ansicht auch von der ganz h.L. unter der WRV abgelehnt, vgl. statt aller nur *Gerhard Anschütz*, Die Verfassung des Deutschen Reichs vom 11. August 1919, 14. Aufl. 1933, Art. 138 Anm. 3 (S. 651 f.).

70 *Brauns*, Staatsleistungen (Fn. 21), S. 82 ff.; sich anschließend *Ulrich K. Preuß*, in: Erhard Denninger/Wolfgang Hoffmann-Riem/Hans-Peter Schneider/Ekkehart Stein (Hrsg.), Kommentar zum Grundgesetz für die Bundesrepublik Deutschland (Reihe Alternativkommentare), 3. Aufl., Art. 140 Rn. 62 f. (Stand: Kommentierung: Oktober 2001); *Hermann Weber*, Die rechtliche Stellung der christlichen Kirchen im modernen demokratischen Staat, ZevKR 36 (1991), S. 253 ff. (263).

hingegen jede finanzielle Zuwendung seitens des Staates.[71] Dass die überkommenen, d. h. säkularisationsbezogenen Staatsleistungen i. e. S. dann liquidiert sind, ist freilich selbstverständlich. Eine erneute Vermögens-Säkularisation wäre wegen Art. 138 Abs. 2 WRV und Art. 14 GG ohnehin verfassungsrechtlich unzulässig, der gleiche Anlass, wie derjenige für den ersten Absatz des Art. 138 WRV dürfte von Verfassungs wegen nicht mehr gegeben werden.[72] Ratenzahlungsmodelle o. ä. bei der Ablösung sind davon ohnehin nicht berührt, solange sie nicht ad ultimo reichen und zur dauernden Rente mutieren.[73] Insofern handelt es sich um eine Scheinkontroverse.[74] Wie oben entwickelt, fällt die Finanzierung gemeinsamer Angelegenheiten von Staat und Kirche wegen deren staatlichen Charakters ohnehin aus hiesiger Problematik heraus und auch die Erstattung der Leistungen kirchlicher Träger in Wohlfahrtspflege und Bildung sind ein eigenes Feld. Der Streit kann sich nur auf die Staatsleistungen i. w. S., d. h. auf staatliche Finanzförderung mit Subventionscharakter jenseits von *res mixtae* und außenpluralistischer Beteiligung der Kirchen an öffentlichen Aufgaben beziehen. Eine sonstige finanzielle Förderung ist als politische Entscheidung weiterhin möglich und auch sinnvoll.[75] Dass sich vor einer etwaigen Ablösung keine Sperrwirkung ergeben kann zeigt sich nicht zuletzt daran, dass sonst aus Paritätsgründen gewährte Gleichstellungen historisch nichtbegünstigter Religionsgemeinschaften unzulässig wären.[76] Gleichheit und Parität als Legitimationsgrund sind jedoch in jedem Fall gleichwertig mit Art. 138 WRV.[77] Auch die aus historischer Verantwortung folgende Förderung des Judentums wäre problematisch.[78] Eine solche Förderung ist dann im Regelfall nicht verfassungsrechtlich garantiert und muss jenseits der historischen Bedingtheiten die religiöse Neutralität des Staates zum Ausdruck bringen. Das ist der entscheidende Unterschied zu den abgelösten Staatsleistungen i. e. S. Gleichwohl bleiben gleichheitsrechtliche Differenzierungen nach Status und Mächtigkeit der Religionsgemeinschaft grundsätzlich zulässig. Im Gegensatz zu den

[71] *Droege*, Staatsleistungen (Fn. 14), S. 244ff.; *Korioth*, in: Dürig/Herzog/Scholz (Fn. 50), Art. 140 GG/138 WRV Rn. 14; *Morlok*, in: Dreier (Fn. 48), Art. 138 WRV Rn. 22; *Heun*, Staatsleistungen (Fn. 11), Rn. 76.

[72] *Isensee*, Staatsleistungen (Fn. 32), S. 1058.

[73] *Peter Unruh*, in: Hermann von Mangoldt/Friedrich Klein/Christian Starck (Hrsg.), Grundgesetz. Kommentar, Bd. 3, 7. Aufl. 2018, Art. 138 WRV Rn. 13; a. A. *Classen*, Religionsrecht (Fn. 17), Rn. 607.

[74] *Heun*, Staatsleistungen (Fn. 11), Rn. 76.

[75] *Uhle*, Staatsleistungen (Fn. 39), S. 245; *Classen*, Religionsrecht (Fn. 17), Rn. 609ff.

[76] In diese Richtung aber wohl *Morlok*, in: Dreier (Fn. 48), Art. 138 WRV Rn. 23; wie hier *Unruh*, in: v. Mangoldt/Klein/Starck (Fn. 73), Art. 138 WRV Rn. 20f.

[77] *Isensee*, Staatsleistungen (Fn. 32), S. 1058.

[78] Vgl. *Unruh*, Religionsverfassungsrecht (Fn. 49), Rn. 537ff.

abzulösenden Staatsleistungen i. e. S. beruhte das neue Förderregime dann grundsätzlich nicht mehr auf verfassungsrechtlichen Rechtstiteln, wäre der politischen Gestaltung überantwortet und könnte stärker mit der religionspolitischen Gesamtlage koordiniert werden.[79] Die Änderbarkeit kann freilich durch staatsvertragliche oder konkordatäre Absicherung erschwert werden.

b) Grund und Grenzen staatlicher Verfassungsvoraussetzungspflege

Das Fehlen einer verfassungsrechtlichen Subventionssperre sagt freilich noch nichts über den Grund staatlicher Religionsförderung aus. Diese im säkularen Staat als bloße Kulturförderung umzuinterpretieren führt nicht weiter, auch wenn Religion stets ein Kulturfaktor ist.[80] Die verfassungsrechtliche Ordnung des Grundgesetzes kann Religion – neben zahlreichem Anderen – als Verfassungsvoraussetzung erfassen. Diese sehr umstrittene, zwischen Dogmatik und Theorie oszillierende Kategorie, zeigt sich in der Gegenwart v. a. in Form von Grundrechtsvoraussetzungen, d. h. den tatsächlichen Bedingungen von Freiheitsausübung.[81] Anklänge daran haben es sogar in die Karlsruher Judikatur geschafft: Das Grundrecht aus Art. 4 Abs. 1 und 2 GG enthalte nicht nur ein Abwehrrecht, „sondern es gebietet auch in positivem Sinn, Raum für die aktive Betätigung der Glaubensüberzeugung und die Verwirklichung der autonomen Persönlichkeit auf weltanschaulich-religiösem Gebiet".[82] Die Nichterzwingbarkeit von Verfassungsvoraussetzungen seitens des Staates hindert nicht ihre (fördernde) Pflege, auch nicht in finanzieller Hinsicht. Es gelten die allgemeinen verfassungsrechtlichen Anforderungen.[83] Religionsgemeinschaften sind trotz der Schwierigkeiten der Kirchen selbst sich neben andere Verbände zu stel-

[79] Der Unterschied zu der von *Brauns* entfalteten Lehre ist kleiner, als es den Anschein hat, denn auch nach seiner Lösung bleiben „Beihilfen, z. B. wie Ermessenszuschüsse oder einmalige Leistungen unberührt" (S. 101); sein Neubegründungsverbot soll „alle auf einer dauernden Rechtsverpflichtung beruhenden Leistungen des Staates an die Kirchen" erfassen. Wenn subventive Staatsleistungen auf einfachgesetzlichen Rechtsgrundlagen beruhen, können diese mit einfachen parlamentarischen Mehrheiten geändert werden. Das gilt im Grundsatz auch für staatsvertragliche abgesicherte Leistungen mit den oben unter II 3 erläuterten Einschränkungen.

[80] Ausführlich *Droege*, Staatsleistungen (Fn. 14), S. 258ff.; vgl. auch *Kewenig*, Förderung (Fn. 1), S. 25ff.; *Klaus G. Meyer-Teschendorf*, Staat und Kirche im pluralistischen Gemeinwesen, 1979, S. 136ff.

[81] Allgemein *Josef Isensee*, Grundrechtsvoraussetzungen und Verfassungserwartungen, in: Josef Isensee/Paul Kirchhhof (Hrsg.), HStR IX, 3. Aufl. 2011, § 190 Rn. 160ff.; differenziert *Droege*, Staatsleistungen (Fn. 14), S. 334ff.; grundsätzliche Kritik bei *Christoph Möllers*, Religiöse Freiheit als Gefahr?, in: VVDStRL 68 (2009), S. 47ff. (51ff.).

[82] BVerfGE 41, 29 (49)

[83] *Czermak/Hilgendorf*, Religionsrecht (Fn. 9), Rn. 411.

len[84] und trotz eines wie auch immer gearteten öffentlichen Auftrags letztlich immer Teil der – bei aller Verschränkung des auch hier notwendigen gedanklichen Korrektivs in der Dichotomie von Staat und Gesellschaft – „Gesellschaft". Sie dürfen nicht durch finanzielle „Überförderung" gleichsam „verstaatlicht" und dadurch ihres Propriums beraubt werden. Die verfassungsgerichtlich entwickelten Leitlinien im Rahmen der staatlichen Parteienfinanzierung vermögen hier teilweise Hinweise zu geben.[85] In der bis heute nicht überholten Leitentscheidung von 1992 wird postuliert, „daß die Parteien sich ihren Charakter als frei gebildete, im gesellschaftlich-politischen Bereich wurzelnde Gruppen bewahren". „Der Grundsatz der Staatsfreiheit erlaubt jedoch nur eine Teilfinanzierung [...] aus staatlichen Mitteln. Er wird durch die Gewährung finanzieller Zuwendungen dann verletzt, wenn durch sie die Parteien der Notwendigkeit enthoben werden, sich um die finanzielle Unterstützung ihrer Aktivitäten durch ihre Mitglieder und ihnen nahestehenden Bürger zu bemühen."[86] Natürlich könnten die kategorialen Unterschiede zwischen politischen Parteien und Religionsgemeinschaften sofort expliziert werden. Beide treffen sich jedoch in ihrer besonderen verfassungsrechtlichen Institutionalisierung und dem Postulat der Staatsunabhängigkeit. Ein anderes aktuelles Beispiel ist die durch das Lobbyregister aufgedeckte beachtliche staatliche Finanzierung gesellschaftlicher Gruppen („NGOs"), deren Status als gesellschaftliche Kräfte dadurch zumindest relativiert erscheint.

Die – auch finanzielle – religionsverfassungsrechtliche Interaktion zwischen Staat und Religionsgemeinschaften führt, wie auch die historische Erfahrung zeigt, auf beiden Seiten zu Anpassungen und Veränderungen. Das muss kein Nachteil sein, auch wenn natürlich theologische, insbesondere ekklesiologische Grenzen am Horizont sichtbar werden.[87] *Pecunia non olet* ist immer nur die halbe Wahrheit, denn die Hingabe von Geld ist niemals neutral, ist immer an Erwartungen gebunden, da sie gegenüber den Geldgebern – und das sind letztlich die Steuerzahler – legitimiert werden muss. „Subvention erzeugt Abhängigkeit."[88] Die Finanzrechtler würden das etwa wie folgt formulieren: Geld ist ein erstklassiges Steuerungsinstrument.[89] Diese Beeinflussung spielt sich

[84] Vgl. etwa *Hans Heinrich Rupp*, Die staatliche Förderung der Gesellschaft, in: Essener Gespräche zum Thema Staat und Kirche, 28 (1994), hrsg. von Heiner Marré/Dieter Schümmelfeder, S. 5ff. (8).

[85] *Kewenig*, Förderung (Fn. 1), S. 25ff.; *Rupp*, Förderung (Fn. 84), S. 10ff.

[86] BVerfGE 85, 264 (264f. – Leitsatz 2).

[87] Vgl. etwa auch *Uhle*, Kirchenfinanzierung in Europa (Fn. 6), S. 773.

[88] *Isensee*, Finanzquellen (Fn. 14), S. 578.

[89] *Klaus Vogel*, Der Finanz- und Steuerstaat, in: Josef Isensee/Paul Kirchhof (Hrsg.), HStR II, 3. Aufl. 2004, § 30 Rn. 22ff.; *Stefan Korioth*, Finanzen, in: Wolfgang Hoffmann-Riem/Eberhard Schmidt-Aßmann/Andreas Voßkuhle

auf zwei Ebenen ab: In konkreten, thematisch gebundenen Förderungen und als Gesamtphänomen.[90] Ersteres tritt besonders deutlich bei der Funktion der Kirchen als freigemeinnützige Wohlfahrtsträger zu tage, wo sie sich ohnehin weitgehend in die Logik eines anderen Systems begeben und begeben müssen. Bei zweckgebundenen Zuwendungen ist immer eine – wenn auch vielleicht eingeschränkte – Kontrolle durch die staatlichen Finanzinstitutionen, etwa die Rechnungshöfe, impliziert. Interessanter sind die hintergründigen allgemeinen Folgen. *Sebastian Müller-Franken* hat das in seinem Görres-Referat von 2014 wie folgt ausgedrückt: „Wohl aber besteht für die Kirchen die Gefahr eines vorauseilenden Gehorsams, ja kein Ärgernis zu erregen, nicht gegen den politischen und gesellschaftlichen Mainstream zu opponieren, um die Gunst des Staates nicht zu verlieren"[91]. Neben den dort genannten Beispielen könnte das Verhalten beider Kirchen in der Corona-Pandemie womöglich der aktuellste Fall sein.

2. Neutralitäts- und Gleichheitsanforderungen als Zentralfrage staatlicher Religionsförderung

a) Neutralität als grundsätzliche Religionsfreundlichkeit bei Nichtidentifikation

Religiös-weltanschauliche Neutralität bedeutet im Kern staatliche Nichtidentifikation. Eine grundsätzlich religionsfreundliche und kooperative Haltung, wie sie den religionsverfassungsrechtlichen Bestimmungen des Grundgesetzes in seiner Gesamtheit zu entnehmen ist, ist als „fördernde" Neutralität dann möglich, wenn die gleichheitsrechtlichen Anforderungen gewahrt bleiben.[92] Der Staat darf Religion und Religionsgemeinschaften finanziell fördern, er muss es von Verfassungs wegen jedoch nicht.[93]

b) Gleichheitsrechtliche Anforderungen staatlicher Religionsförderung

Korporierte Religionsgemeinschaften sind schon von Verfassungs wegen herausgehoben. Als Differenzierungskriterium *kann* der Körperschaftsstatus legitim sein, wenn er prinzipiell allen Religionsgemeinschaften offensteht, die die verfassungsrechtlichen Voraussetzungen

(Hrsg.), Grundlagen des Verwaltungsrechts, Bd. 3, 2. Aufl. 2013, § 44 Rn. 3ff.; auf die Staatsleistungen bezogen etwa *Droege*, Staatsleistungen (Fn. 14), S. 537.

90 Vgl. auch BbgVerfG, NVwZ-RR 2012, S. 577 (580).

91 *Müller-Franken*, Kirchenfinanzierung (Fn. 3), S. 73.

92 BVerfGE 108, 282 (300); BbgVerfG NVwZ-RR 2012, S. 577 (580); ausführlich *Droege*, Staatsleistungen (Fn. 14), S. 376ff.

93 BVerfGE 44, 37 (56f.); BbgVerfG, NVwZ-RR 2012, S. 577 (580).

erfüllen.[94] Der Status muss jedoch nicht in jedem Einzelfall legitimes Differenzierungskriterium sein. Der Formalstatus bewahrt vor inhaltlichen Bewertungen bei Förderentscheidungen. Angesichts der weiten Öffnung dieses Status, bleiben quantitative Differenzierungskriterien zulässig.

Da Gleichheit auch hier keine schematische Gleichheit meint, sind Abstufungen nach Bedeutung und Mächtigkeit nicht nur möglich, sondern angezeigt.[95] Auch hier muss sich der Staat einer Bewertung und damit Differenzierung nach inhaltlicher Sinnhaftigkeit der jeweiligen Religion enthalten. In der Gerichtsgebührenentscheidung von 1965 führt das Bundesverfassungsgericht aus: „Allerdings gebietet das Grundgesetz nicht, daß der Staat alle Religionsgesellschaften schematisch gleichbehandelt [...] Vielmehr sind Differenzierungen zulässig, die durch tatsächliche Verschiedenheiten der einzelnen Religionsgesellschaften bedingt sind."[96] Der Differenzierungsgrund dürfe nicht sachfremd sein.

Bei einer gleichheitsgerechten Berücksichtigung der im Religionsverfassungsrecht teilweise gleichgestellten Weltanschauungsgemeinschaften dürfen diese nicht als Repräsentanten der Religions- oder Konfessionslosen betrachtet werden.[97] Auch wenn es um Förderung von Religionsgemeinschaften bzw. Weltanschauungsgemeinschaften geht, ist in quantitativer Hinsicht grundsätzlich auf den Mitgliederbestand und nicht auf einen behaupteten oder vermeintlichen Repräsentationsanspruch abzustellen.

c) Rechtsprechung

Dem soweit ersichtlich einzigen bundesverfassungsgerichtlichen Judikat in hiesigem Zusammenhang aus dem Jahr 2009 lag ein fast schon absurder Sachverhalt zugrunde.[98] Der sehr allgemein klingende Leitsatz „Zu verfassungsrechtlichen Anforderungen bei der Gewährung staatlicher Mittel an Religionsgesellschaften"[99] hält nicht, was er verspricht. Wirklich grundlegende Anforderungen an die staatliche Religionssubventionierung werden in der Entscheidung kaum entfaltet bzw. sind sehr knapp gehalten. Immerhin konstatiert der Zweite Senat: „Von hoher Bedeutung für die Freiheit der Religionsausübung ist die materielle Ausstattung einer Religionsgesellschaft. Das Bundesverfas-

[94] Vgl. BVerfGE 19, 129 (134f.); umfassend und differenziert *Jost-Benjamin Schrooten*, Gleichheitssatz und Religionsgemeinschaften, 2015.

[95] Relativierend offenbar *Czermak/Hilgendorf*, Religionsrecht (Fn. 9), Rn. 419ff.

[96] BVerfGE 19, 1 (8).

[97] *Waldhoff*, Neue Religionskonflikte (Fn. 55), S. D 41f.

[98] Zur vorhandenen Rechtsprechung auch *Czermak/Hilgendorf*, Religionsrecht (Fn. 9), Rn. 415ff.

[99] BVerfGE 123, 148.

sungsgericht hat auf die Bedeutung des kirchlichen Vermögens für die Entfaltung der Selbstbestimmung im Sinne von Art. 140 GG in Verbindung mit Art. 137 Abs. 3 WRV hingewiesen". Art. 138 Abs. 2 WRV habe die Funktion die sächlichen Grundlagen der „Stellung und der Freiheit der Kirchen" zu gewährleisten.[100] Das Land Brandenburg hatte in kaum nachvollziehbarer Weise alle Mittel für die jüdischen Gemeinden im Land an denjenigen Landesverband ausgereicht, der Mitglied im Zentralrat der Juden in Deutschland ist. Dieser solle die Weiterverteilung auch an konkurrierende Gemeinden organisieren, wobei sich beide Gruppierungen wechselseitig die Zugehörigkeit zum Judentum absprachen. Das wurde als gegen rechtsstaatliche Prinzipien verstoßend verworfen.[101] Kurz und gut: Die Verteilung religionspolitischer Subventionen kann nicht Verteilungs- oder Aushandlungsprozessen zwischen konkurrierenden Religionsgemeinschaften überlassen werden. Wenn der Staat dann die Verteilungsentscheidung notgedrungen selbst trifft, kann allein darin kein Verstoß gegen seine Neutralitätspflichten liegen.[102]

Geradezu mustergültig wird – wiederum am Brandenburger Beispiel – der verfassungsrechtliche Rahmen für staatliche Religionsförderung vom Brandenburgischen Landesverfassungsgericht durchgespielt.[103]

3. Freiheitsrechtliche Anforderungen

Die Freiheitsrechte und d.h. Art. 4 Abs. 1 und 2 GG sind in doppelter Hinsicht zu bespiegeln: Zum einen hinsichtlich der Frage, ob sich daraus Leistungsansprüche ergeben können bzw. ob Religionsförderung sich als Grundrechtsvoraussetzungspflege darstellt; zum anderen in ihrer überkommenen abwehrrechtlichen Dimension, ob die Religionsfreiheit Dritter durch die staatliche, und d.h. letztlich steuerfinanzierte Förderung, verletzt sein kann. Es schließen sich zwei Folgefragen an: Könnte und wenn ja, wann geht die Grundrechtsfähigkeit einer zu stark staatlich finanzierten Institution verloren? Und schließlich wird es um freiheitsrechtliche Probleme der mit staatlichen Finanzzuwendungen stets verbundenen staatlichen Kontrollbefugnisse gehen.

a) Leistungsrechtliche Seiten von Religionsfreiheit

Art. 4 Abs. 1 und 2 GG sowie Art. 137 Abs. 3 WRV/140 GG sind im Kern Abwehrrechte mit allenfalls schwach ausgeprägter leistungsstaatlicher

[100] BVerfGE 123, 148 (178).

[101] BVerfGE 123, 148 (179f.).

[102] Näher BbgVerfG NVwZ-RR 2012, S. 577 (581); zu Folgeproblemen *Hans Michael Heinig*, Jüdische Binnenpluralität in der Leistungsverwaltung – verfassungsrechtliche Vorgaben für die Organisation der Verteilung von Staatsleistungen, in: ders., Die Verfassung der Religion, 2014, S. 172ff.

[103] BbgVerfG, NVwZ-RR 2012, S. 577.

Seite: „Das Grundrecht der Religionsfreiheit ist [...] in erster Linie abwehrrechtlich – zum Schutz vor Eingriffen durch den Staat – strukturiert."[104] Dafür sprechen nicht nur Wortlaut und Systematik der Bestimmungen, sondern auch ein Vergleich mit anderen Freiheitsverbürgungen.[105] Echte Ansprüche aus Freiheitsrechten werden nur im Falle der Existenzsicherung bejaht.[106] Dies ist jedoch stets auf das Individuum, auf die Person beschränkt, nicht auf sonstige Freiheitsausübungen. Auf die charakteristische, freilich nicht zufällig als Institutsgarantie ausgestaltete Privatschulförderung auf der Grundlage von Art. 7 Abs. 4 GG wurde bereits hingewiesen.[107] Eine Paralleldiskussion gibt es wiederum im Recht der politischen Parteien, wo eine Mindermeinung einen staatlichen Förderungsanspruch vertritt, der vom Bundesverfassungsgericht bisher jedoch stets zurückgewiesen wurde.[108] Jenseits subjektiv-rechtlicher Ansprüche ist der Staat jedoch nicht gehindert, Grundrechtsvoraussetzungspflege zu betreiben. Grundrechtsvoraussetzungen als Teil der Verfassungsvoraussetzungen teilen jedoch deren Schicksal, keine verfassungsrechtsdogmatische Kategorie zu sein. Insofern bestehen keine prinzipiellen Unterschiede zu anderen Freiheitsrechten. In der Sache bestehen damit nur Ansprüche im Sinne derivativer Teilhaberechte, nicht grundrechtliche Ansprüche auf Förderung schlechthin.[109] Bei der freiwilligen Subventionierung wandelt sich das Freiheits- in ein Gleichheitsproblem.

b) Grenzen aus der negativen Religionsfreiheit?

Die negative Religionsfreiheit von Steuerzahlern, die keiner oder einer anderen Religionsgemeinschaft angehören, ist schon deshalb nicht betroffen, da nach dem haushaltsverfassungsrechtlichen Gesamtde-

[104] BbgVerfG, NVwZ-RR 2012, S. 577 (578). Ebd., S. 579, auch Darlegung, dass aus den Kirchengutsgarantien – auf Bundesebene Art. 138 Abs. 2 WRV i. V. m. Art. 140 GG – keine Ansprüche folgen.

[105] *Mager*, Förderung (Fn. 13), Rn. 26; insgesamt *Carsten Pagels*, Schutz- und förderpflichtrechtliche Aspekte der Religionsfreiheit, 1999, S. 102ff.; *Martin Borowski*, Die Glaubens- und Gewissensfreiheit des Grundgesetzes, 2006, S. 607ff.

[106] *Erhard Denninger*, Staatliche Hilfe zur Grundrechtsausübung durch Verfahren, Organisation und Finanzierung, in: Josef Isensee/Paul Kirchhof (Hrsg.), HStR IX, 3. Aufl. 2011, § 193 Rn. 84.

[107] Oben unter III 2 sowie *Denninger*, Staatliche Hilfe (Fn. 106), Rn. 86ff.

[108] BVerfGE 20, 56 (103); 52, 63 (84); offenlassend 85, 264 (288); wieder ablehnend BVerfGE 104, 287 (300); 111, 54 (99), zur Diskussion *Christian Waldhoff*, Parteien-, Wahl- und Parlamentsrecht, in: Matthias Herdegen/Johannes Masing/Ralf Poscher/Klaus Ferdinand Gärditz (Hrsg.), Handbuch des Verfassungsrechts, 2021, § 10 Rn. 56.

[109] BbgVerfG, NVwZ-RR 2012, S. 577 (579); *Mager*, Förderung (Fn. 13), Rn. 26; allgemein, nicht auf die Religionsfreiheit bezogen, *Dietrich Murswiek*, Grundrechte als Teilhaberechte, soziale Grundrechte, in: Josef Isensee/Paul Kirchhof (Hrsg.), HStR IX, 3. Aufl. 2011, § 192 Rn. 73ff.

ckungsprinzip kein rechtlicher Zusammenhang zwischen bestimmten Einnahmen und bestimmten Ausgaben hergestellt werden kann.[110] Das Bundesverfassungsgericht hat das an einem Fall der Steuerverweigerung aus Gewissensgründen wegen der Rüstungsfinanzierung aus der Einkommensteuer in den 1990er Jahren zumindest im Ergebnis überzeugend entschieden.[111]

Auch aus freiheitsgrundrechtlicher Sicht bestehen Grenzen staatlicher Religionsförderung. Die durch eine übermäßige Finanzierung quasi-verstaatlichte Religionsgemeinschaft könnte nicht mehr grundrechtsberechtigt sein. Sicherlich wären die Grundsätze über die Grundrechtsfähigkeit sog. gemischtwirtschaftlicher Unternehmen[112] nicht ohne weiteres übertragbar. Der tiefere Grund dahinter, kann jedoch auch für hiesige Fragestellung fruchtbar gemacht werden. Die statusrechtlichen Grenzen übermäßiger Religionsförderung[113] spiegeln sich so auch grundrechtlich.

c) Haushaltsrechtliche Anforderungen und Finanzkontrolle

Haushaltsrechtlich stellen sich bei staatlicher Religionsförderung zwei Probleme: Die Reichweite des Vorbehalts des Gesetzes sowie die an der Förderung hängenden staatlichen Prüfungs- und Kontrollrechte.[114] Dass die Förderung von Religionsgemeinschaften den haushaltsverfassungsrechtlichen Rahmen einhalten müssen, d.h. im Haushalt der jeweils fördernden Gebietskörperschaft ordnungsgemäß eingestellt sein müssen, versteht sich von selbst.[115]

Nach ganz überwiegender und im Kern zutreffender, die Lehre vom sog. Totalvorbehalt ablehnenden Ansicht reicht es für die Ausbringung von Subventionen aus, wenn diese im durch das Haushaltsgesetz festgestellten Haushaltsplan verankert sind.[116] Nur bei gesteigerter Grundrechtsrelevanz, wie sie freilich in der Entscheidung zu der Verteilungsfrage zwischen den jüdischen Gemeinden in Brandenburg

110 *Müller-Franken*, Finanzierung (Fn. 3), S. 69.

111 Vgl. etwa BVerfG, NJW 1993, S. 455.

112 Vgl. etwa BVerfGE 75, 192 (195); verworren BVerfGE 143, 246 (291); eingehend *Wolfgang Kahl/Patrick Hilbert*, in: Wolfgang Kahl/Christian Waldhoff/Christian Walter (Hrsg.), Bonner Kommentar zum Grundgesetz, Stand: 197. Erg.-Lfg. (März 2019), Art. 19 Abs. 3 Rn. 272ff.

113 Siehe oben unter IV 1 b.

114 Letztere als potenzielles Freiheitsproblem sehend BbgVerfG, NVwZ-RR 2012, S. 577 (580).

115 *Droege*, Staatsleistungen (Fn. 14), S. 424f.

116 Statt vieler nur *Maurer/Waldhoff*, Allgemeines Verwaltungsrecht (Fn. 19), § 6 Rn. 19ff.; kritisch *Hartmut Bauer*, Der Gesetzesvorbehalt im Subventionsrecht, DÖV 1983, S. 53ff.

bejaht wurde,[117] könne der durch die Wesentlichkeitstheorie erweiterte Vorbehalt des Gesetzes mit der Folge eingreifen, dass ein Sachgesetz neben dem Haushalt die Subventionsentscheidung unterfängt. Die Leitentscheidung des Bundesverfassungsgerichts von 1989 betraf den Postzeitungsdienst in seinen Auswirkungen auf die Pressefreiheit.[118] Auch hier war die Differenzierung nach meinungsneutralen Kriterien letztlich unproblematisch, zumal weil es nicht um Existenzfragen ging. Beide Kriterien gelten entsprechend auch für die Subventionierung von Religionsgemeinschaften: Ihre Existenz darf ohnehin nicht von staatlichen Zuschüssen abhängen und ihre Freiheitsbetätigung wird dadurch auch nicht maßgeblich befördert oder beeinträchtigt.[119] Eine wie auch immer lockere „Grundrechtsrelevanz", weil es sich um grundrechtlich geschütztes Verhalten handelt, allein reicht nicht.[120] Folgerichtig hatte seinerzeit das Bundesverwaltungsgericht in seinem Urteil zur Bezuschussung von Vereinen, die vor den Gefahren von Jugendsekten warnten, anders entschieden, denn hier ging es um Bewertungen von Glaubensinhalten und Glaubenspraktiken.[121] Wenn die Differenzierungskriterien für die Verteilung der staatlichen Zuschüsse nicht die Glaubensinhalte aufgreifen, sondern etwa die Mächtigkeit der jeweiligen Religionsgemeinschaft oder eine besondere, historisch begründete staatliche Verantwortung, besteht grundsätzlich kein Problem.[122]

Die Haushalts- und Wirtschaftsführung von Religionsgemeinschaften unterliegt als solche weder staatlichen haushaltsrechtlichen Vorgaben noch der staatlichen Rechnungsprüfung, wie dies auch in landesrechtlichen Haushaltsordnungen klargestellt ist.[123] Das gilt für die zumeist zweckfreien Staatsleistungen i. e. S.[124] Andererseits ist die (für die Kirchen zu empfehlende) innerkirchliche Rechnungskontrolle[125]

[117] BVerfGE 123, 148 (180); ausführlich zur Grundrechtssensibilität staatlicher Förderung in diesem Zusammenhang *Droege*, Staatsleistungen (Fn. 14), S. 369 ff.

[118] BVerfGE 80, 124 (131 ff.).

[119] Ausführlich BbgVerfG NVwZ-RR 2012, S. 577 (581 f.).

[120] BbgVerfG, NVwZ-RR 2012, S. 577 (581 ff.).

[121] BVerwGE 90, 112.

[122] Ähnlich *Droege*, Staatsleistungen (Fn. 14), S. 420 ff.

[123] Vgl. etwa § 111 Abs. 3 LHO Brandenburg; *Janz*, Verwendung (Fn. 11), S. 107 f.; zu einem Sonderproblem *Rudolf Steinberg*, Transparenz von Auslandsfinanzierung von Religionsgemeinschaften, ZRP 2020, S. 222 ff.

[124] *Müller-Franken*, Finanzierung (Fn. 3), S. 64. Andererseits haben sich Rechnungshöfe herausgenommen, das Institut Staatsleistungen als solches zu „prüfen" und Empfehlungen auszusprechen, vgl. *Janz*, Verwendung (Fn. 11), S. 108 f.

[125] Vgl. etwa *Claudia Leimkühler*, Die Bedeutung von Aufsicht und Kontrolle in der kirchlichen Vermögens- und Finanzverwaltung, in: Essener Gespräche zum Thema Staat und Kirche, 47 (2013), hrsg. von Burkhard Kämper/Hans-Werner Thönnes, S. 129 ff.

für die staatliche Seite ebenfalls irrelevant. Neben der sozialstaatlichen Leistungserbringung durch Kirchen und andere Religionsgemeinschaften[126] unterliegen nur die Staatsleistungen i. w. S. im Grundsatz als staatliche Zuwendungen oder Zuschüsse haushaltsrechtlichen Bindungen, vgl. §§ 23, 44, 91, 102, 104 und 111 LHO/BHO.[127] Das betrifft regelmäßig nicht den Kernbereich ihres Handelns. Bei der Prüfung von Religionsgemeinschaften als nichtstaatliche Stellen in Form von Zuwendungsempfänger durch die Rechnungshöfe sind verfassungsrechtliche Besonderheiten, insbesondere aus Art. 4 GG sowie Art. 137 Abs. 3 WRV/140 GG zu berücksichtigen. Es handelt sich um ein Parallelproblem zur Prüfung der öffentlich-rechtlichen Rundfunkanstalten durch die Rechnungshöfe. Eine begleitend-beratende Prüfung durch die Rechnungshöfe, wie sie teilweise für den staatlichen Bereich angestrebt wird, scheidet weitgehend aus.[128] Durch die absehbare Neuordnung würde auch eine bessere Kongruenz zwischen staatlichen Zuwendungen und Zuschüssen einerseits und der notwendigen Finanzkontrolle andererseits hergestellt.

Fehlverwendungen oder Missbrauch von Geldern durch Religionsgemeinschaften kann strafrechtliche Relevanz nur erlangen, wenn sich dies auf staatliche Zuwendungen oder Zuschüsse bezieht und damit rein innerkirchliche Missstände übersteigt.[129]

V. Ausblick

Sofern mit der ideellen Förderung die Grundarchitektur des Religionsverfassungsrechts des Grundgesetzes bestehen bleibt geht es bei der finanziellen Förderung nur um den Bereich der Förderung von Religionsgemeinschaften als solchen, d. h. der Staatsleistungen im engeren und im weiteren Sinn. Die staatliche Finanzierung der *res mixtae* hat sich demgegenüber bewährt und hängt an der Existenz dieses Bereichs. Auch die Finanzierung kirchlicher Einrichtungen im außenpluralistischen Setting des Sozial- und Kulturbereichs hat sich bewährt und sollte

126 Vgl. etwa *Droege*, Staatsleistungen (Fn. 14), S. 525 ff.; recht einseitig *Walter Leisner*, Staatliche Rechnungsprüfung kirchlicher Einrichtungen unter besonderer Berücksichtigung der karitativen Tätigkeit, 1991; abgewogen *Philipp Laurenz Rogge*, Staatliche Finanzkontrolle freier Wohlfahrtspflege, 2001.

127 Zu den Einzelheiten *Janz*, Verwendung (Fn. 11), S. 109 ff.; *Thomas Apelt/Norbert Janz*, Quo vadis Art. 138 Abs. 1 WRV? Zum Schicksal einer bald 100jährigen Norm aus Sicht der Finanzkontrolle, in: Walter Wallmann/Karsten Nowak/Peter Mühlhausen/Karl-Heinz Steingässer (Hrsg.), Moderne Finanzkontrolle und öffentliche Rechnungslegung, 2013, S. 1 (5 ff.).

128 *Janz*, Verwendung (Fn. 11), S. 107.

129 Näher *Christian Waldhoff*, Schwarze Kassen bei der Kirche? Haushalt und Finanzen in der katholischen und evangelischen Kirche, KuR 2014, S. 171 ff.

zumindest staatlicherseits nicht angetastet werden. Im Bereich der Religionsfinanzierung i. e. S. ist das nur historisch zu erklärende verfassungskräftige Modell des Art. 138 Abs. 1 WRV durch einfachrechtliche Fördermechanismen unter Wahrung der religiösen Neutralität zu ersetzen. Die Ablösung der Staatsleistungen i. S. v. Art. 138 Abs. 1 WRV, wie sie im aktuellen Koalitionsvertrag angekündigt ist[130] und auf Vorarbeiten aus der letzten Legislaturperiode aufbauen kann,[131] sowie eine ggf. darüberhinausgehende Neuordnung staatlicher Religionsförderung insgesamt wird nur mit und nicht gegen die Religionsgemeinschaften gelingen. Es kann nicht primär um „Einsparungen" gehen, sondern um ein zukunftsfähiges überzeugendes System, das sich in bewährter Kooperation dem Entwicklungsstand des Religionsverfassungsrechts anpasst. Es bleibt jedoch abzuwarten, ob sich das gerade geöffnete Reformfenster angesichts der Kumulation exzeptioneller Finanzrisiken des Staates wieder schließen wird.

[130] Mehr Fortschritt wagen – Bündnis für Freiheit, Gerechtigkeit und Nachhaltigkeit, Koalitionsvertrag zwischen SPD, Bündnis 90/Die Grünen und FDP, S. 111: „Wir schaffen in einem Grundsätzegesetz im Dialog mit den Ländern und den Kirchen einen fairen Rahmen für die Ablösung der Staatsleistungen."

[131] Hierzu *Stefan Ruppert*, in diesem Band, S. 62 ff.

Leitsätze
zum Vortrag von Prof. Dr. iur. Christian Waldhoff:

„Staatsleistungen außerhalb der Staatsleistungen – Zukunftsperspektiven für die staatliche Förderung von Religionsgemeinschaften"

I. Religionsfinanzierung und Religionsförderung als historisch gewachsener Regelungsbereich und als aktuelles Problem

(1) Staatliche Religionsförderung besteht in finanzieller und in ideeller Förderung. Zur finanziellen Förderung gehören die Staatsleistungen im engeren und im weiteren Sinn.

(2) Das komplexe Finanzierungsregime von Religion in Deutschland zwischen Eigenfinanzierung und staatlicher Förderung kann nur als Ergebnis historischer Pfadabhängigkeit verstanden werden. In der (öffentlichen) Diskussion sind die verfassungs- bzw. religionspolitische von der (religions-)verfassungsrechtlichen Dimension der Problemstellung stärker zu trennen, als vielfach üblich.

(3) Statusvorteile wie der Körperschaftsstatus, die Befugnis, Kirchensteuer erheben zu können oder die res mixtae sind keine Staatsleistungen, auch nicht in einem weiteren Sinn. Der Begriff ist, um nicht konturenlos zu werden, auf direkte oder indirekte, positive wie negative finanzielle Leistungen zu beschränken. Religionsverfassungsrechtliche Statusvorteile können zur ideellen Religionsförderung unter dem Grundgesetz gezählt werden.

(4) Die aus der historischen Bedingtheit resultierende erklärende Kraft hinsichtlich der Staatsleistungen führt wegen breiten Unverständnisses in der Gegenwart zu Delegitimierungen jeglicher staatlicher finanzieller Beteiligung an „Religion" i. w. S.

(5) Die Unterscheidung, was und warum staatlicherseits bei Religionsgemeinschaften finanziert wird, ist religionsverfassungsrechtlich von zentraler Bedeutung: Werden Religionsgemeinschaften als solche, d. h. aus staatlicher Sicht zweckfrei, unterstützt, treten Religionsgemeinschafen als Teilhaber an der Erfüllung staatlicher Aufgaben auf oder sind sie gesellschaftliche Akteure unter anderen, die wie diese in sozial- oder kulturstaatlicher Absicht Förderung erfahren?

(6) Anzustreben ist ein verständliches und vermittelbares Förderregime – nicht um Rationalität von Staatshandeln zu verabsolutieren, sondern um mittel- und langfristige Akzeptanz in einer sich

religionssoziologisch weiter verändernden Gesellschaft zu gewährleisten.

II. Förderung von Religionsgemeinschaften als solchen

1. Staatsleistungen i. e. S. zwischen Ablösung und Umgestaltung

(7) Der Ablösungsauftrag aus Art. 138 Abs. 1 WRV harrt der Umsetzung. Der praktische Anwendungsbereich der Staatsleistungen i. e. S. hat – bei deutlichen regionalen Differenzierungen – seit 1919 in Bezug auf die Kirchenfinanzierung insgesamt stark an Bedeutung verloren. Die aktuelle Ablösungsdiskussion besitzt damit zu einem guten Teil Symbolcharakter.

2. Steuer- und Abgabenprivilegien zwischen Staatsleistung und Subvention

(8) Eine zu wenig beachtete offene Flanke stellen Besteuerungs- und Abgabenprivilegien als sog. negativen Staatsleistungen (i. e. S.) dar. Hier ist nicht nur die Rückführbarkeit auf die Kriterien des Art. 138 Abs. 1 WRV schwierig; unklar erscheint auch, wie eine Ablösung erfolgen sollte. Auch steuerverfassungsrechtlich spricht manches dafür, mit der Einbeziehung von Steuerprivilegien in die Staatsleistungen i. e. S. zurückhaltend zu sein. Das ändert nichts daran, den Körperschaftsstatus im konkreten Fall als legitimes gleichheitsverfassungsrechtliches Differenzierungskriterium für politisch gewollte Steuer- und Abgabenbefreiungen heranzuziehen.

(9) Die indirekte finanzielle Förderung von Religionsgemeinschaften im Gemeinnützigkeitsrecht lässt sich nicht allein damit legitimieren, dass Staatsaufgaben substituiert werden. Für den eigentlichen Kernbereich jeder Religionsgemeinschaft ist gerade das nicht der Fall. Hier vermag der Körperschaftsstatus ein Differenzierungskriterium zu bilden. In den Bereichen Soziales und Kultur sind die Religionsgemeinschaften gemeinnützige Akteure unter anderen.

3. (Vertraglich vereinbarte) Sonstige Leistungen und Subventionen

(10) Die staatsvertragliche oder konkordatäre Absicherung finanzieller Förderung führt zu einer (nur) relativen Festigkeit. Sie nimmt an der Stabilität der Verträge teil, die prinzipiell geändert oder gekündigt werden können, nach der Treaty override-Judikatur des Bundesverfassungsgerichts bei völkerrechtlichen Verträgen sogar unter Inkaufnahme eines Völkerrechtsverstoßes im Extremfall innerstaatlich wirksam gebrochen werden können. Es bedürfte noch näherer Herausarbeitung der Unterschiede zwischen Kon-

kordaten und Doppelbesteuerungsabkommen (um die es in dem Beschluss von 2015 ging). V.a. die Freundschaftsklauseln würden bei Konkordaten wie Staatskirchenverträgen zu einem schonenden Übergang verpflichten.

4. Kirchensteuer als staatlich unterstützter Mitgliedsbeitrag jenseits von Staatsleistungen

(11) Die mit Abstand wichtigste Finanzierungsquelle der Kirchen, die Kirchensteuer, ist keine Staatsleistung im engeren oder im weiteren Sinne. Sie besitzt weder durch die finanziell abgegoltene staatliche Erhebung noch die Möglichkeit des Sonderausgabenabzugs der Kirchensteuer von der Einkommensteuer Subventionscharakter. Die Kirchensteuergarantie des Art. 137 Abs. 6 WRV ist demgegenüber Teil des besonderen organisationsrechtlichen Status korporierter Religionsgemeinschaften und fällt unter die ideelle Religionsförderung.

(12) Die die finanzielle Unabhängigkeit der Religionsgemeinschaften sichernde Kirchensteuer erweist sich gerade im Fall der Ablösung der Staatsleistungen i.e.S. als notwendiges Korrelat. In der Zielrichtung einer Gewährleistung von Unabhängigkeit vom Staat sind die Ablösung der Staatsleistungen nach Art. 138 Abs. 1 WRV und die Kirchensteuer gleichgerichtet.

III. Förderung von Religionsgemeinschaften in der Erfüllung staatlicher und öffentlicher Aufgaben

1. Finanzierung der res mixtae als Finanzierung staatlicher Aufgaben

(13) Der fast vollständige staatliche Finanzierungsanteil im Rahmen vieler res mixtae – Religionsunterricht an öffentlichen Schulen; theologische Fakultäten an staatlichen Hochschulen; Militärseelsorge – ist schon deshalb keine Staatsleistung, da es sich nach der Verfassungsordnung des Grundgesetzes um staatliche Aufgaben bei inhaltlicher religiöser Neutralität handelt. Religionslehrer und Theologieprofessoren sind Staatsbeamte, Religionsunterricht und die wissenschaftliche Pflege von Theologie an staatlichen Hochschulen sind Staatsveranstaltungen. Daran ändert die Tatsache nichts, dass durch diese Konstruktion den Religionsgemeinschaften finanziell viel erspart bleibt.

(14) Die Fortentwicklung universitärer Theologie und des Religionsunterrichts, die Bestellung von Rabbinern und Imamen als Militärseelsorger in der Bundeswehr sind ebenfalls Ausdruck der religiösen Neutralität des Staates und – bei allen Problemen in der praktischen Umsetzung – religionsverfassungsrechtlich folgerich-

tig; sie legitimieren diese Konstruktionen samt ihrer staatlichen Finanzierung.

2. Religionsgemeinschaften als Einrichtungsträger im außenpluralistisch organisierten Sozial- und Kulturstaat

(15) Kirchliche Einrichtungen erhalten eine Teil- oder Vollfinanzierung aus öffentlichen Mitteln, wenn sie wie andere Akteure im Sinne eines außenpluralistischen, der Idee von Subsidiarität verpflichteten Modells soziale Einrichtungen (Krankenhäuser, Altenheime, Sozialstationen) oder Einrichtungen der Kultur- und Bildungspflege (Kindergärten, Schulen, Hochschulen, Begabtenförderungswesen) unterhalten. Das ist strikt von den Staatsleistungen im engeren (nach Art. 138 Abs. 1 WRV) und im weiteren Sinne (Subventionen für Religionsgemeinschaften) zu trennen, denn die Kirchen und Religionsgemeinschaften sind hier Teil eines nach anderer Sachlogik organisierten Zusammenhangs. Das gilt auch, wenn etwa Caritas als tätige Nächstenliebe nach kirchlichem Selbstverständnis zum Kernbereich kirchlichen Handelns zählt. Dieses außenpluralistische, Subsidiaritätsgedanken aufnehmenden Modell entspricht deutscher Regelungstradition und hat sich aus staatlicher Sicht bewährt. Die Religionsgemeinschaften müssen für sich entscheiden, inwieweit ihr entsprechendes Engagement noch von ihrer Substanz gedeckt ist.

IV. Rahmenbedingungen verfassungslegitimer staatlicher Religionsförderung

1. Verfassungsrechtliche Bedingungen aus dem Grundstatus

a) Verfassungsrechtliche Subventionssperre hinsichtlich der Förderung von Religionsgemeinschaften?

(16) Nach Erfüllung des Ablösungsauftrags aus Art. 138 Abs. 1 WRV ist nur die erneute Einführung genau dieser Staatsleistungen i. e. S. verfassungsrechtlich unzulässig. Nur insofern liegt in der Durchführung der Vorschrift eine „Institutsliquidation". Ratenzahlungsmodelle o. ä. bei der Ablösung sind davon nicht berührt.

(17) Eine sonstige finanzielle Förderung ist als politische Entscheidung weiterhin möglich und auch sinnvoll. Sie ist dann im Regelfall nicht verfassungsrechtlich garantiert und muss jenseits der historischen Bedingtheiten die religiöse Neutralität des Staates zum Ausdruck bringen. Gleichwohl bleiben gleichheitsrechtliche Differenzierungen nach Status und Mächtigkeit der Religionsgemeinschaft grundsätzlich zulässig.

(18) Im Gegensatz zu den abzulösenden Staatsleistungen i. e. S. beruhte das neue Förderregime nur teilweise auf (verfassungskräftigen) Rechtstiteln. Es wäre stärker mit der religionspolitischen Gesamtlage koordiniert.

b) Grund und Grenzen staatlicher Verfassungsvoraussetzungspflege

(19) Die Nichterzwingbarkeit von Verfassungsvoraussetzungen seitens des Staates hindert nicht ihre (fördernde) Pflege, auch nicht in finanzieller Hinsicht.

(20) Religionsgemeinschaften als Teil der „Gesellschaft" dürfen nicht durch finanzielle „Überförderung" gleichsam „verstaatlicht" und dadurch ihres Propriums beraubt werden. Die verfassungsgerichtlich entwickelten Leitlinien im Rahmen der staatlichen Parteienfinanzierung vermögen hier teilweise Hinweise zu geben. Ein anderes aktuelles Beispiel ist die durch das Lobbyregister aufgedeckte beachtliche staatliche Finanzierung gesellschaftlicher Gruppen („NGOs"), deren Status als gesellschaftliche Kräfte dadurch zumindest relativiert erscheint.

(21) Die – auch finanzielle – religionsverfassungsrechtliche Interaktion zwischen Staat und Religionsgemeinschaften führt, wie die historische Erfahrung zeigt, auf beiden Seiten zu Anpassungen und Veränderungen.

2. Neutralitäts- und Gleichheitsanforderungen als Zentralfrage staatlicher Religionsförderung

a) Neutralität als grundsätzliche Religionsfreundlichkeit bei Nichtidentifikation

(22) Religiös-weltanschauliche Neutralität bedeutet unter dem Grundgesetz im Kern staatliche Nichtidentifikation. Eine grundsätzlich religionsfreundliche Haltung, wie sie den religionsverfassungsrechtlichen Bestimmungen des Grundgesetzes in seiner Gesamtheit zu entnehmen ist, ist als „fördernde" Neutralität dann möglich, wenn die gleichheitsrechtlichen Anforderungen gewahrt bleiben.

b) Gleichheitsrechtliche Anforderungen staatlicher Religionsförderung

(23) Korporierte Religionsgemeinschaften sind schon von Verfassungs wegen herausgehoben. Als Differenzierungskriterium kann der Körperschaftsstatus legitim sein, wenn er prinzipiell allen Religionsgemeinschaften offensteht, die die verfassungsrechtlichen Voraussetzungen erfüllen. Der Formalstatus bewahrt vor inhaltlichen Bewertungen bei Förderentscheidungen. Angesichts der weiten Öffnung dieses Status, bleiben quantitative Differenzierungskriterien zulässig.

(24) Da Gleichheit auch hier keine schematische Gleichheit meint, sind Abstufungen nach Bedeutung und Mächtigkeit nicht nur möglich, sondern angezeigt. Auch hier muss sich der Staat einer Bewertung und damit Differenzierung nach inhaltlicher Sinnhaftigkeit enthalten.

(25) Bei einer gleichheitsgerechten Berücksichtigung der im Religionsverfassungsrecht teilweise gleichgestellten Weltanschauungsgemeinschaften dürfen diese nicht als Repräsentanten der Religions- oder Konfessionslosen betrachtet werden. Auch wenn es um Förderung von Religionsgemeinschaften bzw. Weltanschauungsgemeinschaften geht, ist in quantitativer Hinsicht grundsätzlich auf den Mitgliederbestand und nicht auf einen behaupteten oder vermeintlichen Repräsentationsanspruch abzustellen.

c) Rechtsprechung

(26) Dem soweit ersichtlich einzigen bundesverfassungsgerichtlichen Judikat in hiesigem Zusammenhang lag ein extremer Sachverhalt zugrunde. Die Verteilung religionspolitischer Subventionen kann nicht Verteilungs- oder Aushandlungsprozessen zwischen konkurrierenden Religionsgemeinschaften überlassen werden.

3. Freiheitsrechtliche Anforderungen

a) Leistungsrechtliche Seiten von Religionsfreiheit

(27) Art. 4 Abs. 1 und 2 GG sowie Art. 137 Abs. 3 WRV/140 GG sind im Kern Abwehrrechte mit allenfalls schwach ausgeprägter leistungsstaatlicher Seite. Jenseits subjektiv-rechtlicher Ansprüche ist der Staat jedoch nicht gehindert, Grundrechtsvoraussetzungspflege zu betreiben. Insofern bestehen keine prinzipiellen Unterschiede zu anderen Freiheitsrechten. In der Sache bestehen damit Ansprüche im Sinne derivativer Teilhaberechte.

b) Grenzen aus der negativen Religionsfreiheit?

(28) Die negative Religionsfreiheit von Steuerzahlern, die keiner oder einer anderen Religionsgemeinschaft angehören, ist schon deshalb nicht betroffen, da nach dem haushaltsverfassungsrechtlichen Gesamtdeckungsprinzip kein rechtlicher Zusammenhang zwischen bestimmten Einnahmen und bestimmten Ausgaben hergestellt werden kann.

(29) Auch aus freiheitsrechtlicher Sicht bestehen Grenzen staatlicher Religionsförderung. Die durch die Finanzierung quasi-verstaatlichte Religionsgemeinschaft könnte nicht mehr grundrechtsberechtigt sein. Die statusrechtlichen Grenzen übermäßiger Religionsförderung spiegeln sich so grundrechtlich.

c) Haushaltsrechtliche Anforderungen und Finanzkontrolle

(30) Die Haushalts- und Wirtschaftsführung von Religionsgemeinschaften unterliegt als solche weder staatlichen haushaltsrechtlichen Vorgaben noch der staatlichen Rechnungsprüfung. Andererseits ist die (für die Kirchen zu empfehlende) innerkirchliche Rechnungskontrolle für die staatliche Seite ebenfalls irrelevant. Nur die Staatsleistungen i. w. S. unterliegen im Grundsatz als staatliche Zuwendungen oder Zuschüsse haushaltsrechtlichen Bindungen. Das betrifft regelmäßig nicht den Kernbereich ihres Handelns.

(31) Bei der Prüfung von Religionsgemeinschaften als nichtstaatliche Stellen in Form von Zuwendungsempfänger durch die Rechnungshöfe sind verfassungsrechtliche Besonderheiten, insbesondere aus Art. 4 GG sowie Art. 137 Abs. 3 WRV/140 GG zu berücksichtigen. Eine begleitend-beratende Prüfung durch die Rechnungshöfe, wie sie teilweise für den staatlichen Bereich angestrebt wird, scheidet weitgehend aus. Durch die absehbare Neuordnung würde auch eine bessere Kongruenz zwischen staatlichen Zuwendungen und Zuschüssen einerseits und der notwendigen Finanzkontrolle andererseits hergestellt.

(32) Fehlverwendungen oder Missbrauch von Geldern durch Religionsgemeinschaften kann strafrechtliche Relevanz nur erlangen, wenn sich dies auf staatliche Zuwendungen oder Zuschüsse bezieht.

V. Ausblick

(33) Sofern mit der ideellen Förderung die Grundarchitektur des Religionsverfassungsrechts des Grundgesetzes bestehen bleibt geht es bei der finanziellen Förderung nur um den Bereich der Förderung von Religionsgemeinschaften als solchen, d. h. der Staatsleistungen im engeren und im weiteren Sinn. Die staatliche Finanzierung der res mixtae hat sich demgegenüber bewährt und hängt an der Existenz dieses Bereichs. Auch die Finanzierung kirchlicher Einrichtungen im außenpluralistischen Setting des Sozial- und Kulturbereichs hat sich bewährt und sollte zumindest staatlicherseits nicht angetastet werden. Im Bereich der Religionsfinanzierung i. e. S. ist das nur historisch zu erklärende verfassungskräftige Modell des Art. 138 Abs. 1 WRV durch einfachrechtliche Fördermechanismen unter Wahrung der religiösen Neutralität zu ersetzen.

(34) Die Ablösung der Staatsleistungen i. S. v. Art. 138 Abs. 1 WRV, wie sie im aktuellen Koalitionsvertrag angekündigt ist und auf Vorarbeiten aus der letzten Legislaturperiode aufbauen kann, sowie eine ggf. darüberhinausgehende Neuordnung staatlicher Religi-

onsförderung insgesamt wird nur mit und nicht gegen die Religionsgemeinschaften gelingen. Es kann nicht primär um „Einsparungen“ gehen, sondern um ein zukunftsfähiges überzeugendes System, das sich in bewährter Kooperation dem Entwicklungsstand des Religionsverfassungsrechts anpasst.

Prof. Dr. iur. Thomas de Maizière,
Bundesminister a.D.

Von einem Mit- zu einem Nebeneinander?

Auswirkungen einer Ablösung der Staatsleistungen auf das Verhältnis von Staat und Kirche in Deutschland

Die Ablösung der Staatsleistungen beschäftigt als verfassungsrechtlich hochkomplexes Thema nicht nur die Staatsrechtslehre, sondern stellt auch die Politik vor beachtliche praktische Herausforderungen. Diese lohnen gerade deshalb der näheren Betrachtung, weil die konkrete Umsetzung theoretischer Konzepte auf dem Gebiet der Finanzbeziehungen zwischen Staat und Kirchen erhebliches Konfliktpotential birgt. Dieses beschränkt sich nicht auf das Staat-Kirche-Verhältnis, sondern droht auch das finanzpolitische Gefüge von Bund und Ländern zu erfassen.

I. Politische Hintergründe

Die Ablösung der Staatsleistungen kann dabei nicht isoliert von den politischen Gegebenheiten betrachtet werden. Hierzu lassen sich im Wesentlichen vier verschiedene Szenarien ausmachen, die den politischen Vollzug oder auch dessen Unterbleiben formen bzw. zur Folge haben könnten. Ausgangspunkt dieser konkreten Möglichkeiten ist aber zunächst die politische Lage, wie sie ihren Ausdruck insbesondere in der Koalitionsvereinbarung gefunden hat.

Wenn man sich die dortigen Formulierungen anschaut, dann liest man: „Wir schaffen in einem Grundsätzegesetz im Dialog einen fairen Rahmen für die Ablösung der Staatsleistungen.“ Es gibt ja eine juristische Methodenlehre zur Auslegung von Texten. Die kennen alle Juristen. Es gibt aber auch eine Art „politischer Methodenlehre“ zur

Auslegung von Koalitionsvereinbarungen. Meine Auslegung nach dieser Methode führt in diesem Fall zu folgendem Ergebnis: Das ist ein schwach formuliertes Ziel. Es sagt erstens: Ohne die Länder geht es nicht. Und zweitens: Wir als Bund zahlen nichts. Das steht hier verklausuliert. Und all das soll mit einem Grundsätzegesetz geschehen. Ein solches Grundsätzegesetz erinnert mich an das Maßstäbegesetz, das das Bundesverfassungsgericht erbeten – genauer – gefordert hat für die Neuregelung des Bund-Länder-Finanzausgleichs. Herr Prof. Kirchhof, der der Berichterstatter im Bundesverfassungsgericht für dieses Urteil war und im Kreis der Essener Gespräche kein Unbekannter ist, hat dazu gesagt, diese Methode eines vorgeschalteten Maßstäbegesetzes soll die Maßstäbe des Ausgleichs blind im Blick auf die konkreten finanziellen Folgen bestimmen, und daraus ergäbe sich dann der konkrete Länderfinanzausgleich in Heller und Pfennig. Das ist abstrakt betrachtet weise, für den politischen Alltag völlig lebensfremd.

Auch faktisch war es so, dass das Maßstäbegesetz erst erstellt wurde, nachdem die Verhandlungen zum Länderfinanzausgleich abgeschlossen waren. Jeder Maßstab in den Diskussionen vorher wurde sofort mit dem Rechenschieber des Finanzministers umgerechnet. Genauso wird es bei einem Grundsätzegesetz zur Ablösung der Staatsleistungen auch sein. Ich kann mir politisch nicht vorstellen, dass es ein Grundsätzegesetz gibt, das einen wie auch immer gearteten größeren Spielraum für die Länder lässt. Dieses Gesetz soll sogar fünf Jahre vor der Verabschiedung von Folgegesetzen und/oder den Staatsverträgen in den Ländern zustande kommen. Auch das halte ich für lebensfremd. Das Gesetzespaket, oder jedenfalls das konkrete Gesamtpaket mit allen vorstellbaren Summen, wird gleichzeitig erfolgen oder gar nicht.

Auch die Frage, ob es für dieses Grundsätzegesetz einer Zustimmungspflicht des Bundesrates bedarf oder nicht, ist letztlich irrelevant, weil das Gesetz politisch nur zustande kommt, wenn die Bundesländer mitmachen. Und zwar unu actu, nicht nacheinander. Diese politischen Zusammenhänge sind zu berücksichtigen.

Es kommt Folgendes hinzu: Jedenfalls in der Bundesregierung sehe ich keinen politischen Treiber für das Projekt im engeren Sinne. Das waren in der letzten Legislaturperiode die Abgeordneten Ruppert und von Notz. Das hat Herr Ruppert hier bereits überzeugend vorgetragen. Herr Ruppert ist jetzt nicht mehr im Deutschen Bundestag. Herr von Notz ist ein bedeutender und geachteter Koalitionspolitiker, aber nicht in der Regierung. Und wenn ich die anderen Personen betrachte, die dafür infrage kämen, im Bundesinnen- oder Bundesjustizministerium, im Bundeskanzleramt, dann sehe ich nicht – weder auf der ersten noch auf der zweiten oder dritten Ebene – einflußreiche Akteure, die das Thema Ablösung der Staatsleistungen erheblich vorantreiben werden.

Das also ist die politische Ausgangslage.

II. Vier Szenarien

Dieser Hintergrund führt mich zu vier Szenarien, die ich im Folgenden vorstellen möchte. Was wird bzw. was könnte passieren?

1. „Status quo Szenario"

Das erste Szenario nenne ich das „Status-Quo-Szenario". Status-Quo-Szenario heißt, es passiert nichts. Alles bleibt, wie es ist. Die Angelegenheit bleibt liegen. Einigkeit ist nicht gleich Dringlichkeit in der Politik. Es gibt viele politische Dinge, über die alle einig sind, aber die sind nicht dringlich und deswegen passiert nichts. Es könnte sein, dass alle Bundesländer das Projekt der Ablösung der Staatsleistungen ablehnen oder einige wichtige Länder dieses Vorhaben nicht für dringlich halten, weil sie besonders negativ betroffen sind. Es könnte sein, dass man das Thema Bund-Länder-Finanzbeziehungen, darauf komme ich gleich, nicht mit diesem zusätzlichen Thema belasten will, weder von Bundes- noch von Länderseite. Zu diesem großen immerwährende Streitthema gibt es sehr viele Themen zu besprechen: die Schuldenbremse, die Sondervermögen, die Folgen des Krieges in der Ukraine mit den Auswirkungen für die Bundeswehr, die Kosten für Flüchtlingsunterbringung, die Integration und viele andere Themen mehr wie etwa Ausgaben für den Bildungs- und Hochschulbereich, mit sehr komplizierten Bund-Länder-Fragen. Da ist die Versuchung groß zu sagen, das Thema Ablösung der Staatsleistungen wollen wir jetzt nicht auch noch behandeln.

Weiter kann es sein, dass die Kirchen nicht mit einer Sprache sprechen. Wenn aber die Kirchen nicht mit einer Sprache sprechen und die Bischöfe zu ihren Landes-Ministerpräsidenten gehen und darauf verweisen, dass ihnen dieses Thema schadet, dann wird es zu einer Ablösung nicht kommen.

Das ist also das erste Szenario, das denkbar ist: das „Status-Quo-Szenario". Es passiert nichts.

2. Szenario „Hängepartie"

Das zweite Szenario nenne ich „Hängepartie". Was meine ich damit? Die Angelegenheit wird begonnen, aber nicht zu Ende gebracht.

Die Gespräche und Verhandlungen beginnen vielleicht in einem Jahr und danach geht ein großer Streit los. Die Länder werden sagen: Wir zahlen nichts. Der Bund sagt: Aber ihr müsst zahlen, das steht im Grundgesetz. Daraufhin sagen die Länder: Ja, aber wir haben das Thema gar nicht angefangen. Ihr habt das in die Koalitionsvereinbarungen geschrieben. Der Bund ist Veranlasser. Ja, das stimmt, wird der Bund entgegnen, aber die Zahlungspflicht der Länder ist im Grundgesetz so vorgesehen. Und die Länder werden wiederum antworten: Das interessiert uns nicht. Ohne dass der Bund nicht alles oder wenigstens einen Teil der Summen zahlt, findet das Ganze nicht statt.

Oder es wird eine erpresserische Nebenabrede gemacht. Das bedeutet, die Länder werden bei einem anderen Thema, bei dem der Bund etwas von den Ländern will, sagen: Das machen wir nur, wenn wir einen entsprechenden Ausgleich für diese Ablösung der Staatsleistungen bekommen, direkt oder indirekt. Für solche Nebenarbeiten gibt es viele Beispiele und Mechanismen, zum Beispiel die Umverteilung von Umsatzsteuerpunkten. Das geht nach dem Motto: Wir stimmen dem Projekt A mit einer entsprechenden Kostenlast für uns nur zu, wenn der Bund uns bei dem Projekt B in gleicher Höhe Finanzmittel gibt.

Es könnte ferner sein, dass es große Debatten über die Höhe der Ablösezahlungen gibt. Das haben wir ja gestern auch gehört. Was heißt eigentlich äquivalenzmäßig? Müsste man nicht gegenrechnen, was in den letzten 100 Jahren schon gezahlt worden ist, werden die einen sagen. Und das im Vergleich zu einem Ertragswert, den man fiktiv aushandeln könnte. Darüber können Gutachter aller Seiten zwei Jahre streiten, und dann ist die Legislaturperiode schnell vorbei.

Ein weiterer komplizierter Streitpunkt könnte sein: Was heißt Spielraum für die Länder? Ist ein unterschiedlich nutzbarer Spielraum für die Länder im Interesse der Kirchen oder nicht im Interesse der Kirchen, wenn man sich die politische Zusammensetzung der Landesregierungen anguckt?

Oder die Kirchen könnten sagen: Das habt ihr zwischen Bund und Ländern zwar gut angefangen, aber wir haben uns leider noch nicht geeinigt, was das für uns bedeutet. Wir als Kirchen bitten die Politik darum, dass das Gesetz jetzt noch nicht verabschiedet wird.

Solche Abläufe nenne ich das Szenario „Hängepartie“: Die Umsetzung des Vorhabens wird begonnen, mit guter Absicht, bleibt aber stecken. Das Gesetz wird letztlich (vorerst) nicht verabschiedet.

3. „Ablösung pur“

Das dritte Szenario, das ich mir in dieser Legislaturperiode vorstellen könnte, darüber ist bislang im Rahmen unserer Tagung am ausführlichsten beraten worden, nenne ich „Ablösung pur“. Das bedeutet, es wird eine Minimallösung in dieser Legislaturperiode geben.

Wegen anderer dringender Probleme wird das Thema Ablösung der Staatsleistungen schnell durchgewunken. Alle sind sich einig, dass daraus keine grundlegende Diskussion über das Verhältnis zwischen dem Staat und den Kirchen werden soll. Aus Sorge davor wird es einen minimalinvasiven Eingriff geben. Das bedeutet wenig Geld, lange Ratenzahlungen und möglicherweise eine Lösung mit einem Sondertopf von Bund und Ländern. Das wäre das Szenario „Ablösung pur“.

4. Die „Rutschbahn-Lösung“

Damit komme ich zum vierten Szenario, das ich die „Rutschbahn-Lösung“ nenne.

Was hieße das? „Rutschbahn-Lösung“ bedeutet so etwas wie das Gedicht mit dem Zauberlehrling. Man beginnt mit einem überschaubaren Thema, mit der „Ablösung pur“. Und dann stellt man im Laufe des Verfahrens fest, das noch andere Fragen regelungs- bzw. reformbedürftig sind. In der Koalitionsvereinbarung findet sich etwa eine Vereinbarung zum kirchlichen Arbeitsrecht. Es gibt Debatten über den Status einer Körperschaft für Religionsgemeinschaften, die über diesen Status bislang noch nicht verfügen. Es könnte eine Debatte über die Kirchensteuer entstehen, über Leistungen im Zusammenhang mit der Entschädigung von Missbrauchsopfern. Und es gehört nicht viel Fantasie dazu sich vorzustellen, dass es politische Forderungen geben könnte, das Geld für die Ablösung der Staatsleistungen in einen großen Topf einzuzahlen und zu überlegen, wie eine Verteilung ausgestaltet sein könnte. Ein Motiv für eine solche erweiternde Diskussion könnte eine sich entwickelnde politische Grundstimmung sein, die die Zuwendung großer Geldsummen an die Kirchen mit der Forderung kombiniert, den Dritten Weg oder andere Privilegien abzuschaffen. Es könnte auch ein Aufbegehren wegen der Summe oder der Methoden der Berechnung geben.

Glauben Sie bei alledem bitte nicht, dass irgendeine relevante Gruppe außerhalb der Wissenschaft und der Fachleute au der Praxis weiß, worum es bei der Ablösung überhaupt in der Sache geht. Um dann durchzusetzen, den Kirchen eine Summe von 500 Millionen € mit dem Faktor 18 zu geben, muss man schon eine ziemliche kommunikative Kraft aufbringen. Das Argument, das sei eigentlich seit hundert Jahren verfassungsrechtlich verpflichtend so vorgesehen, wird nicht viele Akteure überzeugen. Auch das Argument, weil das seit 100 Jahren liegen geblieben ist, müsse es ausgerechnet jetzt sein, ist politisch nicht stark.

Mindestens ist es angesichts der politischen Erfordernisse, die jetzt diskutiert werden, kompliziert.

Eine weitere Gefahr der Ausuferung besteht während der Umsetzung in den Ländern durch eine Vermengung der Themen. Ein Beispiel: Im sächsischen Vertrag zwischen dem Freistaat und den Kirchen findet sich eine schlanke Bestimmung zu den Staatsleistungen. Der Vertrag enthält aber zusätzlich ganz viele andere Dinge: Sonstige Leistungen, Feiertagsregelungen und vieles mehr. „Rutschbahn-Lösung“ heißt auch, dass bei der Ratifizierung eines solchen neuen Vertrages dann im Landesparlament irgendjemand sagt: Da schauen wir uns doch auch andere Regelungen noch einmal genauer an und prüfen, ob sie nach wie vor angemessen sind.

Ich könnte mir auch vorstellen, dass es im Zusammenhang mit der Missbrauchsdebatte eine Forderung von interessierter Seite gibt, die sagt: Wir können doch nicht, wenn die Kirchen sich schwer tun, Opfer zu entschädigen, Staatsleistungen ablösen und das Geld der Täter-Organisation ohne Zweckbindung geben. Wie wäre es, wir gäben das Geld den Opfern und lösen damit die Staatsleistungen ab? Also eine Art Zweckbindung, vielleicht auch in einem Fond. Dann ist es ja auch eine Staatsleistung für die Kirchen, aber es wird eben vom Staat mit einer gesetzlichen Zweckbindung einem guten Zweck zugeführt.

Ich möchte nicht, dass Sie jetzt zu der Auffassung gelangen, dass ich diese Argumente für sinnvoll halte. Ich ahne nur, welche politischen Folgen es haben kann, wenn das Thema auf einer „Rutschbahn“ so betrieben wird.

Dieses vierte Szenario einer „Rutschbahn“ würde zu hohen Kollateralschäden für das freundliche Miteinander von Kirchen und Staat führen.

III. Ausblick

Nun werden Sie mich fragen, welches Szenario kommen wird beziehungsweise welches ich für das wahrscheinlichste halte? Ich weiß es natürlich nicht.

Vielleicht bleibt alles, wie es ist? Sie können das auch die „Feuerzangenbowlen-Lösung“ nennen. Der Begriff kommt von dem Lehrer in dem berühmten Film mit Heinz Rühmann, der aufgrund einer falschen Baustelleneinrichtung durch die Schüler sagt: „Wir machen nix.“ Das ist die „Feuerzangenbowlen-Lösung“. Sie ist sehr häufig in der Politik.

Wenn ich optimistisch bin, würde ich voraussagen, es bleibt alles beim Alten oder es gibt eine Minimallösung.

Wenn ich pessimistisch bin, sage ich voraus, dass es eine Mischung von Szenario zwei und vier, nämlich Hängepartie ohne Ergebnis mit negativem Rutschbahneffekt, gibt. Das wäre der worst case.

Was ist angesichts dieser Lage mein Rat an die Kirchen?

Die erste Empfehlung ist: Bitte bereiten Sie sich auf alle diese Szenarien gut vor. Und wenn ein Weg beginnt, aber es droht die „Rutschbahn-Lösung“, denken Sie darüber nach, wie man diesen Weg wieder beendet, mit dem Ergebnis, dass alles bleibt, wie es ist.

Zweite Empfehlung: Erarbeiten Sie als Kirchen eine gemeinsame Position. Zu glauben, dass sich im Bundestag irgendjemand dafür interessiert, wie die Auswirkungen auf die Landeskirche bzw. die evangelische Landeskirche in Bückeburg oder anderswo in einer kleinen Landeskirche ist, wäre lebensfremd. Das ist dann wirklich Ländersache. Wenn es keine gemeinsame Position beider großen Kirchen in Deutschland zu dem Thema gibt, gibt es keine Lösung. Das ist meine feste Überzeugung. Eine Veto-Position einiger Landeskirchen zur Blockierung einer Gesamtlösung ist dann sehr einfach herzustellen.

Meine dritte Empfehlung ist: Je höher die Summe ist, die die Kirchen fordern, desto größer ist die Gefahr eines Kollateralschadens. Darüber muss man sich im Klaren sein. Je höher die Summe ist, die die Kirchen politisch ins Spiel bringen, desto höher ist die Gefahr, dass das Thema der Ablösung von Staatsleistungen politisch mit anderen Themen zu Lasten der Kirchen verbunden wird.

Mein vierter Rat ist, einen engen Schulterschluss mit den Ländern herzustellen. Das scheint mir zwingend geboten.

Mein fünfter Rat ist kluge Kommunikation. Allein die Position der Kirchen, wir haben seit 100 Jahren einen Anspruch darauf, die Staatsleistungen abzulösen, jetzt sei die Zeit dafür endlich reif, wird nicht ausreichen.

Ich komme zum Schluss:

Sie merken aus alledem, was ich dargelegt habe: Nach meiner Überzeugung ist die Welt, in der wir jetzt im Verhältnis von Staat und Kirche in Deutschland leben, die bestmögliche. Es gibt keine bessere. Jede Veränderung birgt die Gefahr, dass es jedenfalls für die Kirchen schlechter wird. Alle Versuche, auch der katholischen Kirche, mit arbeitsrechtlichen Klagen zu versuchen, den Status Quo zu sichern, sind gescheitert, spätestens beim Europäischen Gerichtshof.

Nun verändert sich die Welt und die Rolle der Religionen und der Kirchen in dieser Welt sowieso. Deswegen gibt es meines Erachtens nur drei Möglichkeiten.

Die eine ist: Man tut nichts und versucht, die Welt in Deutschland so zu erhalten, wie sie ist. Das wird noch eine Weile gut gehen. Dann kommt aber früher oder später ein Rutschbahneffekt.

Die zweite Variante besteht aus zähen Abwehrkämpfen mithilfe von Gerichten und allen möglichen Initiativen. Das geht vielleicht auch noch eine Weile gut, allerdings mit kommunikativen Kollateralschäden zulasten der Kirchen.

Die dritte Variante, und die führt über das Thema der Ablösung von Staatsleistungen hinaus: Ich frage mich, ob es nicht einen ganz neuen Ansatz geben muss, was die Staatsleistungen und die sonstigen Zahlungen und all das, was mein Vorredner, Herr Waldhoff, im Rahmen der diesjährigen Essener Gespräche zutreffend aufgefächert hat, insgesamt angeht. Ich bin jetzt außerstande, einen solchen neuen Ansatz zu skizzieren. Aber, man kann wahrscheinlich zwar eine Weile hinbekommen, dass man sagt, wir halten diese bestmögliche Welt mithilfe auch des Grundgesetzes und vieler in der Politik noch Verbündeten aufrecht. Man könnte argumentieren, dass das Ergebnis in zehn oder zwanzig

Jahren dann schlimmer werden könnte. Demgegenüber rate ich – mindestens vertraulich – darüber nachzudenken, ob es vielleicht grundlegende andere Lösungen geben könnte. Einige Referenten unserer diesjährigen Tagung haben ja Spanien und Italien erwähnt und haben solche Wege angedeutet. Ich empfehle, sehr genau zu überlegen, was das in Deutschland bedeuten würde. Jedenfalls ist es Tatsache, dass die Zahl der Christen inzwischen unter 50 Prozent der Gesamtbevölkerung liegt, und dies nicht, weil so viele Muslime hinzugekommen sind, sondern weil die Zahl der Christen abnimmt. Das wird viel verändern in Deutschland. Das Christentum hat eine prägende und befriedende Wirkung auf unser Land und unsere Kultur. Ein Beispiel: Unsere Feiertagskultur ist christlich geprägt. Noch. Neue Feiertage, die es gibt, sind ganz andere und nicht christlich. Berlin hat damit angefangen. Ich glaube nicht, dass es auf Dauer so geht, dass Feiertage zusätzlich beschlossen werden, sondern sie werden vielleicht mal getauscht: Pfingstmontag gegen einen anderen nicht christlichen Feiertagtag. Ich glaube nicht, dass das auf extrem viel Ablehnung der Bevölkerung stoßen würde.

Ich kann mir also vorstellen, dass von der Sonntagsruhe, von Feiertagsregelungen, vom Dritten Weg bis zur Kirchensteuer vieles ins Rutschen kommt, wenn die Kirchen nur zuwarten. Die große tradierte Zustimmung der Mehrheit der Bevölkerung zu den Kirchen hat durch institutionell selbstgemachte Probleme, aber auch durch die Säkularisierungstendenzen insgesamt gelitten.

Es gibt in dieser Lage nur die Möglichkeit, entweder die Decke über den Kopf zu ziehen und zu hoffen, dass es nicht so schlimm wird, oder zu versuchen, einen neuen proaktiven Ansatz zu wählen. Welcher Weg der Bessere ist, das müssen die Kirchen entscheiden. Beide sind riskant. Jedenfalls ist die Debatte um die Ablösung der Staatsleistungen wahrscheinlich nur der erste Vorbote dieser viel tiefergehenden Auseinandersetzung.

Leitsätze
zum Vortrag von Prof. Dr. iur. Thomas de Maizière, Bundesminister a. D.:

„Von einem Mit- zu einem Nebeneinander? Auswirkungen einer Ablösung dcr Staatsleistungen auf das Verhältnis von Staat und Kirche in Deutschland"

1. Ein abstraktes Grundsätzegesetz, wie es im Koalitionsvertrag angelegt ist, kann kaum einen geeigneten Rahmen für die Ablösung der Staatsleistungen darstellen. Es beruht auf der lebensfremden Erwartung, der Bund könne ohne vorherige Abstimmung mit den Ländern und ohne bereits mit den Ländern und den Kirchen ausverhandelte Finanzierungslasten Maßstäbe für die Ablösung entwickeln.
2. Es ist nicht abzusehen, dass in der laufenden Legislaturperiode – anders als in der letzten – ein politischer Treiber für das Projekt vorhanden ist.
3. Denkbar ist, dass die Ablösung infolge der bereits angespannten Bund-Länder-Finanzbeziehungen nicht weiter vorangetrieben und so der status quo erhalten wird. Dies wäre auch dann möglich, wenn sich einflussreiche Länder oder Kirchen dem Vorhaben entgegenstellen.
4. Indem der Bund das Thema der Ablösung anstößt, die finanziellen Lasten aber auf die Länder zukommen werden, entsteht erhebliches finanzpolitisches Konfliktpotential, welches sich in ausdauernden Streitigkeiten ohne Ergebnis ausdrücken könnte.
5. Nicht ausgeschlossen ist aber auch, dass die Ablösung noch während dieser Legislaturperiode konfliktfrei und kirchenfreundlich verhandelt und beschlossen wird.
6. Die Ablösung der Staatsleistungen könnte schließlich weitreichende und besorgniserregende Folgen für das Verhältnis von Kirchen und Staat nach sich ziehen. Dies wäre dann zu befürchten, wenn das Thema der Ablösung mit anderen Streitthemen zusammengeworfen und politisch zu Lasten der Kirchen ausgeschlachtet werden würde.
7. Den Kirchen ist zu raten, sich auf alle möglichen Szenarien gut vorzubereiten und mit einheitlicher Stimme in Abstimmung mit den Ländern zu sprechen. Je höher die geforderte Geldsumme sein wird, desto höher ist die Gefahr eines Kollateralschadens zu Lasten der Kirchen.

8. Die Debatte um die Ablösung der Staatsleistungen birgt das Potential, eine Debatte über eine tiefergehende Neujustierung des Verhältnisses von Staat, Gesellschaft und Kirchen einzuleiten.

A. VERZEICHNIS DER REFERENTEN

Volker Knöppel, Dr. iur., Studium der Rechtswissenschaften und der Geschichte an der Philipps-Universität Marburg, 1988 dort auch Promotion mit einer Arbeit zu dem Thema „Forstnutzungsrechte im ehemaligen Landkreis Wolfhagen“. Von 1989 bis 1992 Tätigkeit im Landeskirchenamt der Evangelisch-lutherischen Landeskirche Hannovers, seit 1992 im Landeskirchenamt der Evangelischen Kirche von Kurhessen-Waldeck. Zwischen 2001 und 2005 Wahrnehmung eines Lehrauftrags für Staatskirchenrecht und Kirchenrecht an der Philipps-Universität Marburg. Seit 2006 Vizepräsident der Evangelischen Kirche von Kurhessen-Waldeck.

Thomas de Maizière, Prof. Dr. iur., Bundesminister a. D., Studium der Rechtswissenschaften und der Geschichte an der Westfälischen Wilhelms-Universität Münster und der Albert-Ludwigs-Universität Freiburg, 1986 Promotion an der Westfälischen Wilhelms-Universität Münster mit einer Studie über „Die Praxis der informellen Verfahren beim Bundeskartellamt. Darstellung und rechtliche Würdigung eines verborgenen Vorgehens“. 1990 Mitaufbau des Amtes des Ministerpräsidenten der letzten DDR-Regierung sowie Mitglied der Verhandlungsdelegation für den Einigungsvertrag. Von 1990 bis 1994 Staatssekretär im Kultusministerium des Landes Mecklenburg-Vorpommern, von 1994 bis 1998 Chef der Staatskanzlei in Mecklenburg-Vorpommern, von 1999 bis 2001 Chef der Staatskanzlei des Freistaates Sachsen, von 2001 bis 2002 Sächsischer Staatsminister der Finanzen, von 2002 bis 2004 Sächsischer Staatsminister der Justiz und von 2004 bis 2005 Sächsischer Staatsminister des Innern. Von 2005 bis 2009 Bundesminister für besondere Aufgaben und Chef des Bundeskanzleramtes, von 2009 bis 2011 Bundesminister des Innern, von 2011 bis 2013 Bundesminister der Verteidigung sowie von 2013 bis 2018 erneut Bundesminister des Innern. Begleitend dazu zwischen 2009 und 2021 Mitglied des Deutschen Bundestages. Von 2010 bis 2018 Honorarprofessor für Staatsrecht an der Technischen Universität Dresden, seit 2018 Honorarprofessor für Staats- und Verfassungsrecht an der Universität Leipzig.

Stefan Mückl, Prof. Dr. iur. Dr. iur. can., Studium der Rechtswissenschaft an der Universität Passau und der Albert-Ludwigs-Universität Freiburg. 1998 Promotion an der Albert-Ludwigs-Universität Freiburg zum Dr. iur. mit einer Arbeit zum Thema „Finanzverfassungsrechtlicher Schutz der kommunalen Selbstverwaltung“, 2005 dort auch Habilitation mit der Studie „Europäisierung des Staatskirchenrechts“. Seit 2008 außerplanmäßiger Professor an der Albert-Ludwigs-Universität Freiburg und

Mitglied der dortigen Forschungsstelle für Kirchenrecht und Staatskirchenrecht. Von 2008 bis 2013 Studium der Theologie und des Kanonischen Rechts an der Pontificia Università della Santa Croce in Rom, 2012 Diakonenweihe, 2013 Priesterweihe. 2018 Promotion zum Dr. iur. can. an der Pontificia Università della Santa Croce in Rom mit der Arbeit „De Ecclesia et hominum consortione. La terza parte del progetto di una ‚Lex Ecclesiae Fundamentalis' nella canonistica tedesca." Seit 2019 Professor für Staatskirchenrecht und Verkündigungsrecht an der Fakultät für Kanonisches Recht der Pontificia Università della Santa Croce, seit 2020 Vizedekan der Fakultät.

Stefan Ruppert, Dr. iur. habil., Studium der Rechtswissenschaften, Politologie und Geschichte an der Johann Wolfgang Goethe-Universität Frankfurt am Main, 2001 dort auch Promotion mit einer Arbeit zum Thema „Kirchenrecht und Kulturkampf". Von 2001 bis 2003 wissenschaftlicher Mitarbeiter am Bundesverfassungsgericht, von 2005 bis 2012 Leiter der Forschungsgruppe „Lebensalter und Recht" am Max-Planck-Institut für europäische Rechtsgeschichte in Frankfurt am Main; 2012 Habitilation an der Johann Wolfgang Goethe-Universität Frankfurt am Main mit der Studie „Recht hält jung. Zur Entstehung der Jugend aus rechtshistorischer Sicht: Deutschland im langen 19. Jahrhundert (ca. 1800–1900)". Von 2009 bis 2013 sowie von 2017 bis 2020 Mitglied des Deutschen Bundestages, von 2017 bis 2020 Parlamentarischer Geschäftsführer der FDP-Bundestagsfraktion. Von 2014 bis 2020 Mitglied der Geschäftsführung der B. Braun Melsungen AG, seit 2020 Arbeitsdirektor im Vorstand der B. Braun Melsungen AG.

Kirsten Straus, Dipl. Math., Studium der Mathematik und der Wirtschaftswissenschaften an der Universität Konstanz. 1990 bis 1995 Wertpapierhandel und Portfoliomanagement in Frankfurt, 1992 Börsenhändlerprüfung. 1996 Wechsel zur Bundesanstalt für Finanzdienstleistungsaufsicht in Berlin. Seit 2008 Finanzdirektorin des Bistums Trier sowie Leiterin des Zentralbereichs Ressourcen.

Klaus Unterburger, Prof. Dr. theol., Studium der katholischen Theologie und der Philosophie an der Ludwig-Maximilians-Universität München. Dort auch 1998 Lizenziat in katholischer Theologie sowie 2004 Promotion mit einer Studie über „Das bayerische Konkordat von 1583. Die Neuorientierung der päpstlichen Deutschlandpolitik nach dem Konzil von Trient und deren Auswirkungen für das Verhältnis von weltlicher und geistlicher Gewalt". 2008 Habilitation an der Westfälischen Wilhelms-Universität Münster mit einer Arbeit zum Thema „Lehramt, Theologie und Universität. Die universale Reform des Studiums der Theologie, der Philosophie und des Kirchenrechts unter Papst Pius

XI. mit besonderem Bezug auf die deutschen Universitätsfakultäten". Von 2012 bis 2022 Universitätsprofessor an der Universität Regensburg, seit 2022 Inhaber des Lehrstuhls für Kirchengeschichte des Mittelalters und der Neuzeit an der Ludwig-Maximilians-Universität München.

Christian Waldhoff, Prof. Dr. iur., Studium der Rechtswissenschaft an der Universität Bayreuth, der Université de Fribourg, der Ludwig-Maximilians-Universität München und der Verwaltungshochschule Speyer. 1996 Promotion an der Ludwig-Maximilians-Universität München mit einer Arbeit zum Thema „Verfassungsrechtliche Vorgaben für die Steuergesetzgebung im Vergleich Deutschland – Schweiz", 2002 dort auch Habilitation mit der Studie „Der Verwaltungszwang. Historische und dogmatische Studien zu Vollstreckung und Sanktion als Mittel der Rechtsdurchsetzung der Verwaltung". Von 2003 bis 2012 Universitätsprofessor an der Rheinischen Friedrich-Wilhelms-Universität Bonn, seit 2012 Inhaber des Lehrstuhls für Öffentliches Recht und Finanzrecht an der Humboldt-Universität zu Berlin. Von 2014 bis 2017 Dekan der dortigen Juristischen Fakultät, von 2017 bis 2020 Richter im Nebenamt am Oberverwaltungsgericht Berlin-Brandenburg.

Rainer Wernsmann, Prof. Dr. iur., Studium der Rechtswissenschaft an der Westfälischen Wilhelms-Universität Münster. Dort auch 1999 Promotion mit einer Arbeit über „Das gleichheitswidrige Steuergesetz. Rechtsfolgen und Rechtsschutz" sowie 2003 Habilitation mit einer Studie zum Thema „Verhaltenslenkung in einem rationalen Steuersystem". Von 2004 bis 2006 Universitätsprofessor an der Universität der Bundeswehr Hamburg, seither Inhaber des Lehrstuhls für Staats- und Verwaltungsrecht, insbesondere Finanz- und Steuerrecht an der Universität Passau. Von 2010 bis 2012 Prodekan und von 2012 bis 2014 Dekan der Juristischen Fakultät der Universität Passau. Zudem von 2014 bis 2017 Vizepräsident der Universität Passau.

B. SACHWORTREGISTER

C. PERSONENVERZEICHNIS